教育写作指南

语文教师的学术表达

吴欣歆——著

長江出版傳媒 | 长江文艺出版社

图书在版编目（CIP）数据

教育写作指南：语文教师的学术表达 / 吴欣歆著
. --武汉：长江文艺出版社，2022.11(2025.3 重印)
（大教育书系）
ISBN 978-7-5702-2777-8

Ⅰ. ①教… Ⅱ. ①吴… Ⅲ. ①语文课－教学研究－中小学－论文－写作 Ⅳ. ①G633.302

中国版本图书馆 CIP 数据核字(2022)第 123510 号

教育写作指南：语文教师的学术表达
JIAOYU XIEZUO ZHINAN : YUWEN JIAOSHI DE XUESHU BIAODA

责任编辑：梅若冰　　责任校对：程华清
封面设计：天行云翼·宋晓亮　　责任印制：邱　莉　杨　帆
封面题字：周　天

出版：长江出版传媒　长江文艺出版社
地址：武汉市雄楚大街 268 号　　邮编：430070
发行：长江文艺出版社
http://www.cjlap.com
印刷：武汉中科兴业印务有限公司

开本：710 毫米×970 毫米　1/16　　印张：17.25
版次：2022 年 11 月第 1 版　　2025 年 3 月第 4 次印刷
字数：248 千字

定价：45.00 元

前　言

2011年，我开始做教师培训工作，工作内容之一是批改教师的作业，作业类型包括教学设计、教学案例、教学论文、专著提纲等，被我统称为“教学应用类文本”——从事教学工作应该掌握的基本文本类型。为帮助参训教师撰写规范的教学应用类文本，我先后开设了“教学设计的撰写：核心概念与基本流程”“教学案例的撰写”“课例研修报告的撰写”“骨干教师教学特色提炼与表达”“选题与设计：课题申报书的撰写”等课程，采用专题讲座、文本研讨会、工作坊等多种组织形式。开设这类课程，我的优势得天独厚：出身一线，做过15年高中语文教师；硕士、博士的研究方向为语文课程与教学论，受过严苛的学术训练；入职至今笔耕不辍，保持了良好的“手感”；自我反思意识强，经历过两次研究方式和写作范式的自主性强制转型。一转眼，这几门课开设了10年，收集并梳理了不同区域不同发展阶段教师的具体问题，经历了几个轮次的修改，我计划把讲稿整理成文稿，帮助更多的语文教师从日常教学生活化的表达走向学术化的表达，梳理教学成果，提高职业认同感，更好实现专业发展。

教师为什么要提高学术表达的能力？

首先，学术表达是教师提高专业认知、发展学术逻辑的科学方法。学术表达的基础是学科教学的专业知识，学术表达是教师对学科本体知识、学科教学知识的实践性呈现，是教师借助学术逻辑分析、论证的过程。这个过程有助于教师从经验、感性的重复性教学行为走向理论、理性的创造性思考，有助于教师对重复出现的教育教学问题做出创新性回答。

其次，学术表达是沉淀实践成果、实现转化与推广的合理路径。教师积累的教学实践经验，通过自觉的认识与探索，用学术话语及研究逻辑表达出来，使之成为一种公共的专业知识，启发更多教师用批判性反思的态度面对自己熟悉的教学场景，引导创新性问题的提出，在创新性问题的推动下获得对教育教学的新认识，围绕相关问题开展更为深入的讨论与研究。依托学术表达建立跨越时空的发展共同体，能够促进专业可持续发展。学术表达使用公共学科话语解释、论证问题，采用客观理性的方式将教师个体面临的个性化问题置于公共讨论场域，有利于厘清问题，澄明观点，达成共识。

最后，学术表达是教师葆有研究状态、增强职业认同感与获得感的有效策略。学术表达的前提是学术研究，学术研究是一种认识活动，是通过探索求真求新求变的创造过程。研究者自觉积累并正确理解学术概念的内涵，在学术框架中系统思考，每一个研究阶段的完成都意味着新成果和新问题的出现。科学请求被超越，研究者超越自身的原有认知，丰富理论积累，开展实践探索。教师应该成为这样的研究者：借助研究对抗专业发展的停滞、延缓、枯竭，拥有生机勃勃的成长状态，葆有蓬勃向上的生命姿态。可以说，学术表达既是教师专业发展的外在表现，也是教师专业发展的重要途径。

我主张教师努力发表学术成果，让学术表达成为公共空间的集体讨论。“私下的研究在我们看来简直称不上研究。部分原因在于未公开发表的研究得不到公众批评的滋养，部分原因在于我们将研究视为一种共同体活动，而未发表的研究对他人几乎没有什么用处”①，一方面对别人有用处的研究也会滋养我们未来的研究，这是发表的重要意义之一。另一方面，发表也是对教师专业精神的考量，专业意味着严谨与规范，传递着求真求

① Stenhouse, L. What counts as research? ［J］ British Journal of Educational Studies, 1981 (2): 103-114.

实的学术精神，呈现出教师对学术规范的尊重与恪守；发表之前的投稿，塑造着教师的学术形象，排版精美的投稿，不仅体现出作者严谨的治学态度，还能够体现出投稿人的诚意，增加选稿人对作者的信任度。

语文教师进行学术表达要重视教育教学基本原理。恩格斯在《自然辩证法》中说：“一个民族想要站在科学的高峰，就一刻也不能没有理论思想。”“理论”源自希腊语，本义是“观看”“欣赏”，词义传递出理论的重要价值——能够让我们透过现象，看到事物的深层肌理，欣赏到世界的理性之美，在更为抽象的层面上认识和把握世界。教师学术表达的逻辑起点是原生态的教学经验和基于经验的直观感受，用理论观点去审视这些经验和感受，将生动丰富的教育教学现象置于理论系统中提炼、概括、分析、阐释，形成基于事实提炼观点、用观点解释现象的逻辑循环，原生态的经验与感受就有了思辨的意味、理性的力量。

新时代要求教师不仅是“知识传授者”，而且是“知识创新者”，要求教师在重复出现的问题中发现新问题，对重复出现的问题做出创新性的解答；追问教育教学的本质性问题，探索解决课程教学变革过程中涌现的新问题；洞悉教育教学经验蕴含的普遍道理和基本原理，寻找相应的理论并深入思考与探究。要达成这样的目标，要成长为符合新时代要求的高水平语文教师，学术表达应该受到重视。

按照语文教师的工作要求和发表教学成果的类型，本书分为教学文本解读、教学设计、教学案例、课题研究报告、教学论文五章，每章均明确基本概念、讨论一般要求、提供优秀样例，以便教师系统学习和对比参照。我个人认为教学文本解读和教学案例是语文教师最为重要的两种学术表达体式，前者标志着语文教师的学术视野，后者是教师实现“二次发展”、突破“高原期”、成为创造型教师的关键。这也是教学案例在骨干教师培训中特别受到重视的原因。

“随着教育事业的普及，‘教育’‘教养’‘教学’‘课程’逐渐成为人尽皆知的日常用语，导致日常用语或个人自主规定的语义进入教学中。”①概念使用是语文教师学术表达的关键问题，能够准确使用概念，用清晰的概念提高公共表达的有效性，可视为学术表达的第一步。让我们从关注概念的使用，区别生活概念、学术概念，厘清概念的学术语义和日常语义开始，探索提高学术表达能力的路径。

吴欣歆

2022年元月于北京

① 檀传宝. 教育思想的花园——教育基本理论前沿讲座［M］. 北京：教育科学出版社，2021：5.

目录 CONTENTS

第一章

教学文本解读

文本解读能力是语文教师的专业基础，也是决定语文教师专业发展高度的基础性因素。大多数语文教学专业期刊设有“文本解读”类栏目，用以展示语文教师解读教学文本的独特视角与独到发现。本章从教学文本解读的特殊性、提高文本解读能力的基本路径与文本解读类教学成果的撰写三个方面展开讨论。

第一节　教学文本解读的特殊性

要点提示

● 教学文本解读特指语文教师对教学文本的解读，解读对象是由课文、助读、练习、知识构成的完整系统，解读的内容主体是课文。

● 语文教师的解读意在确定文本的教学价值，选择文本的教学内容，初步确定教学目标。

● 解读教学文本的合理流程应包括文本素读、文献阅读、教材研读和学情调研四个环节。

“文本（text）”一词在英文中指正文、原文，源于拉丁文（texere），含有组织、交织、编织的意思，意指编织或建构起来的东西，按照文本解读的词源，任何用语言文字编织、建构起来的东西都可以叫作文本。语文教学文本与一般意义上的文本有所不同，教学文本指向具体的课程目标，是为了达成语文课程目标而形成的有系统、有内在结构的文本，可理解为在教学系统中的文本。教学文本是教学系统的一个要素，解读教学文本需要关注要素与系统的关系、要素与要素的关系，这是教学文本解读存在特殊性的根本原因。

一、教学文本解读的内涵

“文本解读”是发生在读者、文本与作者之间的理解与对话交流活动，是读者积极主动接受并参与建构的活动，是建立在认知基础上的文学审美和文学阐释活动，“是一种寻求理解与自我理解的活动，它不只是对文本把握的技术性问题，也是主体存在的方式”①。

“教学文本”指被选入教材的文本以及教材编写者设计的助读系统、练习系统和知识系统，不能简单界定为“课文”。教学文本处于教学系统之中，被教材编写者赋予教学功能，具有文学和教学双重价值；是师生共同面对的文本，要求教师的解读顾及学生的解读障碍，思考如何以文本为载体搭建师生对话的平台，借助文本展开对话以达成教学目标。基于上述认识，教学文本解读是发生在“读者、作品、教材编者与学生之间的多重对话”②，是师生共同参与的建构活动。

不同领域的专家、学者也会解读教学文本，在他们看来，解读对象是语文教学使用的文本，而不是处于语文教学系统中的文本，因而更强调文本的普适性价值而非教学价值。在某种意义上说，教学文本解读可以特指语文教师（包含各类语文教育工作者，如教研员、语文课程与教学论学者、语文教材编写者等）对教学文本的解读，解读对象是由课文、助读、练习、知识构成的完整系统，解读的内容主体是课文。

二、语文教师的文本解读

在解读者的角色定位和解读目的上，语文教师解读教学文本有别于日常生活中的娱乐性阅读，也有别于专家、学者的文本解读，有其独特的内涵特征，主要表现为以下几点。

（一）多元视角下的细节发现

从文本解读的视角来看，专家、学者更关注单一视角的解读，选择作家的创作风格、流派的主要特征、叙事方式、文本体式的某一个方面深入

---

① 曹明海. 文学解读学导论［M］. 北京：人民文学出版社，1997：19.

② 中华人民共和国教育部. 义务教育语文课程标准：2011 年版［M］. 北京：北京师范大学出版社，2012：22.

分析阐释；语文教师则是多元视角的综合性解读，不一定使用专门化的解读理论，而是综合各种解读理论，从文本细节出发，立足文本细节发现有助于教学目标达成的解读角度，借助遣词用句、写作手法等，在细节与文本整体之间建立联系。以《将进酒》为例，专家学者讨论李白的艺术表达，讨论其中蕴含的思想文化，引用史料论证诗中人物形象的真实性，研究敦煌唐写本与传世文献的不同，选用某种理论做不同英文译本的比较研究等等。语文教师更关注《将进酒》里的“酒”和“愁”，关注文本用词用句的方式传递的情感信息，如解读“必”字传递的深层情感。

> “天生我材必有用，千金散尽还复来。”“必”字里有什么隐含信息？“必有用”，而现在还没有用，李白写诗时年近五十，还哪里有什么“用”的机会？“必”字用得那么肯定，表现的却不是作者满怀的信心，而是不能接受现实而又无可奈何的悲凉。①

这样的解读由词句品味导向情感内涵与情感变化的理解，最终指向对作者情感思想的挖掘，渗透品味语言以开掘作品内涵的语文学习思想方法，帮助学生形成与提高语言文字感悟能力。

（二）三种角色的融会贯通

从文本解读的角色定位来看，专家学者是“单一角色”的解读，语文教师则需要完成“三种角色”的解读，即“自然人”“语文人”和“语文教师”。

教学文本解读是语文教师探寻并最终确定文本教育教学价值的过程，需要融合多种阅读角色与阅读状态。以自然人的角色走进文本，进行本色解读，在阅读过程中融入自己的真实情感，与作者产生共鸣，获得真实的阅读体验。以语文人的身份再次走进文本，从汉语言文学的角度进行专业

---

① 引自程翔老师《将进酒》教学现场。

解读，调派学科的知识背景，探求文本呈现的文字、文学、文化、文明价值，深度开掘文本的情感内涵与思想底蕴。以语文人的角色阅读文本也是教师研习文本的过程，在此过程中产生的疑问、思考需要借助相关资料、理论或验证、或修正、或完善，从尽量丰富的角度探究教学文本的文学价值，形成相对理性的思考与判断。最后，还要以语文教师的角色完成教学解读，依据教材的课文系统、助读系统、知识系统和练习系统分析课文的教学价值，基于自身对课文教学价值的判断开展学情调研，明确学生学习的障碍和困难，厘清课文的教学价值和教学目标。融合三种角色，顺序推进三种解读状态体现了语文教师解读教学文本的职业特征，其特殊性在于：在阅读过程中融入自身的情感体验，立足语文教学的具体情境，运用汉语言文学各个专业的相关理论，关注学生阅读能力发展的需求，解读的最终目的在于确定文本的教学价值。

（三）开掘教学价值的基本立场

从文本解读的目的来看，专家学者的解读意在开掘文本的文学价值；语文教师的解读意在确定文本的教学价值，选择文本的教学内容，初步确定教学目标。语文教师更为重视教学文本的互文性解读，即对照教材、教参、学生作业、教师教案等多种文本，从解读文本走向设计教学。

三、语文教师文本解读的一般流程

语文教师不仅要把对文本的理解讲给学生，还要教给学生理解文本的方式，引领学生自主探索阅读理解的门径。根据语文教师文本解读的特殊性，解读教学文本的合理流程应包括文本素读、文献阅读、教材研读和学情调研四个环节，分别对应三种阅读角色与解读目的，如图 1-1。这一流程能够帮助语文教师融入情感体验，拓展解读视角，聚焦解读角度，确定教学内容，实现教学文本解读的目标。

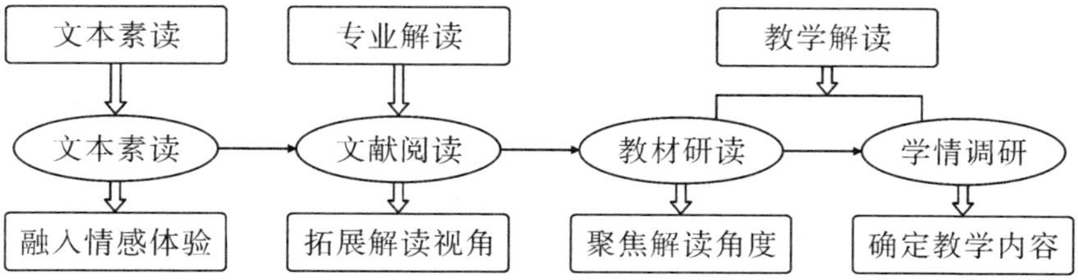

图 1-1　语文教师文本解读流程图

上述流程是解读教学文本的操作流程，也是语文教师借助理性实践提高专业素养的过程，各个环节均有促进语文教师专业发展的着力点，在实践过程中应形成提升专业素养的自觉意识。

（一）借助文本素读培养文字敏感度

现代文本解读理论更重视读者对文本的个人体验，认为文学作品诞生后即为独立的系统，阅读文本是发现和建构文本意义的过程。读者不了解文本生成的知识背景，走进文本前，不阅读相关提示，不借助任何参考资料，完全用自己的感受亲近文本，被称为"文本素读"。"素"在古代汉语中指"未染色的白绢"，文本素读要求教师不带成见，摒弃先入为主的观念直接走进教学文本，调动自己的知识积累和生活积累，生成真实的阅读体验。

文本素读产生的阅读发现与教师的阅读经验、知识背景紧密联系，带着教师鲜明的个性印记，可转化为教师深入探究的切入口。文本素读亦能帮助教师提高对文字的敏感度，对文字敏感的教师常常能够捕捉到文本的语言细节、微观情境，在寻常处感受到不寻常的意味。"素读"熟悉的文本，也可能有不同的阅读发现，产生不同的阅读感悟。以《藤野先生》为例，初读文本时，教师惯于遵循程式化的解读视角，如从"主笔和闲笔"的角度分析文中写作内容之间的关系，从故事性与纪实性的角度分析鲁迅散文与鲁迅经历的关系。对文本比较熟悉之后，教师可能会关注到某些细节，如藤野先生的两次叹息，作者将自己和藤野先生放在"群像"背景中塑造的手法，文中体现的“国”与“民”的关系等。反复阅读文本后，教师可能会体味到鲁迅先生语言的特点——多用限制性状语表情达意，行文蕴藉深厚。随着文本解读能力的提高，教师的“文本素读”会逐渐增加解读视角，借助文字潜入文本内里，读出越来越丰富、越来越深刻的内容。

做批注笔记是文本素读的重要方法。批注笔记随读随记，体会、疑问、思考、观点、注释都可成为批注的内容，角度多元、内容丰富，有利于加强阅读过程中与作者和作品的互动，增加阅读的兴致甚至情致。教学文本大多是需要重读的经典文本，批注笔记也是经典重读的有效学习方法。杨绛在《钱钟书手稿集》的序言中说：“做笔记很费时间。钟书做一遍笔记的时间，约莫是读这本书的一倍。他说，一本书，第二遍再读，总会发现读第一遍时会有很多疏忽。最精彩的句子，要读几遍之后才能发现。”①读一遍做一遍批注，不仅跟作者和作品对话，也跟从前的自己对话，在此过程中逐步建构元认知知识，促进专业成长。

（二）借助文献阅读拓展解读思路

在文本素读的基础上，教师还要阅读文献资料，搜集相关文献，梳理解读思路与视角，在对照中反思，在反思中丰富自身原有的解读角度。搜集整理文献资料需要借助相关的理论框架，如文学活动四要素②，作者、作品、读者和世界四个要素相互作用，形成了作品构成论、文学创作论、文学批评论和文学本质论。文学活动四要素可用作语文教师搜集文献的基本框架，解读《藤野先生》，借助这一框架可以选用“藤野先生其人”“《藤野先生》的传播”“《藤野先生》的主题”“《藤野先生》的创作过程”等主题词搜索文献，经过进一步筛选、梳理，这些文献又可拆分为词

① 杨绛. 钱钟书是怎样做读书笔记的——《钱钟书手稿集》序［J］. 乡音，2007（9）：2.

② M. H. 艾布拉姆斯. 镜与灯：浪漫主义文论及批评传统［M］. 郦稚牛，童庆生，张照进，译. 北京：北京大学出版社，2021：17.

语理解与赏析、细节品味、结构思路、形象分析、手法探析、主题新解、背景与史实、文本传播、宏观解读、原作探究等10个解读角度，如表1-1。

表1-1 《藤野先生》文本解读类文献的解读角度

解读角度	文献举例
词语理解与赏析	《平中见奇，回味无穷——浅谈〈藤野先生〉中“也”字的妙用》 《这里的“中国人”指谁——简析〈藤野先生〉中语言的张力问题》
细节品味	《关于〈藤野先生〉中的讲义》《向“藤野先生”学习批评艺术》《解读〈藤野先生〉中的一个细节》
结构思路	《〈藤野先生〉的线索》《〈藤野先生〉四线索说》《〈藤野先生〉双线融合的特点》
形象分析	《藤野先生的吊诡命运》《“这些事情”与藤野先生有何联系》 《藤野先生对匿名信事件究竟是什么态度》《贫困知识分子形象——谈藤野先生的掌故》
手法探析	《解析〈藤野先生〉开篇句的作用》《〈藤野先生〉中的几处闲笔的作用》
主题新解	《〈藤野先生〉的重点是藤野先生吗?》《鲁迅留日背景与〈藤野先生〉主题》
背景与史实	《鲁迅和藤野先生》《藤野先生的命运》《〈藤野先生〉之后的藤野先生》 《关于〈藤野先生〉的几个史实》《走进“学习时代”的鲁迅——〈鲁迅与藤野先生〉读记》
文本传播	《文本旅行：〈藤野先生〉到台湾》《〈藤野先生〉在日本的前前后后》 《〈藤野先生〉在当代日本的传播与影响》
宏观解读	《从〈藤野先生〉看鲁迅品性》《鲁迅文化视野中的〈藤野先生〉》 《从〈藤野先生〉看鲁迅的人道主义思想》《从〈藤野先生〉看鲁迅弃医从文的思想》 《思想发展历程关键时刻的情感记录——重读〈藤野先生〉》
原作探究	《〈藤野先生〉原稿与修改稿对照》《“落第”注释商榷——〈藤野先生〉手稿阅读札记》 《简析〈藤野先生〉标题的修改艺术——兼介绍原标题的考证过程》

表 1–1 列举的 10 种解读角度，未必都能转化为教学内容，其主要功能在于提示教师对照原有的角度经验开展自我反思，逐步建构教学文本解读的元认知知识。

（三）借助教材研读与学情调研优化教材观和学生观

文本素读和文献研读旨在发现文本丰富的文学价值，教材研读旨在准确判断文本的教学价值。一般来说，随着文本的流传和文本解读理论的发展，文本的文学价值会出现延展的趋势，探索教学文本的文学价值可以不受拘束，尽量拓展深入。开掘文本的教学价值则要联系教材和学生，语文教师要有意识地在此过程中确立、调整、优化自己对教材和学生的认识。

教学价值受到课程目标和教材编写目的的约束，需要在准确理解课程、教材和教学的基础上分析讨论。教材编者在教材系统中着力体现自己对文本教学价值的认识，教师认真研读教材、了解编者的真实意图有助于准确界定文本的教学价值。苏教版初中语文课标教材曾将《藤野先生》编排在九年级（下）第二单元。单元能力训练点为“浏览课文，迅速捕捉阅读信息”，说明教材编者重视“长文”在浏览这一阅读技能上的训练价值。课后研讨与练习中设置了一道选做题“请你为课文插图中藤野先生的油画配写一段说明文字”，直指文中的肖像描写，说明编者认为肖像描写部分是研读的重点之一。课后研讨练习要求学生背诵“但不知怎的，我总还时时记起他……”一段，这段文字是作者直接抒情的部分，既包含着作者对藤野先生的感情，也表达了藤野先生对作者的影响。编者用课后研讨练习提示了教学重点：体悟作者的情感，理解藤野先生对作者的影响。教材的四套系统相互配合，构成有机整体，诠释着教材编者对文本教学价值的定位。借助教材研读，教师可进一步聚焦解读角度，确定合宜的教学内容。围绕预设的教学内容和教学目标开展学情调研，利用调研工具判断学生是否具备达成教学目标的知识基础、经验背景和积极心向，通过学情调研，对教学目标做出客观、准确的判断，以确定利于学生语文学习的教学目标。在依据教材和学生确定教学内容的过程中，语文教师需要不断提醒自己正确理解教材、准确评估学生。

科学随着研究方法的发展而前进，研究方法为科学研究拓展了更为广阔的探索空间。就教学文本解读而言，制定合理的流程可视为对研究方法的探索。文本素读、文献阅读、教材研读和学情调研这一解读流程能够满足语文教师解读文本的特殊需要，实践成果表明这是语文教师接近教学文本内涵的合理途径。教师从原创性的解读，到汲取专家学者解读的营养，再到与教材编者的深度对话，客观判断学生的真实需求，在此过程中逐步将文本的教学价值从原生价值中剥离出来。

第二节　语文教师文本解读能力的提升策略

要点提示

● 语文教师要能够与作品进行双向交流，努力融合自然人、语文人、语文教师三种解读角色，有意识地摆脱套板反应的负面影响。

● 解读教学文本应读一重进一重境界，读出文本独特的教学价值，在此基础上确定教学内容，设计学习活动。

● 通过分析教材确定的教学方向，有助于教师明确教学文本解读应该达到的细致与深刻程度。

● 提高对文字的敏感度，需要在文本解读实践中自觉学习理论、总结经验。

文本解读能力综合体现教师的语文学科素养和语文学习能力，影响着语文教学的全过程，决定着语文教学的效果，语文教师文本解读能力的提升是语文教师专业发展的重要表现。撰写文本解读类教学成果，完成学术表达的前提是教师高质量的阅读发现与思考。阅读发现可能偶得，但不能只依靠偶得，在解读教学文本的实践中尝试应用并逐步建构科学的解读策略，是稳步提高文本解读能力的有效方法。

一、自觉规避教学文本解读过程中的“套板反应”

解读教学文本首先要规避“套板反应”，“美人都是‘柳腰桃面’‘王嫱、西施’，才子都是‘学富五车、才高八斗’；谈风景必是‘春花秋月'，叙离别不离'柳岸灞桥'……一件事情发生时立即使你联想到一些套语滥调，而你也就安于套语滥调，毫不斟酌地使用它们，而且自鸣得意。"① 很多语文教师过于依赖教参解读文本，久而久之，被教参的话语系统影响甚至控制，陷入教学文本解读的套板反应，看到小说就想到情节、人物、环境，看到散文就想到"形散神聚"，看到戏剧就想到戏剧冲突与人物性格……教学文本解读的"套板"导致课堂教学的"套板"，教师缺乏自身的真实体验与独特思考，学生在教师的引导下容易进入僵化的解读模式。

叙事性文本是语文教学中最为常见的文本类型，解读叙事性文本的套板反应是"故事——形象——道理"，用这样的思路解读文本，很可能导致概念化、标签式的浅阅读状态，难以走向文本的内里。打破"故事——形象——道理"的解读模式，可以从人物与人物的关系、人物与环境的关系等角度理解故事内涵，挖掘形象本质，增加解读深度。

执教《藤野先生》，如果教师认为藤野先生的所作所为只是一位教师的应尽责任，两者之间只是普通的师生关系，恐怕难以解释鲁迅先生为什么称之"伟大"。从人物与环境关系的角度解读文本，认识到这是特殊环境中的特殊交往，鲁迅先生当时所处的环境决定了藤野先生的平凡表现能够显现出伟大，结合文中的背景信息和补充的相关资料能够更为深入地理解"伟大"的内涵"藤野先生对鲁迅的关怀，是在这样特定的背景之下——日本举国都在歧视中国人，中国人自己也麻木不仁。在这种情况下还能一如既往地关怀他——这种关怀已上升到一个民族对另一个民族或是人之为人的大爱、大善、大美！这样的老师不是'伟大'的吗？二十年后，在寂寞中战斗的鲁迅，从这段温馨的回忆中汲取到无穷的力量，这样的人格不是'伟大'的吗？"②

---

① 朱光潜. 谈文学［M］. 桂林：漓江出版社，2012：66.

② 朱泽光. 让对话在"伟大"中穿行——记《藤野先生》的教学［J］. 中学语文教学，2007（12）：58-59.

解读《信客》，如果能着力于追问年轻信客和年老信客的关系，看到两者并非单纯的继承接替，作者刻意表现的也不是两代信客各自的性格特征，而是信客这种职业秉持的道德准则。课文的主题可以上升到新的高度：虽然信客作为一种职业已经在信息高度通达的现代社会消失殆尽，但信客精神永在，“信客们”依然在很多行业领域勤恳地劳作着，坚守着本行业的道德准则。由此，从信客的形象拓展到其他职业形象，由两代信客的关系认识到职业精神。

阅读《台阶》，借助课文中的关键语句“这人是怎么了”，能够分析出父亲形象中的质朴与虚荣并存，关注到人物心里质朴与虚荣的碰撞。借助真实呈现的“父亲”和虚化的“我”之间的关系，可以追问：作者怀着怎样的感情叙述父亲的故事？父亲性格中的矛盾，儿子眼中父亲的矛盾就有了解释的角度：父亲反复念的是“我们家”的台阶低，父亲追求的台阶，追求的地位，不仅仅是为了自己，更是希望自己的家人、这一代乃至下一代，不被别人看不起。

叙事类文本设置人物形象通常考虑四个方面：人物的类型化设计；人物的主题性设计；人物的戏剧化设计；人物的功能性设计。解读叙事性文本中的人物，除了要关注“这一位”的特点，还要思考“这一位”和“其他人”在整体布局上的特点，从人物关系的角度深度开掘。藤野先生和父亲是指向主题设计的主体形象，两篇课文中的“我”是为实现叙事功能设计的形象。成长小说通常以儿童形象为主角，围绕儿童设置其他儿童形象与之共同成长，设置成人形象营造儿童成长的环境，在儿童的世界和成人的世界中描述主角的成长历程。从人物形象设计的角度来看，主角是主题性设计，围绕主角的儿童和成人既是类型化设计也是功能化设计。这是立足人物关系解读叙事性文本主题的理论依据。

在追问上述关系的过程中，课文的遣词用句与作者的情感紧密相连，语言成为师生深度解读的有力支撑。作为经验丰富、积极的阅读者，语文教师要能够边阅读边回顾、反应、评价，与作品进行双向交流，努力融合自然人、语文人、语文教师三种解读角色，有意识地摆脱套板反应的负面影响。

二、反复阅读，依托阅读发现增加文本解读的深度

经典作品常读常新，重读经典文本，要努力探寻新的阅读发现，努力在各个阅读发现之间建立关联，这是增加文本解读深度的有效路径。

比如《项链》，第一次阅读文本，可能在套板反应的束缚下只关注到围绕项链推进的情节和主角玛蒂尔德的形象，认识到玛蒂尔德性格的复杂性。第二次阅读文本，就有可能跳出“主角光环”，从叙事类文本人物形象设置出发看到小说中的众多配角，关注人物与人物的关系，思考作者设置人物的意图：玛蒂尔德和众多配角一起构成了当时法国虚伪的社会图景。

比如路瓦栽先生。

> 她丈夫得意洋洋地回家来，手里拿着一个大信封。“这是一个机会，这个，一个好机会！我费了多大力气才弄到手。大家都希望得到，可是很难得到，一向很少发给职员。你在那儿可以看见所有的官员。”
>
> ……
>
> 他脸色有点发白了，他恰好存着这么一笔款子，预备买一杆猎枪，好在夏季的星期天，跟几个朋友到南代尔平原去打云雀。

这些细节充分表现出路瓦栽先生的虚荣，他得到请帖时的欣喜之情、洋洋之意溢于言表，甚至直言“可以看见所有的官员”。他的猎枪与玛蒂尔德的礼服、项链体现着共同的愿望和追求，他与玛蒂尔德一样向往上层社会的奢华生活。

又如佛来思节夫人，一串假项链居然要花大价钱买一个真盒子，盒子

成为她虚荣的标志。再如那辆“拉晚的马车”，因为破旧，在巴黎只有夜间才看得见，白天好像“自惭形秽，不出来”，作者笔下的马车像是巴黎社会的群像，代表了整个巴黎的价值观。在众多人物形象的联结过程中，作者的创作意图更为清晰：这不仅仅是一个人的故事，这是一个社会的生活图景。

《项链》对玛蒂尔德的两种生活状态分别进行了集中描写，而且有专门的段落连接玛蒂尔德的两种生活状态。这是作者借以表现创作意图的手法，例如下面的段落。

> 她一下子显出了英雄气概，毅然决然打定了主意。她要偿还这笔可怕的债务。她就设法偿还。她辞退了女仆，迁移了住所，租赁了一个小阁楼住下。她懂得家里的一切粗笨活儿和厨房里的讨厌的杂事了。她刷洗杯盘碗碟，在那油腻的盆沿上和锅底上磨粗了她那粉嫩的手指。她用肥皂洗衬衣，洗抹布，晾在绳子上。每天早晨，她把垃圾从楼上提到街上，再把水从楼下提到楼上，走上一层楼，就站住喘气。她穿得像一个穷苦的女人，胳膊上挎着篮子，到水果店里、杂货店里、肉铺里，争价钱，受嘲骂，一个铜子一个铜子地节省她那艰难的钱。
>
> 像一个穷苦人家的粗壮耐劳的妇女，她胡乱地挽着头发，歪斜地系着裙子，露着一双通红的手，高声大气地说着话，用大桶的水刷洗地板。
>
> 但是有时候，丈夫办公去了，她一个人坐在窗前，就回想起当年那个舞会来，那个晚上，她多么美丽，多么使人倾倒啊！

十年的辛苦生活过去了，玛蒂尔德的生活方式和外貌都发生了巨大的变化，她经受了自己从未想过的苦难生活，但她的梦想没有变，依然会经常想起那个舞会，那个她最为美丽的夜晚。玛蒂尔德仍然痴迷于那个对她而言不合理、不现实的生活图景，不管发生了什么变化，她还是那个人，甚至在现实的痛苦中也没有后悔。这说明她虚荣的梦想非常稳定，贯穿一生。在多次阅读的基础上发现以上段落的关系，文本解读的深度可以再上一个台阶。

作者一边着力于刻画一个虚荣的社会，一边着力于描写一个终生不变的梦想。两相呼应，玛蒂尔德敢于承担苦难，敢于面对灾难的人性美才更为可贵——能在社会的大背景下选择坚韧地承担，能在梦想不变的情况下选择痛苦的生活。小说是在描述玛蒂尔德的遭遇，是在呈现一个社会的心理状态，更是在丑恶中展示美好的人性，最终的主题积极向上，这是小说的深刻之处。

解读教学文本应读一重进一重境界，读出文本独特的教学价值，在此基础上确定教学内容，设计学习活动，用语文教师良好的专业素养有力地带动学生阅读能力的提升和思想认识的发展。

三、系统研究教材，探寻解读的突破口

研读教材的课文系统、助读系统、练习系统和知识系统是教师探寻解读教学文本突破口的有效策略。

（一）研读课文系统，发现“这一篇”的独特之处

《故乡》被编选在统编版初中语文教材九年级（上）第四单元，本单元的另外两篇课文是《我的叔叔于勒》和《孤独之旅》。对比研读三篇课文，能够发现《故乡》的结尾与其他两篇差异很大，甚至不太像小说的结尾。

> 我在蒙眬中，眼前展开一片海边碧绿的沙地来，上面深蓝的天空中挂着一轮金黄的圆月。我想：希望是本无所谓有，无所谓无的。这正如地上的路；其实地上本没有路，走的人多了，也便成了路。（《故

乡》）

我们回来的时候改乘圣玛洛船，以免再遇见他。（《我的叔叔于勒》）

杜雍和从儿子手中接过还有点温热的蛋，嘴里不住地说："下蛋了，下蛋了……"（《孤独之旅》）

其他两篇小说的结尾是情节的"收束"，呈现故事的结局。《故乡》的结尾更像电影的画外音，像戏剧的内心独白，侧重表现作者的感受与思考。又一次忆起故乡，眼前出现的仍然是银白、深蓝与金黄的色彩，仍然是童年生活的美好。然而，这一切都已消逝。第一句话的结尾似乎能够听到作者的一声叹息，在这样的叹息声中他冷静而深沉地思考着未来、希望，两个"无所谓"表现出淡淡的苦闷。面对这种"无望的希望"，作者仍能恢复平静，坚定地表达自己的信念"走的人多了，也就成了路"。老年回忆少年事，作者对过往生活的认识与思索自然显现于字里行间。对比参照另外两篇课文仔细品读，发现《故乡》结尾的特殊性，继续探究能够进一步理解作者的情感。作者不希望《故乡》有结尾，没有结尾意味着更多可能性，虽然走向理想生活的希望极其渺茫，作者依然用这样的方式表达着自己对希望的坚守。课文系统为解读《故乡》提供了深入的角度，沿此前行，得以更为深入地走进作者的精神世界。

（二）研读助读系统，确定"这一篇"的教学价值

《故乡》一课的助读系统包括单元说明和课文导读两个部分。单元说明界定了单元的内容导向为"少年时代"。

少年时代，是人生中难忘的诗章。在成长中，有和煦阳光，也有风霜雨雪。这个单元选编的主要是写少年生活的小说。欣赏这些作品能从中得到人生的启示和艺术的享受。

> 学习这些课文，要结合自己的生活经验，理解小说的主题，分析人物形象，体会艺术特色，品味小说的语言。

课文导读明确点出了“朦胧”中的“希望”。

> 回忆中的“故乡”，充满了童趣，带着梦幻的色彩。而现实的“故乡”，却在生活的重压下，失去了生机。理想的“故乡”应该是什么样的？“我”在朦胧中，寻求未来的希望。

少年时代是本单元小说共同的写作内容，“朦胧”中的“希望”是《故乡》特有的教学价值，也是文中作者的主体情绪。理解“朦胧”中的“希望”，理解在“朦胧”中仍葆有“希望”，体现出作者坚定的人格力量，这是教材确定的教学导向。联系上文对课文系统的分析，教材编者引导解读方向的意图清晰可辨。

（三）研读练习系统，明确学生应达到的理解水平

《故乡》一课的“研讨与练习”，与结尾段相关的是第四题。

> 作者说：“其实地上本没有路，走的人多了，也便成了路。”结合课文内容，说说这句话的内涵。并结合社会和人生，以这句话为话题，写片段作文。

题目的设定再次验证教材编者的解读导向，课文系统、助读系统和练习系统均聚焦“希望”，师生应在故乡的灰暗描写与悲观叙事中捕捉到作者的情绪变化与情感落点。上述题目从水平要求来看，不仅要理解这句话的含义，借此理解小说的主题，还要结合社会和人生，写片段作文，以呼应单元说明“学习这些课文，要结合自己的生活经验，理解小说的主题”。

教学过程中，学生的理解应按照下面的顺序达至关联水平。

1. 正确理解句子的表层和深层含义。“其实地上本没有路，走的人多了，也便成了路。”包含两层意思，表层描述了道路形成的过程，深层阐释了社会变革的过程；点明了坚守的信念与坚守的方式，终能成路，需要不断行走。

2. 准确界定“开路者”与“行路人”。历史上有多少开创者曾面对“没有路”的困境，又有多少人面对困境仍相信“走的人多了，也便成了路”？这样的信念支撑着历史车轮滚滚向前，支撑着一代又一代拓荒者踏出道路，走进黎明。

3. 明确作者精神的伟大意义与影响。作者所处的时代是难以看到路的时代，作者并不知道路在何方，但他知道要在没有路的地方开出路来，需要不断地探寻和行走。这种精神秉持了中华文化“知其不可而为之”的精神传统，又在继承传统的基础上给出了行动指南。

教师在教材的引领下明确了研读的方向，在文本解读的过程中关注到作者情感变化的过程，认识到“无望中的希望”表现出的坚定信念，逐层深入地走进作者的情感世界。从这个角度来看，通过分析教材确定的教学方向，有助于教师深入研读、深度思考，有助于教师明确教学文本解读应该达到的细致与深刻程度。

四、关注文本细节，提高对文字的敏感度

“一个人既不能试着去发现他知道的东西，也不能试着去发现他不知道的东西。他不会去寻找他知道的东西，因为他既然知道，就没有必要再去探索；他也不会去寻找他不知道的东西，因为在这种情况下，他甚至不知道自己该寻找什么。”① 这种现象在教学文本解读的过程中极为常见，如果没有形成检索文本细节的自觉意识，语文教师很容易陷入反复阅读却没有收获的困境。

---

① 柏拉图. 柏拉图全集：第1卷［M］. 王晓朝，译. 北京：人民出版社，2002：506.

提高对文字的敏感度，需要在文本解读实践中自觉学习理论、总结经验，可以尝试从以下两个方面入手刻意练习。

其一，文本召唤结构。

召唤结构是伊瑟尔接受理论的重要概念，文本召唤结构指“文本具有一种引诱和激发读者阅读的结构机制”①。这一理论认为经过艺术化处理的文本留下了空白，文本空白激励、引导读者深入文本，填补空白，激发读者对文本的再创造，读者的阅读也是填补和具体化文本空白的过程。召唤结构能够引领读者展开联想、充实文本，激发并引导读者对文本进行二次创作。

在召唤结构的启发下，我们可能关注到《药》中“华大妈也黑着眼眶，笑嘻嘻地送出茶碗茶叶来，加上一个橄榄，老栓便去冲了水。”老栓夫妇配合默契，是工作状态也是待人的态度，作者对华大妈表情的描写召唤我们填补老栓的表情，感受到夫妇两人共同表达的感激；“黑着眼眶”并不妨碍华大妈“笑嘻嘻”，两处细节引导我们想象彼时彼刻华大妈洋溢着的喜庆；“加上”的“一个橄榄”，增加的不止是橄榄的滋味，还有华大妈的心理状态。茶馆卖茶，茶叶茶水是标配，怎样才能再高级一点？加上一个橄榄，这是华大妈在有限的时空里表现感激之情的极限。神态与动作细节营造了真实的场景感，一句话像一个舞台背景，潜藏着丰富的信息。

我们可能会关注到《百合花》中小战士“肩上的步枪筒里，稀疏地插了几根树枝，这要说是伪装，倒不如算作装饰点缀”，“他背的枪里不知什么时候又多了一枝野菊花，跟那些树枝一起，在他耳边抖抖地颤动着”。文本中呈现的是小战士系列动作的结果，枪筒里已经插上了树枝和野菊花，两处文本空白形成合力，引导读者关注这两处细节，召唤读者联系自己的生活体验，将静态的情境转化为动态的过程：战场连着战场，树枝和野菊花并不多见且不容易被发现，匆匆赶路的小战士居然能在微弱的晨光

---

① 凌晨光. 当代文学批评学［M］. 济南：山东大学出版社，2001：293.

和渐浓的暮色中发现它们，隐含着小战士对美好事物的渴求。那时的小战士是怎样的表情，有什么动作，摘下来之前是否有过心理斗争，他怎样说服自己将树枝和野菊花插上枪筒，他的表情发生了什么变化，他想到了什么？在文本召唤下的补白式创作，是文学体验的展开过程。

我们可能会被作者引导至《哦，香雪》中关于铅笔盒的细节：被同学问起自己的铅笔盒，向火车上戴眼镜的中年妇女打听铅笔盒，隔着车窗认出铅笔盒，登上列车去换铅笔盒，一个人走回家的时候在月光下反复摆弄铅笔盒。这些细节连缀在一起，以铅笔盒为线索勾勒出香雪的心路历程。结合自身经验，我们可能在铅笔盒的引领下回到了某个生活场景，场景的中心也许不是铅笔盒，但围绕场景中心，周围人的态度大体也会分为不理解与理解两类，自己的心理发展过程大多跟香雪类似——对求而不得的东西充满渴望，努力寻找实现愿望的机会。

以上三个例子具体描述在文本召唤结构的启发下，发现和补充文本细节的过程，即联系自身经验和文学积累充实润泽文本，获得更为真切深切的文学体验。理解并自觉运用文本召唤结构，有助于教学文本解读的细致与深入。

其二，解释学循环。

解释学循环的理论发展可以大致划分为三个阶段。传统的解释学循环认为对整体和部分的理解互为前提：要理解部分必须先要理解整体，要理解整体必须先要理解部分。具体到文本解读，即理解者根据文本细节来理解文本整体，又根据文本整体来理解细节，细节解读和整体理解之间不断循环，直到理解者达到自己期待的完满理解。海德格尔在此基础上指出，对未知文本的理解，永远由被理解的前结构所决定，完美的理解不是整体与部分之间循环的消除，而是这种循环得到最充分实现，解释学循环是前结构与现阶段的循环。伽达默尔继承了海德格尔的观点，认为要真正理解一个文本，“必须将文本中的每一个观点都视为生活或生命瞬间的体现，都要回溯到作者的生活或生命联系当中去”①，在文本和生活之间形成循环。

根据解释学的循环理论，建立联系成为文本解读的关键能力，包括在文本局部和整体之间建立联系，在文本和自身的生命、生活体验之间建立联系，在文本和其历史背景之间建立联系等诸多角度。需要说明的是，经典文本解读通常要经历时空背景下的形象还原和跨越时空的人性对话两个阶段，前者是后者的基础，跳过形象还原的过程直接讨论读者自身关注的问题容易导致文本误读。

三种联系角度也可以成为文本解读的基本程序，从严格遵循到自然运用，从自觉实践到融会贯通。例如解读《孟子》“人皆有不忍之心”，首先要关注文本的语言特点，关注语言背后的逻辑关系；其次要关注孟子通过观点和语言树立的自身形象，认识孟子的思想观点和表达方式在战国时代能够脱颖而出的原因，认识其思想的先进性；最后，还要联系历史事实，探究为什么孟子的思想先进、表达严密，却未被国君采纳。如此，在解释学循环中形成完整、清晰、深刻的理解。

解释学循环的作用在整本书的解读中发挥得更为充分。阅读《夏洛的网》，了解小猪威尔伯被救助的过程，需要先梳理出事件的关键节点：出生、谷仓生活、圣诞节、集市比赛。在此基础上筛选出关键人物：弗恩、朱克曼一家、老羊、夏洛、坦普尔顿，然后联系整本书的内容展开讨论：出生时，弗恩据理力争，让威尔伯得到了生存的机会；长大后，朱克曼一家出钱购买，让威尔伯有了继续生存的可能；圣诞节前，老羊提醒，让威尔伯认识到危机并努力寻求帮助；夏洛奋力织出四张网，造就了威尔伯的奇迹；坦普尔顿带回字纸，给夏洛提供织网的内容，咬了威尔伯的尾巴，让它恢复清醒，完成比赛。这些角色对保住威尔伯的性命都起到了重要作用，从整体看，威尔伯活下来是众人相助的结果，从局部看，其中的关键

---

① 伽达默尔. 诠释学Ⅰ、Ⅱ 真理与方法：修订译本［M］. 洪汉鼎，译. 北京：商务印书馆，2007：489.

人物和关键事件是夏洛织网，四张网在不同阶段发挥着共同的作用——帮助威尔伯脱离困境，顺遂如意。再回到整体，四张网上分别织着“王牌猪”“了不起”“光彩照人”“谦卑”，每个词都传递着夏洛对威尔伯的期待，威尔伯努力实现着夏洛的愿望，四个词语构成的整体潜藏着作者的观念：当你已经成为王牌猪，被人认为了不起，确实能够光彩照人地出现在世人面前，请你保持谦卑，让外在的美好变为内在的美德。

第三节　教学文本解读的撰写

要点提示

● 能够发表的教学文本解读的共同特征，是提出了一般读者难以提出的阅读发现，文本分析到达了一般读者难以达到的细致度，且都有理论做支撑。

● 教学文本解读的视角需要具有“新意”，需要文学理论作为支撑，也需要教师不断拓宽阅读视野。

● 教学文本解读需要呈现分析的过程，分析过程要细致绵密，结论的得出才更具说服力。

● 如何才能有创见？语文教师需要系统学习相关理论，刻意训练自己阅读发现的能力，记录阅读过程中的思考与发现，对照既有阅读经验重读文本，努力开掘新的解读视角，努力探寻未能发现的文本细节，要求自己读出以前没有读出的内容。

已经发表的教学文本解读，解读深度大多高于一般的认识水平，体现出三个显著特点：内容新颖、过程绵密，创造性地挖掘文本的教学价值。

一、解读视角与阅读发现具有新意

作品构成论、文学创作论、文学批评论和文学本质论是解读文本的基本视角，每个视角又可以拆分为若干角度（参见本章第二节表 1-1），“新意”与解读视角密切相关。下面以具体的教学文本解读为例展开讨论。

《从〈木兰诗〉看木兰的女性气息》[①] 指出《木兰诗》围绕“木兰是女郎”展开，着意渲染了木兰的女性信息。全文从三个方面阐释：征前焦虑的原因、征途思亲的心理变化、辞官还乡前的愿望和还乡后的动作。落点为“一个‘女’字，是木兰是此英雄而非彼英雄的特质，是《木兰诗》是此文本而非彼文本的特质”，进而列举其他文学作品中丰富立体的人物形象补充佐证，如《芦花荡》中的老头子、《水浒传》中的鲁智深、《我的兄弟叫顺溜》中的孙二雷等。文章的理论依据是文学形象的真实性，文学形象是生活原型的艺术化形态，源于生活超越生活，客体形象的真实性和作者个性化的生命感悟融为一体，成就了文学形象的美学内涵，即“艺术形象是再现生活和表现作家自我的统一”[②]。阅读文学作品，如果单纯关注其美学内涵，关注形象传递的思想精神，却没有分析出客观真实性的具体表现与升华过程，难以确切把握“这一个”的独特属性。从文学的基本理论出发研读教学文本，需要教师有理论自觉，运用理论，自我反思，逐步形成自己的思想方法。

《〈赤壁赋〉文化语码解读》[③] 援引“语码”的概念，提取《赤壁赋》中的“语码”，解释《赤壁赋》如何达到儒、释、道三家圆融的境界。体现儒家思想的意向如《诗经》、潜蛟、嫠妇，既体现佛家又体现道家思想的如“无尽藏”等，通过文化意向的分析讨论，完整而详实地解读了“圆融”。“语码”是叶嘉莹先生提出的概念，从概念切入解读文本，前提是语文教师已经形成了基本的概念框架，或者能够在持续的学习中获得新概念，为教学文本解读增加新的角度。又如从叙述要素的角度解读《老王》“从时空特点、情感推动线索这些要素入手，梳理文本的内在肌理，进而形成连接语言表象与文章内涵的可能路径”[④]，讨论时空特征反差与愧疚之

---

① 朱泽光. 从《木兰诗》看木兰的女性气息［J］. 中学语文教学，2010（04）：41-42.

② 孙绍振. 文学创作论［M］. 沈阳：春风文艺出版社，1987：43.

③ 程翔.《赤壁赋》文化语码解读［J］. 语文学习，2020（01）：35-38.

④ 郑桂华. 时空特质和情感线索——解读《老王》的两条路径［J］. 语文学习，2019（04）：64-67.

因，情感推动轨迹与反思机缘等，这也是援引文学理论概念来解读教学文本的。

《两重视角与知人论世：解读〈湖心亭看雪〉的密钥》，从写作回忆性散文的“双重视角”出发，讨论经验自我中心视角和叙述自我视角中的“湖心亭看雪”事件，联系作者的人生经历，得出结论“从五十岁左右晚年张岱的视角来看，虽然看的还是那个景，遇的还是那些人，引起的感觉却由欣喜转为悲凉。”① 双重视角是解读回忆性散文的普适性角度，在这个角度的引领下，《从百草园到三味书屋》《背影》《我与地坛》等课文均有可深入挖掘的内容。

解读角度需要文学理论作为支撑，西方文本解读理论和传统文学批评理论适用于不同的解读对象，需要甄别使用。“中国的诗论，一直是把自己当作诗的更高的内行，以诗的作者身份发言的，着重在不同版本、不同艺术加工中比较，进行品评艺术和思想的高下”，因而要秉持“以作者的身份，以原生素材和经典成品作比较”② 的解读原则，在把握传统文学批评理论的基础上建立文学文本解读的话语系统，如意象、意脉、意境、唯一性、变异、错位、猝然遇合、还原、实用价值、审美价值等等。在充分阅读文本的基础上，选择适宜的视角开展文本解读实践，在实践过程中拓展角度视角，形成个性化的解读角度，生成教学文本解读的个人实践理论。

比较分析也是重要的解读视角，以《归园田居（其一）》的文本解读为例，比较对象与内容如表 1-2 所示。

---

① 毋小利．两重视角与知人论世：解读《湖心亭看雪》的密钥［J］．中学语文教学，2021（11）：42-45.

② 孙绍振．孙绍振教授《文学文本解读学》访谈录［J］．厦门大学中文学报，2021（00）：242-265.

表 1–2 《归园田居（其一）》的比较对象与内容

比较对象	比较内容
陶渊明《归去来兮辞》(并序)	分析陶渊明的归隐之路
陶渊明《饮酒》(其五)	探讨陶渊明的人生哲学
曹操《短歌行》	讨论两种诗风与两种人生向往
莱昂纳德《隐居的生活》	辨析中西方田园诗歌的异同
叶芝《茵尼斯弗里湖岛》	阐释孤岛田园式隐居情怀
陶渊明不同时期的诗作	梳理陶渊明思想变化的历程

值得关注的是，比较点的选择与教师的阅读视野、建立关联的能力密切相关。

教学文本解读还可以综合研讨若干文本，分析其中的语言现象。例如限制性状语的潜台词。状语是动词或者形容词前边的连带成分，用来修饰、限制动词或者形容词，表示动作、行为的状态、方式、时间、处所或性状的程度等。副词、形容词、助动词或表示时间和处所的名词都可以作状语。根据和中心语的意义关系，状语分为修饰性和限定性两种。修饰性状语多由形容词和动词充当，用来描写动作的方式或状态，其表情达意的作用较为明显；限制性状语多由表示时间、处所的名词和副词及介词词组充当，表示动作的时间、处所、方式、条件或范围、性状的程度等，表情达意较为含蓄。举例分析如下。

（1）战地黄花分外香。（《采桑子·重阳》）

战地如果有黄花也不可能是一丛丛、一簇簇的，香气也不会特别浓烈，作者刻意用“分外”来表示“香”的程度，可见描写的不是现实情况，而是作者的心理感受，“分外”的并非黄花的香气，而是作者宽广乐观的情怀。

（2）这是独处的妙处，我且受用这无边的荷香月色好了。（《荷塘月

色》）

句中的“且”是“姑且、暂且”的意思，四周的安静、淡淡的荷香本容易让人沉醉其中、忘乎所以，作者却要强调这只是“姑且享受”，一个“且”字写出了平日身不由己、今日暂得宽余的处境，眼前的景致再美好，给作者带来的也仅仅是暂时的解脱，无法使他真正从绵绵愁绪中挣扎出来。

（3）朋友们，今天我对你们说，在此时此刻，我们虽然遭受种种困难和挫折，我仍然有一个梦想。（《我有一个梦想》）

“仍然”通常用来表达情况继续不变或恢复原状，本句中的“仍然”呼应“虽然”，表现作者的信念不会因挫折或困难发生改变，饱含坚定的意味。

（4）我以为在这途路中，大概可以看见世人的真面目。（《〈呐喊〉自序》）

“大概”一词看似用得随意，实际上包含着鲁迅的愿望，他虽然看见了诬蔑、看见了欺凌，看见了人们对于陷入困顿家庭的冷漠，依然渴望国人并不真像他看到的那样，依然怀着美好的愿望。作者对自己的美好愿望并无信心，又不愿承认真面目只能如此，“大概”传递出复杂的情感。

文中类似的句子还有“但我的麻醉法却也似乎已经奏了功，再没有青年时候的慷慨激昂的意思了。”“已经奏了功”，又“却也似乎”，限制性状语的矛盾表现出作者心理的矛盾，透露出作者的假“麻醉”、真思考，假寂寞、真冷静。

限制性状语可视为句子的“语言细节”，表现出作者复杂、微妙的情感，捕捉限制性状语，结合具体的语言环境具体分析，有助于洞悉作者的真实情感，产生新的阅读发现。

二、思路清晰，分析过程细致绵密

教学文本解读需要呈现分析的过程，用分析过程显现解读的思想方法，如分析视角、分析方法等，分析过程要细致绵密，结论的得出才更具说服力。

《〈藤野先生〉的“三重错位”观照》① 使用“错位”理论分析文本，分别讨论了心理错位、观念错位和话语错位，整体结构按照文本解读的思想方法展开。心理错位之一：藤野先生是出于师者的责任感，为“我”修改讲义，而“我”的心理是“吃了一惊，同时也感到一种不安和感激”；心理错位之二，藤野先生的学术探究精神与“我”的国民心理之间会有龃龉甚至矛盾；心理错位之三，“我”和藤野先生对中国传统文化的态度有微妙的区别。对心理错位之三的分析，较为充分地体现出绵密的特点。

> 在《谨忆周树人君》一文中，藤野先生说：“我少年的时候，曾承福井藩校出身的野坂先生教过汉文，一方面尊敬中国的先贤，同时总存着应该看重中国人的心情。”正因为如此，他才会说“我因为听说中国人是很敬重鬼的”，“敬重”一词，暗示了藤野先生对中国传统文化的尊敬之情。但藤野先生说完之后，“我”的反应却被省略了。不过可以推测的是，“我”的反应不是谈论裹脚话题时的“为难”，自然也不可能赞同藤野先生关于“中国人敬重鬼”的结论，唯一的解释就是用“失语”的方式表达内心的不认同。而藤野先生居然顾忌“我”当时的文化背景，这对“我”而言，又是一种莫大的关爱。

① 郭跃辉.《藤野先生》的“三重错位”观照［J］. 中学语文教学，2020（02）：56-58.

这段文字使用文献资料分析藤野先生使用“敬重”一词的原因，采用互文解读的方式推测“我”听到“敬重”的表现，两相对照，得出结论：藤野先生顾忌“我”的文化背景，这是关爱的表现。使用“敬重”一词能够表现出关爱，作者的分析过程完整，这一结论令人信服。

解读《小石潭记》，关注作者情感变化的线索，分析过程扣住文字渐次展开，如下所示。

“水尤清冽”“似与游者相乐”“不可知其源”“以其境过清”四个句子。“水尤清冽”承“心乐之”，“隔篁竹，闻水声，如鸣珮环”，听见水声已经心生欢乐，“伐竹取道”隐含着渴望“见水”的急切，还颇有点艰难的味道，终于“下见小潭”，而且“水尤清冽”，一个“尤”字增加了“乐”的程度。“似与游者相乐”潜藏着不一定如此的意味，“似”与其说表达的是所见，不如说是所想，是作者内心的渴望与期待，但事实未必如此。至此，“乐”已经减弱了。远望，当然要努力望出个所以然，居然“不可知其源”，望而不得，心境已经由乐转哀，淡淡的失望、哀伤弥漫在文字中。终于，“以其境过清，不可久居，乃记之而去”，清净、清凉、清澈都叫人愉悦，“过”了就是清冷、清幽，叫人难以忍受。

上述句子中的副词勾勒出作者情感发展的节奏——弱、强、中、弱、强。听见水声之乐相对较弱，见到水清之乐相对较强，作者并不是在“乐极”处“生悲”，“似”已经表达了欢乐的减弱，“不可”传递出愁绪渐浓，“过”显现出强烈的愁情。柳宗元在文中的情感并非陡转而是渐变，遗憾的是他身边没有人能够觉察他情感的变化，乐为一人之乐，悲亦为一人之悲。享受珮环之声，感受清冽之美的时候柳宗元不会朗声大笑；感到“凄神寒骨，悄怆幽邃”的时候他也不会失声痛哭，一切都默默地沉在心里，流于笔端。同游者给予他的只是物理意义上的陪伴，没有心意相通的默契。柳宗元奏完一个人的情感交响乐，转身看到同游的五人，恐怕依然没有表情吧？①

逐一分析重点词语的情感意味之后，将重点词语连缀起来，关注其整体勾勒出的情感发展过程，用音乐节奏阐释文字背后的情感节奏，具体展示梳理作者情感的过程。

文本解读要规避“观点+例证”的单摆浮搁，努力用观点分析例证，分析的“颗粒度”尽量小一些，理据充分，立论稳固。分析《记念刘和珍君》中鲁迅对刘和珍称呼的变化，不能简单列出四种称呼，直接呈现不同称呼背后的情感，而要细致分析“刘和珍君”“她”“我的学生”“中国的青年”怎样潜藏着作者的情感，以及作者情感变化的微妙之处，要关注到“她”与“刘和珍君”两个称呼的连用，要关注到“中国的青年”前面的限定语。

三、创造性探寻文本教学价值

教学文本解读服务于教学，解读角度的新意能够带来教学内容的优化。

《周代婚姻文化视野下〈氓〉之主旨探析》② 认为《氓》中多次出现的《仪礼》规定的婚姻规范具有审美价值，可以从婚姻文化的角度进行审视，借此抵达《氓》的主旨。文章分为两部分：遵守“六礼”的婚姻，不是“淫泆”；自强自立地抗争，不是“弃妇”。按照《仪礼·昏义》规定的纳采、问名、纳吉、纳征、请期、亲迎等成婚“六礼”，详细列举文本细节，认为卫女的婚姻已备“六礼”。上述分析角度，合理拓展了文本的教学内容，“《氓》就是周代婚俗的一幅多姿多彩的风俗画。今天我们读《氓》，必须摒弃裹挟其上的教化重负，回归生活，还原周代人性活泼健康

---

① 吴欣歆. 关注副词标识的情感强度［J］. 语文学习，2019（08）：69-70.

② 李彬. 周代婚姻文化视野下《氓》之主旨探析［J］. 中学语文教学，2019（12）：50-53.

的面貌，回味这些‘相与歌咏，各言其伤’的心灵杰构，倾听先民或欢愉、或愁苦、或悲伤的自然天成的纯真呐喊，与他们一起欢愁哀乐。”

《〈拿来主义〉的逻辑》① 使用语料库方法和关系比喻的逻辑理论，分析了《拿来主义》后半部分的主要逻辑问题，得出结论：“大宅子”的比喻仅仅指向域外文化，与传统文化无关，也不会引发道德问题；喻体形象的选择不会违反同一律，“拿来”的意义中并不包含接受，因此用“不管三七二十一”修饰“拿来”不会违反矛盾律。文章使用逻辑分析的思想方法，增加了《拿来主义》作为逻辑知识例文的教学功能。

解读《走一步，再走一步》，关注到情节设计与人物设置的关系：围绕中心事件，设置正向推进式人物，如杰里和父亲；反向阻滞式人物，如内德和其他的小伙伴。以还原作者的创作历程为视角解读文本，能够增加文本写作样本的教学价值。

如何才能有创见？需要在教学文本解读过程中系统学习相关理论，刻意训练自己阅读发现的能力，记录阅读过程中的思考与发现，对照既有阅读经验重读文本，努力开掘新的解读视角，努力探寻未能发现的文本细节，要求自己读出以前没有读出的内容。

能够发表的教学文本解读各具价值，其共同特征是提出了一般读者难以提出的阅读发现，文本分析到达了一般读者难以达到的细致度，虽然选用的理论不同，但都有理论做支撑。

《普通高中语文课程标准（2017 年版 2020 年修订）》和《义务教育语文课程标准（2022 年版）》将整本书阅读列为正式的语文课程内容，因此教学文本解读的对象应该包括单篇文本和整本书。根据我们团队的研究成果，作为教学文本的整本书，文本解读涉及文学价值（科学价值）、思想价值和教育价值三个方面，具体到语文学习，可以重点分析语文知识积累、阅读能力提升、阅读策略建构和精神成长四个方面。例如《青铜葵

① 刘辉.《拿来主义》的逻辑［J］. 中学语文教学，2021（02）：47-50.

花》的文本解读①，从文学价值和教学价值两个方面展开讨论，在文学价值中抽取出教学价值。

一、文学价值

（一）文本主体的苦难意识

（二）诗化叙述的艺术特色

（三）成长小说的美德教育

二、教学价值

（一）景物描写

（二）隐喻意象

（三）精神成长

又如《红岩》的文本解读②，以文学价值分析为基础，从四个方面确定《红岩》的教学价值。

【知识积累】

（一）红色经典

（二）创伤叙事

（三）本事改写

【能力提升】

（一）提取显性信息组合内容要点

（二）鉴赏凸显人物性格的细节描写

【策略建构】

（一）外化输出

---

① 蒋帅．苦难与诗意的结合——《青铜葵花》整本书阅读指导方案［J］．小学语文，2018（Z2）：98-103.

② 吴欣歆，许艳．书册阅读教学现场［M］．北京：教育科学出版社，2016：3-4.

（二）借助典型环境和典型特征辨识人物

（三）图文转换

（四）跨界阅读

【精神成长】

（一）树立坚贞不渝的理想信念

（二）培育深厚赤诚的爱国情怀

（三）培养百折不挠的坚韧品质

值得关注的还有近期发表的一批整本书阅读的导读文章，这类文章主要从整本书阅读教与学的角度，针对具体学段探讨其阅读教学的价值。如《〈红楼梦〉整本书阅读与事件关联性的建构——以第七回为讨论中心》①《〈堂吉诃德〉阅读攻略》（上、下）②③《心中只有“月亮”的追梦人——〈月亮与六便士〉导读》④《主题辩证与价值探寻——〈水浒传〉整本书阅读教学基础》⑤《谁是英雄？——〈三国演义〉整本书阅读·主公·刘璋》⑥，上述文章的结构方式多样，指向整本书阅读的学习目标与内容选择解读角度，是教学文本解读的重要组成部分。

① 詹丹，叶素华.《红楼梦》整本书阅读与事件关联性的建构——以第七回为讨论中心［J］. 红楼梦学刊，2022（01）：23-42.

② 吴欣歆.《堂吉诃德》阅读攻略（上）［J］. 七彩语文，2021（23）：4-6.

③ 吴欣歆.《堂吉诃德》阅读攻略（下）［J］. 七彩语文，2021（27）：4-7.

④ 郑可菜. 心中只有“月亮”的追梦人——《月亮与六便士》导读［J］. 七彩语文，2019（01）：75-77.

⑤ 李煜晖. 主题辩证与价值探寻——《水浒传》整本书阅读教学基础［J］. 新课程评论，2021（01）：74-81.

⑥ 余党绪. 谁是英雄？——《三国演义》整本书阅读·主公·刘璋［J］. 语文教学通讯，2018（34）：42-46.

第二章 教学设计

教学设计是语文教师最熟悉的教学应用类文本，也是语文教学期刊的重要稿源。撰写规范的教学设计首先要准确理解设计过程中使用的基本概念。本章重点厘清与教学设计相关的基本概念及其撰写要求，完整呈现不同内容载体教学设计的撰写过程，讨论如何落实撰写要求。选取已发表的高水平教学设计，梳理其共性特征，探讨撰写过程中的重要问题。

第一节 基本概念和要求

要点提示

● 教材分析和学情分析是撰写教学设计的基础。教材分析关注国家课程文件对教学的共性要求，学情分析关注区域学情达到要求的可能性和差异性。

● 设计合理的教学目标，需要关注三点：与当前的教育教学变革理念保持一致；包含“学生”“行为”“因素”“程度”这四个基本要素；正确理解教学重点和难点。

● 学习活动设计既要帮助学生掌握知识，也要帮助学生掌握知识建构的路径与方法，还要帮助学生体会前人创造知识的智慧。学习活动间的关联是否合理是教学设计需要重点关注的问题之一。

● 教学评价需要特别重视引发学生的学习反思，促进学习反思的深度发生。

● 好的教学反思，要能够准确描述教学事件中的关键问题，从教学行为与教学理念的关系，以及与教育相关的历史、社会与政治因素等方面阐释分析。

教学设计中使用的概念对很多老师来说是“熟悉的陌生人”，经常使用却并不能准确理解概念内涵，对使用过程中出现的问题呈现集体无意识状态。下面按照撰写过程中基本概念出现的一般顺序逐一厘清内涵，说明撰写要求。

一、教材分析和学情分析

教材分析和学情分析是教材设计撰写的基础性工作，也是教学设计的重要组成部分，分析教材和学情均有确定的维度和过程。

（一）教材与教材分析

教材又称教科书、课本，是依据课程标准编制的、系统反映学科内容的教学用书。教材依据课程标准编写，分析教材也要依据课程标准。首先要确定教材所处的学段，根据课程标准的学段目标，讨论即将使用的整本教材、教材单元和课文应该落实哪些目标要求，在学段目标要求下审视教材，确定教材落实学段目标的独特价值与作用。需要说明的是，对照学段目标分析教材需要关注学段目标的各个维度，如识字写字、阅读鉴赏、表达交流、梳理探究等，做全视角分析。教材通常在内容上分为若干单元，在体例上分为若干模块，对照学段目标确定教学的基本要求，还要分析单元与单元、模块与模块之间的关系，立足关系准确判断教材内容的基本导向。根据基本导向，探讨课文解读、学习活动分析、知识结构分析等具体问题。上述分析过程可以概括为：学段目标视角下的教材分析，教材内部的组织结构分析，具体教学内容的要点与要求分析。教材分析的落点是教师预设的教学目标，即教材规定的教学内容及掌握程度。

（二）学情与学情分析

“学情即学习者特征，包括认知与元认知、动机与情感、发展性与社会性、个体差异等。”① “学情分析即分析学生，主要分析学生的学习起点、已有知识、对学习内容所持的态度、学习动机、受教育程度和能力水

① R·M·加涅，等. 教学设计原理：第五版修订本［M］. 王小明，等，译. 上海：华东师范大学出版社，2018：95-96.

平”①，国内外学者在学情的理解上已经达成共识，学情分析主要包括学习基础和个性特点两个方面，前者包括学习环境、学习经验、知识储备；后者包括认知风格和兴趣爱好，以及面对具体学习内容的情感态度。学情具有稳定性、系统性、发展性的特点，从系统性的角度来看，主要有三种分析角度：按照课堂教学的时间进程，分为教学前、教学中和教学后②；按照教学设计的推进过程分为设计、实施和评估三个层面③；按照学情涉及的内容范围分为学期、单元和课时④。学情分析的结果可以转化为课堂教学资源，为教师设计、实施、改进教学反馈相关数据。

不同阶段学情分析的目的有所不同。教学设计撰写阶段分析学情的主要目的是对照教师预设的教学目标判断学生的学习起点；课堂教学进行阶段主要目的是判定学生达成教学目标的情况，推断难以达成的具体原因；课堂教学完成后的学情分析需要关注学生的学习发展，推测学生在教师指导下达成学习目标后，哪些内容和方面需要补充、巩固、提升，判断学生自主学习阶段需要哪些路径规划与工具支持。

学情分析需要遵循科学性、针对性、客观性和真实性的原则，通过经验判断和科学调查两种方式获得，两种方式互为补充。科学调查的基本方法包括观察法和访谈法，两种方法适用于不同的分析对象。一般来说了解学生对事实性知识、概念性知识和程序性知识的掌握情况比较适合使用观察法，了解学生的学习经验和情感态度更适合使用访谈法。学情调研工具需要参照教师预设的教学目标设计，分条设计调研工具便于发现目标定位的差异，使得调整目标的依据相对充分。

---

① W·迪克，等. 系统化教学设计：第六版［M］. 庞维国，等，译. 上海：华东师范大学出版社，2007：113-115.

② 安桂清. 论学情分析与教学过程的整合［J］. 当代教育科学，2013（22）：40-42.

③ 陈隆升. 语文课堂教学研究［D］. 上海：上海师范大学，2009.

④ 耿岁民. 中学数学课堂教学学情分析的理论与实践研究［D］. 西安：陕西师范大学，2011.

（三）教材分析与学情分析的关系

教材分析和学情分析是撰写教学设计的基础，教材分析又是学情分析的基础。教材分析明确的是国家课程文件对教学的具体要求，所有使用该教材的师生应共同遵循。不同区域的学生群体存在差异，学情分析的关注点包括本区域（班级）的学生是否能达到国家课程文件的要求；如果不能应该做出哪些调整，采取哪些教学策略。教材分析的准确程度，学情分析与教材分析的对应性都会对学情分析的准确程度产生直接影响。

教材分析的落点是预设的教学目标，参照预设教学目标逐条调查学生的知识储备、经验基础、情感态度等维度的行为表现，分析预设目标是否处于学生的“最近发展区”，判断学生达成目标可能遇到的障碍和困难。学情分析的落点是调整后的教学目标，即确定的教学目标。

综上，教材分析关注国家课程文件对教学的共性要求。学情分析关注区域（班级）学情达到要求的可能性和差异性，基于科学分析调整教学内容与水平要求，确定区域（班级）学生的教学目标，应体现出区域性、个别化的特点。

二、教学目标

教学目标是学生完成一个阶段的学习后能够达到的程度和水平。科学的教学目标是教学方向正确的有力保证，清晰的教学目标是师生在教学过程形成合力的重要条件，水平标准明确的教学目标是学生了解自身学习情况、教师收集教学反馈信息的基础。科学、清晰、标准明确的教学目标是师生结成学习共同体，齐心协力实现学习进阶的有力保障。设计合理的教学目标并准确表述需要关注以下三个方面。

（一）符合语文教学变革的方向

教学目标是教学理念的反映，应准确体现语文教育教学变革的方向。我国当代语文教育大致经历了双基目标、三维目标、核心素养目标三个阶段。

1952 年，教育部颁布《中学暂行规程（草案）》，提出中学的教育目标之一是掌握“现代科学的基础知识和技能”，旨在“在中小学打下全面基础，为升入高一级学校或参加工农业、服务型行业的劳动做准备”①。2001 年教育部颁布的《基础教育课程改革纲要（试行）》要求国家课程标准“应体现国家对不同阶段的学生在知识与技能、过程与方法、情感态度与价值观等方面的基本要求，规定各门课程的性质、目标、内容框架，提出教学和评价建议”。2018 年，教育部颁布《普通高中语文课程标准（2017 年版）》，标志着语文课程目标进入核心素养时代，关注语文学习过程中的语言建构与运用、思维发展与提升、审美鉴赏与创造、文化传承与理解四个方面。下面以《小英雄雨来》的教学为例，呈现当代语文教学目标的变革历程。

双基目标②

1. 学会本课生字词；学习本课中优美的句子，丰富的词语；会用比喻语“像”“好像”，象声词“唧唧咕咕”“哗啦哗啦”造句。

2. 懂得怎样选择题材和安排题材，怎样前呼后应，怎样描写自然环境。

3. 给各段加小标题；背诵和默写第一段的第一小节和第五段。

4. 学习雨来热爱祖国，爱护革命干部，跟敌人英勇斗争的革命精神。

三维目标③

1. 认识本课 7 个生字。

2. 理解课文内容，练习给每部分加上小标题。

① 董远骞，张定璋，裴文敏. 教学论［M］. 杭州：浙江教育出版社，1984：135.

② 斯霞.《小英雄雨来》教案［J］. 小学语文教学，2010（03）：43-44.

③ 赵昭，齐丹.《小英雄雨来》教学设计与评析［J］. 黑龙江教育，2005（Z2）：7-8.

3. 用比较快的速度阅读课文。

4. 学习雨来热爱祖国、勇敢机智的品质。

核心素养导向的目标①

1. 解题：明确什么是英雄。

2. 实践：学列小标题，把握英雄的故事。

3. 分析：作者是如何塑造这个英雄形象的。

4. 拓展：阅读更多的故事，认识更多的英雄。

对比不同时代的三组教学目标，理念变化清晰可辨，“双基”目标并非不关注学生情感态度价值观的发展，但在整体目标中的比例较小；与“双基”目标相比，“三维目标”突出强调“过程与方法”目标，如“用比较快的速度阅读课文”；核心素养导向的目标整合了前两个时期的目标要求，重构了教学内容，体现出语文学科核心素养的四个方面是一个整体，语言建构与运用是整体中的核心。不同理念指导下的教学目标没有高下之分，但能够折射出语文教学的发展变化，教学目标的设计与撰写首先要具有先进性，与当前的教育教学变革理念保持一致。

（二）涵盖教学目标的基本要素

每条教学目标均包含四个基本要素：学生、行为、因素和程度。教学目标以学生为主体设计，表述的主语也是学生；要准确呈现学生达成目标的行为表现，且行为表现可观察、可测量；教学目标需要关注学生达成目标借助的学习环境、学习条件与学习方式；需要标定学生在教学资源支持下能够达到的程度和水平。

例如：学生（学生主体）能够通过自主学习（条件、因素）列出（行

① 王文丽.《小英雄雨来（节选）》教学实录［J］. 小学教学（语文版），2021（Z1）：8-11.

为动作）课文的结构框架（与“列出”共同刻画出行为动作的水平要求）。

所有教学目标的主语都是学生，主语可以默认省略；如果达成目标的条件要素比较明显或者可以灵活选择，条件因素也可以省略；行为动词及其水平标准是教学目标基本要素中的核心要素，可以综合表述，务求精准。精准主要体现为可观察、可测量，能够依据水平标准判断目标达成的情况。水平标准重点考虑三个方面：做什么，在什么情境中做，做到什么程度。教学目标的水平标准分级通常采用教学目标分类学、SOLO 认知水平分级和知识深度分析模型三种理论工具。

1. 教学目标分类学

布卢姆认为有效的教学始于准确地知道要达到的目标是什么，目标要用学生外显的行为来描述，必须清楚、具体、可操作。布卢姆将知识分为事实性知识、概念性知识、程序性知识和元认知知识四类，将认知过程分为记忆、理解、运用、分析、评价、创造六个维度，由四类知识和六个认知过程维度构成了分析、确定教学目标的两个维度，如表 2-1。

表 2-1　布卢姆教学目标分类①

知识维度	认知过程维度					
	1. 记忆	2. 理解	3. 运用	4. 分析	5. 评价	6. 创造
A. 事实性知识						
B. 概念性知识						
C. 程序性知识						
D. 元认知知识						

事实性知识和概念性知识都是有关“是什么”的知识，前者指某领域特定的、独立的知识内容，如专有名词比喻、小说、律诗等；后者相对于前者更复杂，更有组织性，涉及理论、模型、结构等方面，如小说三要素、典型人物、红色经典等。程序性知识指如何去做的知识，如关于技能

① 安德森，等. 布卢姆教育目标分类学：分类学视野下的学与教及其测评：完整版［M］. 蒋小平，等，译. 北京：外语教学与研究出版社，2009：42.

方法的知识——怎样描写，多角度分析人物，梳理情节脉络等。元认知知识属于个体认知方面的知识，如关于策略、任务情境和自我认知的知识——阅读策略、基于情境的方法选择、解决问题的思维方式等。表 2-1 采用双向表格的形式呈现目标分类学的基本概念框架，是确认知识类型及其认知过程的便利工具，也是分析教学目标程度水平的便利工具。

记忆、理解、运用、分析、评价、创造六个维度的具体类目划分如表 2-2 所示，在应用的过程中可以根据概念界定和列举示例判断认知过程的具体内容，表 2-2 可视为教师确定教学目标行为动词的重要依据。

表 2-2　布卢姆目标分类认知过程维度的六个类目①

认知过程	替代名称	定义	示例
1. 记忆——从长时记忆系统中提取有关信息。			
1.1 再认	识别	从长时记忆系统中找到与呈现材料一致的知识	再认历史上重要事件的日期
1.2 回忆	提取	从长时记忆系统中提取相关知识	回忆历史上重大事件的日期
2. 理解——从口头、书面和图画传播的教学信息中建构意义。			
2.1 解释	澄清、释义、描述、转换	从一种呈现形式（如数字的）转换为另一种形式（如言语的）	解释重要演讲或文件的含义
2.2 举例	例示、具体化	找出一个概念或一条原理的具体例子	给出各种美术绘画类型的例子
2.3 分类	类目化、归属	确定某事物属于某一个类目	将考察到的或描述过的心理混乱的案例分类
2.4 概要	抽象、概括	抽象出一般主题或要点	为录像带上描写的事件写一则简短的摘要
2.5 推论	结论、外推、内推、预测	从提供的信息得出逻辑结论	学习外语时，从例子中推论出语法原理

① 安德森，等. 布卢姆教育目标分类学：分类学视野下的学与教及其测评：完整版［M］. 蒋小平，等，译. 北京：外语教学与研究出版社，2009：76-81.

续　表

认知过程	替代名称	定义	示例
2.6 比较	对照、匹配、映射	确定两个观点、客体之间的一致性	比较历史事件与当前的情形
2.7 说明	构建、建模	建构一个系统的因果模型	解释法国18世纪重要事件的原因
3. 运用——在给定的情境中执行或使用某种程序。			
3.1 执行	贯彻	把一个程序运用于熟悉的任务	多位整数除以多位整数
3.2 实施	使用	把一个程序运用于不熟悉的任务	将牛顿第二定律运用于它适合的情境
4. 分析——把材料分解为它的组成部分并确定各部分之间如何相互联系以形成总体结构或达到目的。			
4.1 区分	辨别、区别、选择	从呈现材料的无关部分区别出有关部分或从不重要部分区别出重要部分	从数学应用题中区分有关和无关数字
4.2 组织	发现一致性、整合、列提纲、结构化	确定某些要素在某一结构中的适合性或功能	组织事实证据使之支持某种观点或特殊解释
4.3 归属	解构	确定潜在于呈现材料中的观点、偏好、假定或意图	根据文章作者的政治观点确定他的观点
5. 评价——依据标准或规格做出判断。			
5.1 核查	协调、探测、检测、监测	查明某过程或产品的不一致性或谬误；确定过程或产品是否有内在一致性；查明某种程序在运行时的有效性。	确定科学家的结论是否来自观察的数据
5.2 评判	判断	查明产品和外部标准的不一致性，确定某产品是否有外部一致性；查明一个程序对一个问题的适当性	判断两种方法中的哪一种对于解决某一问题是最适当的方法

续 表

认知过程	替代名称	定义	示例
6. 创造——将要素加以组合以形成一致的或功能性的整体；将要素重新组织成为新的模式或结构。			
6.1 生成	假设	根据标准提出多种可供选择的假设	提出假设来说明观察到的现象
6.2 计划	设计	设计完成某一任务的一套步骤	计划写一篇历史题目的文章
6.3 产生	建构	发明一种产品	为某一特殊目的建造住处

表 2-2 中的行为动词及其对应内容并不是语文学科的专用术语，语文教师需要根据具体的教学内容将其转化为本土化、学科性的词语。例如“4.1 区分”，在语文教学中可以转化为根据要求提取有效信息；“6.1 生成——假设”，在语文教学中具体表现为“补白”，根据文本信息为人物添加语言、动作，续写情节，改写情节等。

教学目标的程度水平和行为动作通常密不可分，行为动词通常包含水平要求，可以直接选用能够体现水平要求的行为动词，或者在行为动词前补充程度要求。布鲁姆教学目标分类学对认知水平的划分是按照由低到高的水平呈现的，可视为水平分级的标准。可以根据布卢姆教学目标分类学确定行为动词，综合知识类型和认知水平两个维度表述教学目标，如记忆概念性知识、运用程序性知识、分析事实性知识等。

2. SOLO 认知水平分级

为了直接检测学生的认知发展水平，比格斯在皮亚杰认知发展理论的基础上，将总体认知结构发展的每一个阶段划分为不同的水平，这些水平可以通过学生回答具体问题呈现的思维结构复杂性表现出来，即“可观测的学习结果的结构”（英文缩写为 SOLO）。SOLO 是判断学生认知发展水平的评价方法，评价结果可以作为确定教学目标的科学依据。SOLO 将学生回答问题时的反应，按照思维结构的复杂程度从低到高划分为五个层级。

前结构：完全错误或者不相关的答案。学生不具备与所要解决的问题相关的知识，或者没有真正理解问题，回答完全错误，或与问题完全不相关，或使用与问题要求相比过于简单的方式。

单一结构：学生只使用了问题涉及的某一个相关信息，只能关注问题需要的若干个方面的信息之一，或者依靠记忆作答，没有呈现理解的过程。

多元结构：学生连续使用了与问题相关的多个信息，能够在其中建立起两两之间的相互联系，但尚未建立全部信息的有机联系。

关联结构：学生综合使用与问题相关的全部信息，在此基础上形成结论或概括，将相关信息联结成一个整体，表现出对问题的充分理解，能够回答或解决较为复杂的问题。

拓展结构：学生能够综合使用存在多种关联的信息，在建立关联的基础上将问题置于更广阔的情境中，进行更全面的思考或更高水平的概括、归纳，在解决问题的过程中表现出钻研精神和创造性。①

针对预设的教学目标，运用SOLO理论设计学情调研工具，根据调研结果确定学生现在的认知水平，可以推断教学目标应该达到的认知水平。下面以八年级整本书阅读《鲁滨逊漂流记》人物形象分析的目标为例具体说明调整过程。

预设教学目标：分析鲁滨逊的语言、动作、心理，概括人物形象。（关联结构水平）

学情调研（安置性评价）工具：鲁滨逊形象分析表。

---

① Biggs J. B, Collis K. F.. Evaluating the Quality of Learning: Quality and Quantity in Learning [M]. Massachusetts: Academic Press, 1982.

表 2-3　鲁滨逊形象分析表

原文摘录（语言、动作、心理）	特点分析	形象分析

学生表现分析：学生能够提取突出体现鲁滨逊形象特点的语言、动作、心理，针对提取的段落提炼形象特点，如勇敢、理智、有耐力、充满智慧等。在整体分析过程中，有学生使用了“造物主”的概念，认为鲁滨逊的形象具有文化象征意义；有学生提出鲁滨逊用努力获得生存权利，有追求高标准生活的要求，实现了物质生存与文明生活的共同发展；有学生提出鲁滨逊的出海远航是他不满足现状的表现，敢于自我突破；有学生将鲁滨逊的形象概括为“勇于冒险，充满激情，用进取精神获得生存和发展，是人类进步的精神标杆”。上述表现说明学生不仅能够看到形象的外在特点与内在精神，还能够看到形象的文化意义，“概括、分析形象”的目标定位低于学生现有水平，需要将教学目标从关联结构水平调整到拓展水平。

确定教学目标：概括鲁滨逊的形象特点，引用原文说明他超乎常人的原因。(拓展水平)

鲁滨逊超乎常人的根本原因在于他的认知方式，书中很多文字有所表现。

> 总的来说，事实证明，我当前的不幸处境，是世界上少有的，可是，即使在我这样的处境中，也有一些消极的或积极的东西值得感谢。
>
> 我希望世上的人都要从我最不幸的处境中取得一个经验教训。这个教训就是：在最不幸的处境中，我们也可以把好处和坏处对照起来看，从而找到聊以安慰的事情。

现在我对于自己的处境已稍稍有了好感，不再整天把眼睛望着海面，等待有什么船来。我已经把这种心思丢在一边，开始一心一意去安排自己的生活，尽量改善自己的生活了。

这段文字呈现了鲁滨逊心理重建的过程，在消极的东西中找到积极的因素，在各种坏处的对比中将一部分坏处转化为好处，立足当下，安慰自己并采取积极的行动。根据学情调整、确定的教学目标超出学生原有的认知水平，引领学生在更为抽象的层面归纳概括，具有挑战性，能够促进学生发展。

3. 知识深度分析模型

为表征学生应该理解的知识深度，韦伯提出了"知识深度模型"①，简称 DOK。该模型将学生的认知水平划分为四个层级——回忆与复述、技能与概念、策略性思维、拓展性思维，用不同水平反映学生完成学习活动所需的认知期望或知识深度，认为学生的学习随着学习活动认知复杂程度的提高不断深入。

水平 1　回忆、复述。包括回忆信息、简单运算或使用公式等。

水平 2　技能、概念。包含智力运算的参与，不仅仅是习惯性反映，要求学生做出决策来处理问题或开展活动。

水平 3　策略性思维。要求推理、计划、使用证据。

水平 4　拓展性思维。在一段时间里进行复杂推理、计划、设计与运用多重思维。②

---

① Webb N. L.. Research monograph No. 6: Criteria for alignment of expectation and assessment in mathematics and science education [R]. Washington D. C: Council of Chief State School Officers, 1997: 15.

② 诺曼·韦伯，张雨强. 判断评价与课程标准一致性的若干问题 [J]. 比较教育研究，2011，33 (12): 83-89.

知识深度模型为语文教学目标的确定、学习活动的设计提供了理论基础。以分析小说中的人物形象为例，四个层级的目标定位如下。

水平 1　学生能够列举突出表现人物形象的语言、行为、心理的描写内容。

水平 2　学生能够借助相关描写分析并确定形象的特点。

水平 3　学生能够将文中人物形象与其他文章中的类似形象进行对比分析。

水平 4　学生能够结合时代背景认识人物形象的思想意义与文学价值。

教师需要根据学生的现有水平判定学习起点，推断学习落点，确定合理的教学目标，将目标定位在学生的“最近发展区”。

（三）正确理解教学重点、难点

除了基本要素，教学目标还涉及教学重点和教学难点两个相关概念。

教学重点是教学目标中最基本、最核心的部分，是从确定的教学目标中选出的一点或两点，通常是语文学科最重要的知识、原理、学习规律，体现语文学科思想方法的策略等。针对不同的学生群体，同一套教材中的同一个教学内容，教学重点相同。

教学难点是学生达成教学目标过程中可能遇到的障碍和困难，是引领学生达成教学目标的关键点。针对同一组教学目标、同一个教学重点，不同区域不同学校不同班级的学生可能遇到不同的难点问题，需要在科学分析的基础上具体表述。

下面是《藤野先生》第二课时教学目标的表述。

1. 补充文中描写藤野先生的“留白”，分析“藤野先生是伟大

的”的内涵。(教学重点)

2. 结合文章写作背景，概括鲁迅回忆藤野先生的情由，借助朗读表现文字背后的深情。(教学难点)

两条目标的定位准确，整体表述符合要求，选择第 1 条目标作为教学重点与教材助读系统、练习系统的指向一致，但不能直接将第 2 条目标标注为教学难点。教学难点应指向两条目标，根据教学经验或学情调研判断学生达成两条教学目标可能遇到的障碍和困难。针对“补充留白”，学生是否理解“留白”的含义，是否能联系文中的信息理解“留白”的内容，是否能用自己的语言完成写作；针对“分析内涵”，学生能否理解“伟大”的内涵，是否掌握表述内涵的语言方式，词汇储备是否可以支持学生表达对内涵的理解；针对“概括情由”，学生是否理解“情由”和“缘由”的差异，是否能从不同角度分析情由，是否明确做概括的语言要求；针对“朗读表现深情”，学生是否理解作者的深情，是否具备表现深情的朗读技巧。通过对以上关键点的拆分与讨论，教学难点可能确定为：选择恰当的词语表述“伟大”的内涵；借助重音和停顿表现对“深情”的理解。综上，明确了重点，教学方向更容易集中；明确了难点，教学推进过程会更加顺畅；教学重点和教学难点内涵有所不同，表述时要体现出差异。

三、教学过程与教学活动

教学过程，是为达成教学目标制订的学习活动计划、方案或程序，依托有组织的活动计划，帮助学生通过学习发生变化，逐步接近并最终实现教学目标。教学活动是为达成教学目标而采取的行动，若干教学活动呈现出教学过程，教学过程和教学活动设计两位一体，共同完成教学内容，落实教学目标。

(一)教学过程的科学性

教学过程可视为教师指导学生开展学习实践的过程，应符合学习的基本规律，体现学科的基本思想方法，满足学生身心发展的需要。针对不同类型的教学内容，语文学科教学过程的设计，需要关注行为主义、认知发展和建构主义三种学习理论。行为主义学习理论认为学习是学习者对环境刺激做出的反应，所有行为都是习得的；认知主义学习理论认为学习在于内部认知的变化，对学习目的和意义的认识是控制学习的可变因素；建构主义学习理论认为学习是个体在原有知识经验基础上，积极主动地进行意义建构的过程，学习者根据自己的经验背景，对外部信息进行主动地选择、加工和处理，从而获得自己的意义。语文教学设计应观照学习理论，遵循学生语言发展的基本规律。

1. 基于目标类型设计教学过程

布卢姆①认为对于“记忆事实性知识”这类目标，常用的教学方法是让学生重复或复述事实性知识，重复或复述有多种形式，如集中进行的机械复述、间隔复述，或在多次使用事实性知识的过程中完成复述。还可以通过测验达成记忆事实性知识的目标，用提问、尝试回忆等测验手段取代重学。

对于理解概念性知识这类目标，最佳的教学方法是引导学生关注概念或类别的定义性特征，同时使用概念的正例和反例，用正例来例示什么是概念性知识，用反例来例示什么不是概念性知识。也可以先给学生呈现某一概念的多个例子（或由学生自己提出这些例子），再由学生归纳出例子背后蕴含或体现的共同概念。

对于应用程序性知识这类目标，有效的方法是利用流程图将程序清楚地表示出来，并让学生参照流程图执行相应的步骤。

---

① 参见安德森，等. 布卢姆教育目标分类学：分类学视野下的学与教及其测评：完整版［M］. 蒋小平，等，译. 北京：外语教学与研究出版社，2009.

对于与元认知知识有关的目标，其教学方法通常要借助学习策略，教师要直接教给学生一些如何管理、控制自己学习的策略，启发学生思考这些策略与自身学习的关系，引导学生反思运用策略后的学习效果，这种反思是重要的元认知活动。学生经过反思，习得有关自我学习与认知的规律与特点的知识（元认知知识）。有关元认知知识的教学，通常要持续较长的时间，难以用一两节课完成，可能要持续一个学期甚至更长时间，教师要根据学生的真实状况统筹安排。

2. 立足语文学科思想方法设计教学过程

学生在具体的阅读鉴赏、表达交流场景中面对新鲜的语言材料、语言现象，判断语言现象的特点进而选择合理的应对策略。在这种情境下，停留在记忆层面的语言运用规律难以发挥作用，发挥作用的是学生曾经的梳理探究经历，以及这种经历帮助他们形成的思考分析路径。因此，教学过程需要体现语文学科的思想方法。语文学科的思想方法既体现在较长一段时间的学习历程中，也体现在课时教学过程的设计思路上，下面结合具体的教学内容呈现三种语文学习的基本思想方法及其教学过程设计。

（1）积累语言材料——梳理语言现象——探究语言运用规律

统编版初中语文教材七年级（上）第二单元《咏雪》中出现1次“也”，是语气助词，表示判断语气；第六单元《穿井得一人》中出现2次“也”，表示简单的否定。七年级（下）第四单元《爱莲说》中出现3次“也”，均表示判断语气。八年级（上）第六单元的选文中“也”字多次出现：《得道多助，失道寡助》6次，《富贵不能淫》3次，《生于忧患，死于安乐》1次，《愚公移山》5次，《周亚夫军细柳》1次。九年级（下）第三单元《鱼我所欲也》出现14次“也”，基本涵盖“也”的四种表意功能“语气助词，表示判断语气；解释疑问，说明原因；表示简单的肯定或否定；不是用来煞句，而是用来引起下面的分句”①。针对以上无序出现的“也”，可以设计阶段性的学习活动，引导学生关注文言虚词和句式的

① 王力. 古代汉语常识［M］. 北京：北京出版社，2016：66.

关系。

① 摘录积累：完成七年级（上）的学习后，设计文言句式积累卡，请学生摘录本学期积累的三个带“也”的句子。

② 分类整理：七年级（下）至九年级（上），每个学期都要求学生将本学期积累的带“也”的句子按照表意功能分类整理到文言句式积累卡。

③ 集中讨论：学习《鱼我所欲也》，请学生圈画14个带“也”的句子，尝试用现代汉语判断词、连词或语气词替代不同语境中的“也”，整体感受其表意功能的类型。

④ 提炼概括：回顾文言句子积累卡，阅读王力《古代汉语常识》分析“也”的部分，写一段话解释“也”的四种表意功能，用“观点+例证”的方式表达自己对文言虚词作用的认识。①

（2）发现作品价值——反思自身经验——丰富语言实践

阅读作品时，学生从语言文字运用和思想情感呈现两方面发现其价值，对照自身的原有经验，汲取作者经验，以提高语言品质和思想认识。

《论教养》是一篇论说类文本，教学目标涉及分析作者观点、关注作者表达观点的过程，探寻作者观点的思想意义与当代价值。课文内容可以提炼出教养、尊重、风度、关照四个关键词，教养是内核，风度是表现，尊重和关照是使教养“得之于自身”的自觉意识，努力养成关照他人的态度，努力做到尊重他人，才能逐步实现有教养、好风度。课文中用来表达情意的行为动词大都可以归并到这四个关键词之下，从情意动词的提取与归纳入手，能够准确提炼课文的核心概念与外围概念。课文使用简括明确的概念，通过概念间的关系表达自己的观点和主张，这是课文的教学价值

① 吴欣歆. 核心素养背景下作业发展功能的实现［J］. 中学语文教学，2022（01）：4-8.

所在，其言语表现方式丰富了学生的原有经验，其观点提升了学生的原有认识。为实现课文的教学价值，学习活动可以设计为：请在“词频图”中填入你在课文中关注到的三个正面表达“教养”的情意动词，共同完成全班同学的“词频图”，选择最高频次的词生成课文概念框架，细读课文，将其他的词补充到概念框架中。引导学生从关键词梳理入手建构对课文内容的整体认识，将言语经验和认知经验的获取合二为一。

（3）联结知识要点——建构知识框架——形成知识系统

语文知识系统的形成是自觉补充完善的过程，学习修辞手法，学生先接触的是具体的修辞格，如比喻、排比、拟人等，进而建构起修辞格的概念；阅读过程中需要分析变式句的表达效果，有意识地区分常式句和变式句，进而形成句式修辞的概念；联结修辞格和句式修辞，逐步建构起积极修辞的概念；联系修改病句的经历，认识到消极修辞和积极修辞的不同，最终对修辞的概念形成相对完整的认识，如图 2-1。

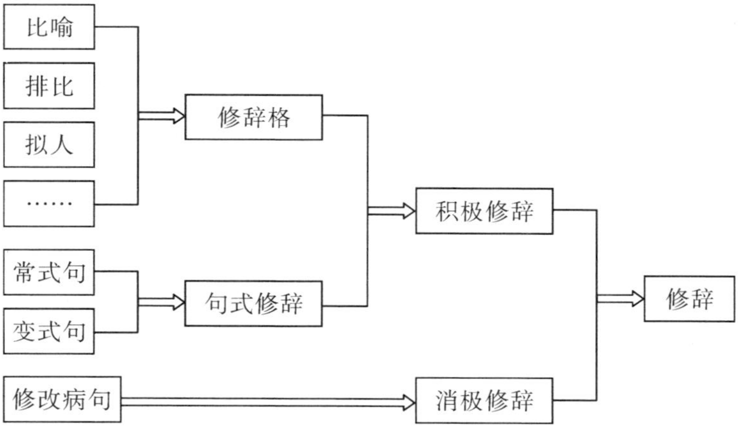

图 2-1　修辞概念的建构过程

教师要系统设计教学过程，帮助学生使用思维工具呈现概念与概念的关系，逐步建立相对完整的知识系统。

具体到一节课的教学设计，教师可以借助建构主义的基本理论，立足体验式学习设计教学过程。体验式学习涵盖“具体体验、观察反思、抽象的概念化和主动检验”① 四个阶段，这四个阶段分别对应感知学习、反思性学习、理论学习和实践四种最为有效的学习方式，界定了体验式学习的本质与环节。参照体验式学习理论，可以将教学过程的基本环节设定为“亲历——反思——抽象——检验——交流——重构”。

亲历，即亲身经历，是学生个体独立完成的学习环节。在学校教育中，我们很难将所有的学习活动置于真实的社会生活情境中，通常是设计符合生活逻辑的情境，让学生在情境中亲身经历或者进行移情性理解，获得直接经验或感受。

反思，包括回顾和内省两个心理过程。学生梳理亲历过程，在此过程中追问自己的知识运用、策略选择，通过自我反省的方式思考个人的优势和局限。这是让体验具有意义的关键性要素。

抽象，是学生从感性体验中抽取理性认识、建构知识框架、总结学习经验的过程，抽象的程度是学生学习能力的重要表现之一。

检验，是学生自我评价的过程，内容涉及在学习过程中是否获得了知识或经验，这种知识或经验是否正确，是否在“获得的”和“已有的”知识经验中建立了合理的联系等。

交流，学生展示自己亲历过程中的感受、认识与思考，在呈现学习成果的同时分享获得学习成果的思维方式与学习策略，充分展现个性化和差异性，促进彼此学习能力的提升。

重构，学生吸纳他人亲历的经验，通过借鉴他人的思维方式和学习策略，修改完善现有学习成果、知识结构、认知方式和学习经验。这一环节不一定发生在教育教学现场，可能具有延时性，但师生要有清晰的“重构意识”。②

---

① D. A. 库伯. 体验学习——让体验成为学习与发展的源泉［M］. 王灿明，等，译. 上海：华东师范大学出版社，2008：34.

② 吴欣歆. 高中语文学习任务群教学笔记［M］. 北京：北京师范大学出版社，2020：87.

具体的教学过程不需要覆盖上述所有环节，但必须包括亲历、抽象和重构三个基本环节，设计学习情境帮助学生亲身经历言语实践活动的完整过程，在这个过程中形成自己对知识与能力、过程与方法、情感态度与价值观的体验，凝练出基本的知识结构，经由师生交流发现这一知识结构存在的问题，依托学习共同体实现修改、完善，重新建构思考与认识。

（二）教学活动的典型性、多样性和个别化

教学活动在某种意义上说是教师为学生设计的目的明确的学习活动。学习活动设计既要帮助学生掌握知识，也要帮助学生掌握知识建构的路径与方法，帮助学生体会前人创造知识的智慧。为便于讨论，下面统一称为“学习活动”。

学习活动设计要遵循基本的认知科学原理，如“双通道原理，人拥有用于加工言语材料和图式材料的单独通道；容量有限原理，每一个通道一次只能加工一小部分材料，工作记忆一次只能保留并加工一小部分（5个组块单位）经过选择的语词和图像；主动加工原理，学习动机是意义学习的先决条件，学习者的原有知识在学习中居于核心地位。”[①] 在此基础上还要关注以下三个方面。

1. 学习活动的典型性

前人经过大量的社会实践，在试误的过程中抽取现象、积累经验，逐步建构起语文学科的基本概念框架，形成相对完整的知识体系，让语文教学有了比较简约的教学内容。简约的知识框架抽象概括的程度比较高，学生的认知经验难以应对抽象的知识讲授，需要为学生设计学习实践活动帮助他们体验知识建构的过程，学习知识的同时认识到前人创造知识的智慧，掌握知识建构的思想方法，逐步成长为能够创造新知识的人。

---

① 理查德·E. 梅耶. 应用学习科学：心理学大师给教师的建议［M］. 盛群力，丁旭，钟丽佳，译. 北京：中国轻工业出版社，2016：30-39.

学习活动，是学生认识自然或客观世界，认识自己的本性，逐步实现内在与外在统一的重要载体，能够促进学生根据自己的本性协调发展，发挥其主动性、创造性和自主精神。教学过程中的学习活动设计不能简单重复前人建构知识的社会实践过程，而是要选择典型的知识建构过程，帮助学生借助简约的学习活动实现语文学科核心素养的发展。

2. 学习活动的多样性

学习具有多种类型，讨论学习活动的多样性，首先要明确学习活动的基本分类。

根据学习对象的形态及所使用媒介，“可以区分出四种学习类型：知识学习，即以文字符号作为对象和媒介的学习形式，如听讲、阅读、做作业、答问等；观察学习，即以对实际事物及其模型、形象的感知为特征，如观察、参观、调查等；操作学习，即以对实际事物的操作或身体器官动作为对象，如实验、制作、体育活动等；交往学习，即直接以他人为活动对象，以与他人之间的对话、交流、讨论等为主要的形式。”①

从心理学的角度，根据学习活动由简到繁的不同，可分为信号学习、刺激-反应学习、连锁学习、语言的联合、多样辨别学习、概念学习、原理学习、解决问题学习八种类型；根据学习方式不同，可分为接受学习、发现学习、机械学习、意义学习等类型；根据学习的内容与结果不同，可分为知识学习、技能学习、心智学习、道德品质和行为习惯学习等类型。

“学习类型直接参与学习活动，并影响学习效果。这是学习类型不同于其他个性心理特征的特点，学习活动的进行必须借助学习类型作为中介，才能对学习活动产生间接的影响。学习类型是个人对学习情境的一种特殊反应倾向或习惯方式。由于个人身心特点的差异，不同的人对不同的学习刺激会表现出不同的偏向和习惯化的方式，比如有的人喜欢合作学习，有的则喜欢独立学习；有的喜欢听觉刺激，有的喜欢视觉刺激，还有的喜欢动觉刺激。学习类型上的差异通过人的认知、情意、行为习惯等方

---

① 陈佑清. 学习方式的多样性及其选择［J］. 江西教育科研，2003（07）：20-22.

面表现出来。学习类型具有稳定性、独特性。由于学习类型是一种习惯的学习方式，所以它具有一致性、稳定性；而且每个人的学习方式都有其特点，表现出人与人之间的独特差异。”①

针对不同类型的学习内容一般要选择不同类型的学习活动，指向同一学习内容也可以选择不同的学习活动。识字教学既可以从字源、字理入手，通过字体的演变过程识认；也可以采用实物和汉字对比的方式帮助学生直观形象地识认；还可以通过对比相近的汉字，帮助学生在对比辨析的过程中识认。分析戏剧语言，既可以教师直接讲解、分析；也可以学生自主批注后展示交流；还可以组织学生开展表演实践，以表演感悟为基础讨论阐释。教学活动设计要尽量组合多种学习类型，帮助学生在不同类型的学习活动中发现自己的优长，获得学习成功的体验。

3. 学习活动的个别化

学习活动的个别化讨论源自学习类型与学习风格的划分。讨论学习风格，学界普遍采用库伯的观点：以具体和观察方式为主的想象型风格；以抽象和观察方式为主的分析型风格；以抽象和操作方式为主的普通型风格；以具体和操作方式为主的活动型风格。想象型学生最善于从各种不同的角度观察具体情境，应对实际情境的方法是观察而不是付诸行动；分析型学生善于以精细的、逻辑的形式理解各种不同的信息，对抽象的理论概念更感兴趣；普通型的学生擅长挖掘理论观点的实际用途，善于通过不断探索的方法来解决问题、作出结论；活动型学生具有依靠直接经验学习的能力，善于执行计划并愿将自己投身于新的或富有挑战性的工作中去，倾向于将内部的情感表达出来而不加逻辑分析，在解决问题时习惯于从他人那里获取信息或通过尝试错误，而不是通过自己的技术分析。

如果教师能够了解不同学生的学习风格，根据学习风格设计多样化的学习活动，不仅可以提高学生学习的积极主动性，挖掘每个学生的潜力，

---

① 刘海燕，于丽琴. 学习类型与个别化学习指导——学习类型及其学习指导之二［J］. 山东师大学报（社会科学版），1999（02）：58-60.

而且可以促进学生个性的全面优化发展。

（三）教学活动间的关联性

教学可视为“精心安排的一组被设计来支持内部学习过程的外部事件”。[①] 学习活动与学习活动联结成学习过程，学习活动间的关联是否合理是教学设计需要重点关注的问题之一。

1. 体现合理的思维进程

学习活动中的思维活动至关重要，学习活动的关联首先表现为学生思维活动的内在关联。教学目标达成的过程是学生理解和加工语文学科知识的过程，在此过程中，学生已有知识不足以应对新的问题情境，需要补充新知识，原有的知识结构被打破，新的知识结构建立起来。新的知识结构形成的过程也是学生自觉或不自觉地进行思维训练、发展思维能力的过程。语文学习活动涉及的思维活动类型很多，从大的类别上看，主要是形象思维和抽象思维。形象思维又叫经验思维，是凭借表象、联想与想象推进的思维活动，思维进程的推进主要依靠经验，思维活动的结果常常是生成新的经验。抽象思维又叫理论思维，是凭借概念、判断与推理开展的思维活动，思维过程的推进主要依靠概念和原理，思维活动的结果常常是厘清概念内涵、生成新的概念，理解或生成新的理论观点。语文学习活动的设计要特别关注两种思维方式的互动，即在形象思维的基础上引导学生进行抽象思维，将抽象思维的结果转化为形象思维，等等。

一般来说，以理论知识为主的学习活动，难度要高于以实践活动为主，在教学过程的安排上，以实践活动入手有助于降低学生的畏难心理。体现思维进程、合理安排思考难度的学习活动，能够帮助学生建构认知策略，提高认知水平，进而优化认知过程，更新认知图式。

2. 符合学习的心理过程

根据学习心理，加涅拟定了一节课的逻辑过程。“①引起注意；②告

---

① 加涅. 教学设计原理［M］. 皮连生，等，译. 上海：华东师范大学出版社，1999：11.

知学生目标；③激发学生回忆与任务相关的先前知识；④呈现刺激材料；⑤提供学习指导，引发期待行为；⑥引出作业；⑦提供作业正确性的反馈（提供反馈）；⑧评价作业（评估行为）；⑨促进保持和迁移。”① 上述9类活动，合理联结了外部的教学活动与学习者的内部认知，可以作为“教学活动的类型的目录”②，指导语文教师检视自己的教学过程。

需要说明的是，这个心理过程是泛学科的基本原理，“在学科教学中，活动的顺序是依据教学内容而定的。学科内容的逻辑决定教学的顺序先后；学习心理过程逻辑（易难）则对内容逻辑起调节作用。语文学科的课文教学要复杂一些，有三个逻辑在交互作用：一是课文的逻辑（教学点的先后），二是阅读理解的逻辑（阅读理解是非线性的），三是学习的逻辑（易难）。”③

3. 促进有意义的学习真实发生

有意义的学习需要满足三个基本条件，学生学习的内容有潜在意义性；学习者的认知结构中有可以同化新知识的适当观念；学生表现出意义学习的心向④。学习活动与学习活动形成合理关联，共同创建“有意义的学习经历”，需要引领学生对正在经历的学习活动做出积极的价值判断和意义领悟，引导学生在知识的探究中发现知识与经验、生活的联结，建构知识的意义。

在语文学习过程中，迁移是有意义学习的重要标志，学生能够运用已有知识、方法去学习新内容、解决新问题，说明有意义的学习已经发生。如果学生能够记住字形、词语的意义、某些概念性知识，但不能在新情境

---

① 加涅. 教学设计原理［M］. 皮连生，等，译. 上海：华东师范大学出版社，1999：193.

② 鲍里奇. 有效教学方法：第四版［M］. 易东平，译. 南京：江苏教育出版社，2002：121.

③ 王荣生. “学习活动”的多维视角——基于对相关译著的考察分析［J］. 教育发展研究，2020，40（18）：1-8.

④ 戴维·保罗·奥苏贝尔. 意义学习新论：获得与保持知识的认知观［M］. 毛伟，译. 杭州：浙江教育出版社，2018：12.

中运用这些知识解决问题，说明学生仍处于机械学习阶段。“有意义的学习认为，学习是学习者基于一定的新情境，通过与学习环境的互动，自我建构意义。在有意义的学习过程中，学生参与主动认知加工活动，想办法分析问题，形成问题解决方案，最终解决新问题。”① 学习过程的主要环节包括：理解待解决的问题——识别与之相似的熟悉问题——概括该类问题的解决方法——应用该方法解决新问题。

四、教学评价

教学评价能够收集学生学习的相关数据，帮助师生了解学习进展与教学目标的达成情况，从类别上说大致可以分为安置性评价、过程性评价、诊断性评价和总结性评价。

安置性评价，是在教学工作开展前，为认识并判断学生的认知和情感方面的先决条件，使教学适合学生的学习背景和学习需要而设计的评价。过程性评价的目的是在教育活动进行中，即学生知识、技能及态度形成的过程中，监控学生知识与技能的获得。这种评价使教师有机会随着时间的推移，在多种学习环境中监控并指导学生的表现，而不只是获得学生在特定的某时某地、考试环境下的表现。与过程性评价相比，诊断性评价更加全面细致，旨在探求过程性评价不能发挥作用的根本原因、深层次问题。诊断性评价不仅要使用特殊的诊断测验，还需要运用多种观察技术。总结性评价通常在教学课程（或单元）结束的时候进行，主要目的是确定教学目标达成的程度，证明学生对预期学习目标的掌握情况。

评价应该引发学生的学习反思，促进学习反思的深度发生，教学评价设计要特别重视这一功能的发挥。按照学习推进的过程，学习反思可以分为学习活动中的反思、学习活动后的反思和为开展学习活动而进行的反思三种类型。学习活动中的反思是学生在学习活动过程中进行的自我监控和

---

① 安德森，等. 布卢姆教育目标分类学：分类学视野下的学与教及其测评：完整版[M]. 蒋小平，等，译. 北京：外语教学与研究出版社，2009：48-49.

即时反馈，利用知识、方法、思路和策略等解决学习问题；学习活动后的反思又被称为“对于学习的反思”，指在学习活动完成之后对自己的行动、想法、做法和结果的反思；为开展学习活动而进行的反思是前两种反思预期的结果，以前两种反思为基础，学生总结自己的学习优势和劣势，生成学习策略，以此为起点思考后续学习活动中应观照的问题，指导后续学习活动的开展。

五、教学反思

“教学反思是指教师为了实现有效的教育教学，在教师教学反思倾向的支持下，对已经发生或正在发生的教育教学活动以及这些活动背后的文化、理论、假设，进行积极、持续、周密、深入、自我调节性的思考，而且在思考过程中，能够发现、清晰表征所遇到的教育教学问题，并积极寻求多种方法来解决问题的过程，从而改进自己的教学实践，使教学实践更具有合理性，发展学生的同时也实现自身专业素质的提升。”①

“教学反思有三个层次。第一层次，主要针对课堂情境中各种技能与技术的有效性；第二层次，主要针对课堂实践的假说和教学的结果；第三层次，主要针对道德和伦理以及其他直接的或间接的与课堂教学有关的规范性标准。”② 相应的，教学反思可以划分为三个水平“水平一，技术合理水平，它是依据个人经验对事件进行反思，往往看不到目的的存在；水平二，实用行动水平，它高于水平一，能够对系统和理论进行整合，教师开始分析教育目标背后的假设，支持教育目标的信念，并对教学行为所导致的教学后果进行考虑；水平三，批判反思水平，它高于水平二，能够整合道德与伦理的标准。”③

---

① 申继亮、刘加霞. 论教师的教学反思 [J]. 华东师范大学学报（教育科学版），2004（03）：44-49.

② 熊川武. 反思性教学 [M]. 上海：华东师范大学出版社，1992：2.

③ HEA JIN LEE. Understanding and assessing preservice teachers’ reflective thinking [J]. Teaching and Teacher Education, 2005, 21（6）：699-715.

从教学反思的撰写来看，也可以分为若干水平层级："水平一，没有描述性的语言，对教学事件不会解释；水平二，用门外汉的语言对教学事件进行描述；水平三，用教育学的术语给事件贴上标签；水平四，用传统的、具有个人偏好的语言对教学实践作出解释；水平五，用似乎合理的教育规律或理论进行解释；水平六，作出解释时考虑到了各种背景因素，如学生的特征、所学科目的特点以及社会因素；水平七，在进行解释时考虑到了道德、伦理、政治等方面的因素。"① 整合以上七个水平层级，结合具体的教学设计撰写情况，教学设计文本中的教学反思可以分为四个水平层级。

第一级，能够描述教学过程中的事件，但尚未对教学事件的关键因素形成解释。

第二级，能够描述教学过程中的事件，根据个人经验进行解释或表达主观感受。

第三级，能够描述教学事件关键问题，选择其中的核心要素分析原因，分析依据主要为个人经验。

第四级，能够准确描述教学事件中的关键问题，从教学行为与教学理念的关系，以及与教育相关的历史、社会与政治因素等方面阐释分析。

教学反思需要结构完整的分析维度，如教学技巧、教学知识、教学艺术、教学理念、教学伦理和社会意识形态②等，分析内容通常涉及教学背景、教学准备、教学过程、教学成效等方面，可具体拆分为课标要求的落实、教材理解的准确、学生情况的把握、教学目标的合理、重点难点的科学分析、流程设计的合理性、教师教学与学生学习规律的体现、课堂文化表现出的特点、教师和学生获得的发展等诸多方面。

以上讨论，从学理角度分析了教学设计使用的关键概念的内涵和撰写要求，是开展教学设计实践的理论基础。

---

① SPARK LANGER J. M., PASCH S. M., COLTON A., STARKD A. Reflective pedagogical thinking: how can we promote it and measureit [J]. Journal of Teacher Education, 1989, 41 (4): 23-32.

② 杜志强. 教学反思的五个维度 [J]. 教育导刊, 2009 (11): 54-56.

第二节　撰写过程例析

要点提示

● 单元教学设计力求在整体设计的学习过程与活动中实现多方面、多层次目标发展的综合效应，遵循“教材与学情分析”—“确定学习目标”—“设计教学过程与学习活动”—“设计评价方案”的思路。

● 单篇课文教学设计通过文本解读确定课文的文学价值、教学价值，需要综合考虑学习任务群的学习内容与目标、教学提示以及相应学段的学业质量标准，遵循“确定文本解读与教学目标”—“教学过程设计”—“学习工具设计”—“评价方案设计”的思路。

● 整本书阅读教学设计包括三个基本要素：整本书教学价值分析、通读指导方案、课堂教学设计。

语文教学有多种组织形式，从教学内容涉及的范围来看，可以从单元整体教学设计、单篇课文教学设计和整本书阅读教学设计三个内容载体展开讨论，以上三个内容载体均可以落实学习任务群的教学理念，其中整本书阅读是义务教育和高中阶段的学习任务群之一。下面分别选择具体的教学内容呈现并分析撰写过程。

一、单元整体教学设计

单元整体教学符合语文学习的基本规律，力求在整体设计的学习过程与活动中实现多方面、多层次目标发展的综合效应，促进学生语文学科核心素养的提升。下面以统编版初中语文教科书八年级（上）第四单元为例呈现教学设计的撰写过程。

（一）八（上）第四单元教材分析与学情分析

教材分析需要关注教材的四套系统：课文系统、助读系统、练习系统和知识系统。八（上）第四单元共四课，编选五篇课文《背影》《白杨礼赞》《永久的生命》《我为什么而活着》《昆明的雨》，写作要求为“语言要连贯”，综合实践活动安排了“我们的互联网时代”。

助读系统分析需要关注单元说明、预习提示和学习要求三方面。

单元说明

这个单元学习的散文类型多样，或写人记事，或托物言志，或阐发哲理，或写景抒情，展示了丰富多彩的自然景象和社会生活，表达出独特的情感体验和深刻的人生感悟。阅读这些散文，领会作品的情思，可以培养审美情趣，丰富精神世界。

学习这个单元，要反复品味、欣赏语言，体会、理解作者对生活的感受和思考，并了解不同类型散文的特点。

预习提示和学习要求

本文语言平实，饱含深情，看似平淡，其实极具表现力。阅读时要注意反复咀嚼，仔细品味。（《背影》）

这篇文章特别适合朗读。不妨先浏览一遍，了解大意，边读边做一些朗读标记，然后大声朗读，读出文中的激情与豪气。（《白杨礼赞》）

文章篇幅短小，意蕴深刻，文采斐然，有许多语句都值得认真揣摩。（《散文二篇》）

本文是一篇充满美感和诗意的作品，其中有景物的美、滋味的

美、人情的美、氛围的美。可以试着找出自己喜欢的段落，做些圈点批注，并通过朗读加以品味。（《昆明的雨》）

课后练习可以大致分为两类，分别列举如下。

第一类　指向课文的结构特点

“背影”在全文中起了什么作用？“我”对父亲的情感态度有怎样的变化？（《背影》）

文章开篇入题，紧接着又宕开一笔，用一大段文字描写高原景象。作者描写了怎样的高原景象？这样安排有什么好处？（《白杨礼赞》）

先感慨个人生命的短暂，进而歌颂生命自身的神奇和不朽，从悲观中发觉希望，在柔弱中寻觅刚强。（《永久的生命》）

开篇点题，用凝练的语言概括了作者一生的三大追求，然后分别展开。（《我为什么而活着》）

本文题为《昆明的雨》，却并未用大量笔墨直接写雨，而是从一幅画写起，将记忆中昆明雨季的景、物、事一幕幕展现开来……文章信笔所至，无拘无束，看起来有些“散”，但其中贯串着一条感情线索——对昆明生活的喜爱与想念。（《昆明的雨》）

第二类　指向课文的情感体验

课文第5段，作者两次写到自己“聪明过分”的行为，你怎么理解这里的“过分”？在长辈面前，你也有过类似的表现吗？读完这篇文章，你对自己的“聪明”和长辈的“迂”有什么新的体会？（《背影》）

读了课文，你感受到两位作者怎样的胸怀和境界？你对自己的人生有哪些新的认识与思考？（《散文二篇》）

我想把生活中真实的东西、美好的东西、人的美、人的诗意告诉人们，使人们的心灵得到滋润，增强对生活的信心、信念。（《昆明的雨》）

教材的知识系统包括句子的成分、句子的主干，以及张志公先生对段落连贯的阐述，这些内容既是本单元习作“语言要连贯”的知识基础，也是学习单元课文的重要关注点。

在语言表达中，段落是极关重要的。无论是说或者写，一串连贯的句子构成的一段话，是一篇讲话或一篇文章的组成部分。一段是一篇的具体而微，无论记叙什么事，描述什么人物景象，无论要说点什么道理，发点什么议论，都得一段一段地说，一段一段地写，一段说一个方面或者一层意思，需要说的几个方面都说到了，需要说的几个意思都说透彻了，这段话或这篇文章就完成了。一段说的既是一个方面或者一个层次，它就必须有个明确的中心，必须对这个中心加以充实、发挥、阐明、论证。这段话要有头有尾，需要数字的有数字，需要事例的有事例，需要根据的有根据，需要证明的有证明：麻雀虽小，五脏俱全。一句跟着一句地说，要合乎逻辑，合乎习惯，恰当得体。该说的都说到，没有重要遗漏；不必说的就不说，不枝蔓。孤立的一个句子有时候很难断定它语法上是否正确，修辞上是否妥帖。连贯的一段话，正误优劣以至趣味风格都显示清楚了。几乎可以断言，能够写好一段，一定能写好一篇；反之，连一段话都说不利落，一整篇就必然夹缠不清了。（张志公）

综观上述各个部分，抽取关键词，提炼单元的学习主题，见表 2-4。

表 2-4　八（下）第四单元教材分析表

教材系统	关键词（或教学功能）	单元学习主题
课文系统	散文	用连贯的语言表达独特的情感体验与深刻的人生感悟。
助读系统	散文类型	
练习系统	散文的结构与情感表现	
知识系统	语言连贯	
写作	语言要连贯	
综合性学习	单元学习活动平台（载体）	

对照分析教材各个系统的关键词，“连贯”可作为联结各个部分的核心。散文的连贯，大的方面表现为篇章结构布局，小的方面表现为段落内部语句的逻辑关系，这两方面都直接影响着作者情感体验与人生感悟的表达。本单元的写作与其说是要求学生写得连贯，不如说是引导学生从连贯的角度反思以往的写作经验，学生对写作连贯性的反思可以利用网络展示交流，使之成为用互联网学习语文的实践过程，以落实综合性学习的内容要求。根据以上分析，本单元的教学目标可以预设为以下四条。

1. 梳理 5 篇课文，用思维导图或提纲分别呈现结构框架。

2. 在 5 篇课文中选择一个典型段落，借助朗读体现其语言的连贯。

3. 联系自身生活，表达阅读后的新思考和新认识。

4. 联系自身写作，从连贯的角度反思、修改自己的作文。

指向单元学习主题的学情分析，主要从两个方面分析讨论：就本单元作品呈现出的语言运用经验而言，学生有哪些认识，本单元的学习可以帮助学生在哪些方面提高认识；就本单元作品表现的思想情感而言，学生跟作者的境界差异在哪里，通过本单元的学习能够缩小哪些境界差异。利用学生熟悉的《紫藤萝瀑布》作为安置性评价的测试材料，重点指向目标 1

和2，设计测试工具如下。

1. 请根据你对《紫藤萝瀑布》主题的理解，用思维导图的形式呈现作者的写作框架。

2. 重读《紫藤萝瀑布》，你获得了哪些新的认识和思考？请用一句话表达其中一点认识和思考。

3. 你认为《紫藤萝瀑布》中的哪段文字表意清晰连贯，请用朗读的方式表现出其语意的连贯。

针对问题1，大多数学生能够呈现文章的整体思路，但不够完整；针对问题2，与七年级时相比，学生的认识和思考有明显变化，但表述语言不够概括，需要借助访谈明确学生的意思；针对问题3，学生能够找到清晰连贯的文段，但不能通过重音和停顿的处理凸显语意的连贯。

（二）八（上）第四单元学习目标的确定

根据教材分析和学情研讨，调整第四单元的统整性教学目标，确定为以下四条。

1. 梳理5篇课文，用思维导图或提纲分别呈现完整的结构框架。
2. 在5篇课文中选择一个典型段落，用批注分析其语言的连贯。
3. 联系自身生活，表达阅读后的新思考和新认识。
4. 联系自身写作，从连贯的角度反思、修改自己的作文。

其中目标1增加了对完整的要求，提高了学习目标的挑战性；目标2将“朗读”改为“做批注”，明确了学习落点，降低了难度要求。落实目标1的过程也是学生理解课文主题的过程，初读课文后学生产生感性的认识与思考，通过整理框架结构，梳理作者的思路，学生验证或推倒自己原有的思考，逐步形成对课文主题的正确理解，目标1外显的行为动作是通过梳理呈现出结构框架，内隐的认识结果指向课文的主题思想。落实目标2，学生需要关注的不仅仅是连贯，还有课文的其他语言特点：《背影》的平实真切、《白杨礼赞》的象征手法与豪迈激情、《永久的生命》《我为什么而活着》的哲理色彩、《昆明的雨》的精美诗意。两方面的融合能够帮助学生认识到连贯是语言运用的共同规范，不同的作者会用个性化的方式体现出共同规范。朗读既是手段也是目的，学生在朗读的过程中体验课文语言的连贯与个性化特点，在体验的基础上理性分析，形成完整、充实的文学体验，再将新体验转化为声音表现。调整后的目标删掉对转化的要求，学生从感性体验到理性分析，短时间内难以转化为感性表现。目标3指向学生与作者的境界差异，学生深入认识作者的思想情感，借助作者的思想情感反思自身，获得精神成长。目标4指向单元写作教学，关注单元课文表达特点对学生写作的影响，希望通过学习单元课文，帮助学生正确理解篇章和段落的连贯，反思并调整自己原有的习作。

（三）基于情境的教学过程与学习活动设计

“真实、富有意义的语文实践活动情境是学生语文学科核心素养形成、发展和表现的载体。语文实践活动的情境主要包括个人体验情境、社会生活情境和学科认知情境。个人体验情境指向学生个体独自开展的语文实践活动，如在文学作品阅读过程中体验丰富的情感，尝试不同的阅读方法以及创作文学作品等。社会生活情境指向校内外具体的社会生活，强调学生在具体生活场域中开展的语文实践活动，强调语言交际活动的对象、目的和表述方式等。学科认识情境指向学生探究语文学科本体相关的问题，并在此过程中发展语文学科认知能力。”① 设计语文实践活动，可以将三种情境融会贯通，整合设计，以增加学生实践过程中的角色意识，增加活动设

① 中华人民共和国教育部. 普通高中语文课程标准：2017年版2020年修订［S］. 北京：人民教育出版社，2020：48.

计的场景意识，帮助学生认识到活动成果的应用途径与价值。情境的真实性可以理解为角色的代入感、场景的社会化、成果的实用性三个方面。

具体到八（上）第四单元，整合三种情境，设置“为课文撰写词条”的学习情境，整体设计单元学习活动。网络搜索引擎的文章类词条一般包括作者介绍、作品原文、结构分析、主题阐释以及全文或段落赏析，全文或片段朗读的音视频文件等板块。撰写词条的情境与本单元学习内容的契合度高，而且能够直接落实综合性学习的要求。单元学习活动根据情境的真实要求展开，推进方式可以有两种：其一，分别完成五篇课文的词条；其二，按照词条的内容结构五篇课文整体推进。教师可以根据学生的学习习惯和学习心理选择其中一种。下面采用第二种方式描述学习活动的设计过程。

活动 1　绘制框架结构图，提炼主题思想。

活动 1 旨在落实目标 1 和 2，根据各网站文章词条的体例，撰写词条需要整体呈现课文的内容框架，阐释课文的主题思想。

《背影》是典型的线性结构，图示如下。

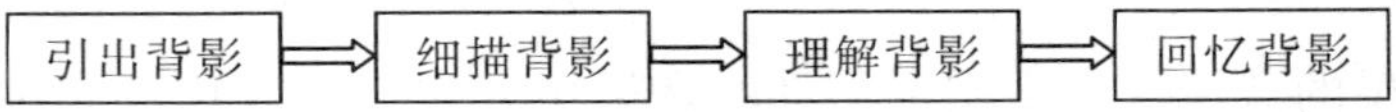

图 2-2 《背影》内容框架图

《白杨礼赞》是描写与抒情相结合的结构，可以摘录议论抒情的句子作为课文的结构图示。

> 白杨树实在是不平凡的，我赞美白杨树！
>
> 那就是白杨树，西北极普通的一种树，然而实在是不平凡的一种树！
>
> 这就是白杨树，西北极普通的一种树，然而绝不是平凡的树！
>
> 白杨树不是平凡的树。

我要高声赞美白杨树。

《永久的生命》起笔的情感基调比较低沉，逐渐升高，图示如下。

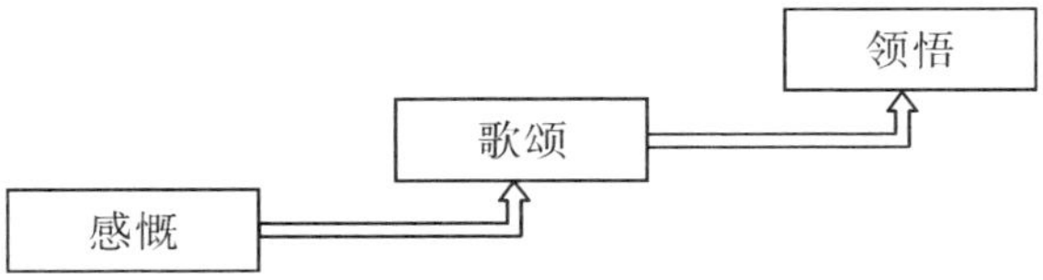

图 2–3 《永久的生命》内容框架图

《我为什么而活着》采用了比较常见的总分总结构，图示如下。

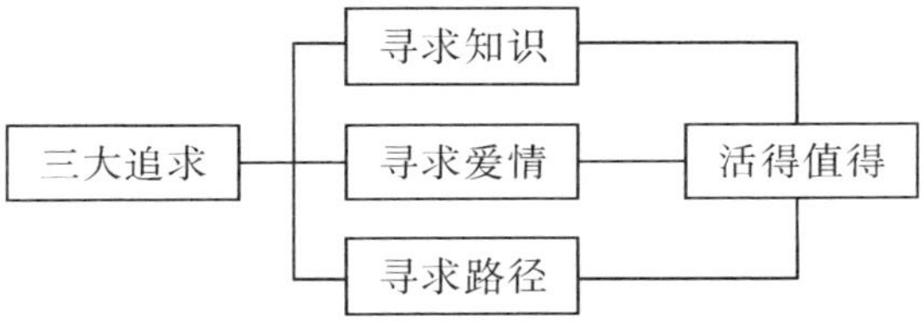

图 2–4 《我为什么而活着》内容框架图

《昆明的雨》是层层拓展的结构，图示如下。

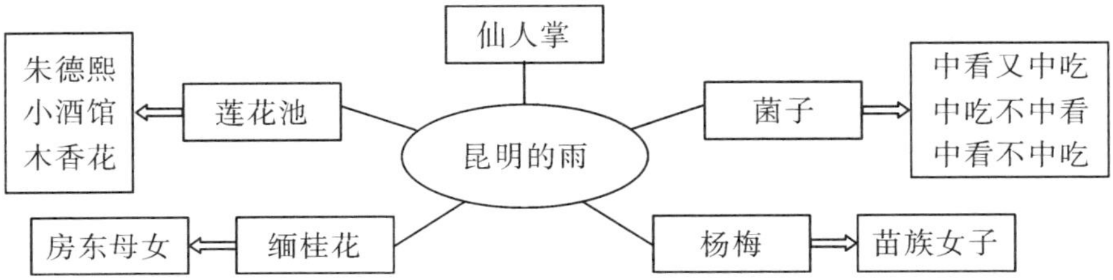

图 2–5 《昆明的雨》内容框架图

课文的内容框架图指向主题表现，教师要求学生用一句话概括主题思想，应重点观察学生关键词使用是否准确，关键词的逻辑关系是否合理。

活动 2　选择精彩语段，从连贯的角度点评鉴赏。

选择精彩段落分析鉴赏，需要教师指导学生关注连贯的同时关注课文作者个性化的语言风格，教师可以提供分析示例，帮助学生明确阅读体验的重点、分析的角度和方法。课文典型段落分析示例如下。

我说道："爸爸，你走吧。"他往车外看了看，说："我买几个橘子去。你就在此地，不要走动。"我看那边月台的栅栏外有几个卖东西的等着顾客。走到那边月台，须穿过铁道，须跳下去又爬上去。父亲是一个胖子，走过去自然要费事些。我本来要去的，他不肯，只好让他去。我看见他戴着黑布小帽，穿着黑布大马褂，深青布棉袍，蹒跚地走到铁道边，慢慢探身下去，尚不大难。可是他穿过铁道，要爬上那边月台，就不容易了。他用两手攀着上面，两脚再向上缩；他肥胖的身子向左微倾，显出努力的样子。这时我看见他的背影，我的泪很快地流下来了。我赶紧拭干了泪，怕他看见，也怕别人看见。我再向外看时，他已抱了朱红的橘子往回走了。过铁道时，他先将橘子散放在地上，自己慢慢爬下，再抱起橘子走。到这边时，我赶紧去搀他。他和我走到车上，将橘子一股脑儿放在我的皮大衣上。于是扑扑衣上的泥土，心里很轻松似的。过一会儿说："我走了，到那边来信！"我望着他走出去。他走了几步，回过头看见我，说："进去吧，里边没人。"等他的背影混入来来往往的人里，再找不着了，我便进来坐下，我的眼泪又来了。（朱自清《背影》）

【分析示例】

文段中有两条用人物语言标识出的感情变化线索，"爸爸，你走吧""我赶紧拭干了泪" "我的眼泪又来了"，间隔出现的几句话，表现出"我"的心理起伏，且不愿意让父亲发现我的心理起伏。"他肥胖的身子向左微倾，显出努力的样子""于是扑扑衣上的泥土，心里很轻松似的"，在以为儿子看不到的地方"努力"，在儿子的注视下"很轻松似的"，切换角度，切换状态，但没有切换对儿子的情感。作者用平实真切的语言表现出了情感的连贯。

我寻求爱情，首先因为爱情给我带来狂喜，它如此强烈以至我经常愿意为了几小时的欢愉而牺牲生命中的其他一切。我寻求爱情，其次是因为爱情解除孤寂——那是一颗震颤的心，在世界的边缘，俯瞰那冰冷死寂、深不可测的深渊。我寻求爱情，最后是因为在爱情的结合中，我看到圣徒和诗人们所想象的天空景象的神秘缩影。这就是我所寻求的，虽然它对人生似乎过于美好，然而最终我还是得到了它。（罗素《我为什么而活着》）

【分析示例】

“我寻求爱情”是段落内容结构的标识，“首先是因为”“其次是因为”“最后是因为”体现出语言运用的连贯。作者并没有采用排比句表情达意，每个句子的阐述语言都有变化，第一句写“我”的认识，第二句写爱情的巨大能量，第三句写因爱情感受到的心理景象。

人们却不应该为此感到悲观。我们没有时间悲观。我们应该看到生命自身的奇迹，生命流动着，永远不朽。地面上的小草，它们是那样卑微，那样柔弱，每个严寒的冬天过去后，它们依然一根根从土壤里钻出来，欢乐地迎着春天的风，好像那刚刚过去的寒冷从未存在。一万年前是这样，一万年以后也是这样！在春天，我们以同样感动的眼光看着山坡上那些小牛犊，它们蹦蹦跳跳，炫耀它们遍身金黄的茸毛。永远的小牛犊，永远的金黄色茸毛！（严文井《永久的生命》）

【分析示例】

不应该悲观，是作者的观点，陈述观点后即阐述原因，因为没有时间。阐述原因后立即呈现不悲观的方法，看见生命自身的奇迹。植物界的小草和动物界的小牛用具象的生命状态说明这种奇迹的真实存在。段落的内在逻辑非常清晰，体现出观点表达的连贯。

它没有婆娑的姿态，没有屈曲盘旋的虬枝，也许你要说它不美丽，如果美是专指“婆娑”或“横斜逸出”之类而言，那么白杨树算不得树中的好女子；但是它伟岸、正直、朴质、严肃，也不缺乏温和，更不用提它的坚强不屈与挺拔，它是树中的伟丈夫！当你在积雪初融的高原上走过，看见平坦的大地上傲然挺立这么一株或一排白杨树，难道你就觉得它只是树？难道你就不想到它的朴质、严肃、坚强不屈，至少也象征了北方的农民？难道你竟一点也不联想到，在敌后的广大土地上，到处有坚强不屈，就像这白杨树一样傲然挺立的守卫他们家乡的哨兵？难道你又不更远一点想到，这样枝枝叶叶靠紧团结、力求上进的白杨树，宛然象征了今天在华北平原纵横决荡，用血写出新中国历史的那种精神和意志？（茅盾《白杨礼赞》）

【分析示例】

“没有……没有……也许……如果……那么……但是……它是树中的伟丈夫”，作者用一个逻辑关系清晰的长句得出白杨树“是伟丈夫”的结论，过程完整，结论让人信服。整个长句可以改写为一次辩论。

A：白杨树没有婆娑的姿态，没有屈曲盘旋的虬枝，并不美丽。

B：如果美的标准只是婆娑或横斜逸出，白杨树确实不美丽。但伟岸、正直、朴质、严肃是另一种格调的美，坚强不屈与挺拔是更高境界的美。

B：按照你的标准，白杨树不算树中的好女子；按照我的标准，它是树中的伟丈夫。

接下来用四个“难道”领起一组排比句，增加语势，从各个角度呈现了“伟丈夫”的风姿。

昆明菌子极多。雨季逛菜市场，随时可以看到各种菌子。最多，也最便宜的是牛肝菌。牛肝菌下来的时候，家家饭馆卖炒牛肝菌，连西南联大食堂的桌子上都可以有一碗。牛肝菌色如牛肝，滑、嫩、鲜、香，很好吃。炒牛肝菌须多放蒜，否则容易使人晕倒。青头菌比牛肝菌略贵。这种菌子炒熟了也还是浅绿色的，格调比牛肝菌高。菌中之王是鸡枞，味道鲜浓，无可方比。鸡枞是名贵的山珍，但并不真的贵得惊人。一盘红烧鸡枞的价钱和一碗黄焖鸡不相上下，因为这东西在云南并不难得。有一个笑话：有人从昆明坐火车到呈贡，在车上看到地上有一棵鸡枞，他跳下去把鸡枞捡了，紧赶两步，还能爬上火车。这笑话用意在说明昆明到呈贡的火车之慢，但也说明鸡枞随处可见。有一种菌子，中吃不中看，叫做干巴菌。乍一看那样子，真叫人怀疑：这种东西也能吃?！颜色深褐带绿，有点像一堆半干的牛粪或一个被踩破了的马蜂窝。里头还有许多草茎、松毛、乱七八糟！可是下点功夫，把草茎松毛择净，撕成蟹腿肉粗细的丝，和青辣椒同炒，入口便会使你张目结舌：这东西这么好吃?！还有一种菌子，中看不中吃，叫鸡油菌。都是一般大小，有一块银圆那样大的溜圆，颜色浅黄，恰似鸡油一样。这种菌子只能做菜时配色用，没甚味道。（汪曾祺《昆明的雨》）

【分析示例】

本段文字可以分为三个层次“中看又中吃”“中吃不中看”“中看不中吃”，第一种类型没有概括，直接举例，根据后面的文字可以看到作者的意图。三种类型作者均分别举例，且在第一种类型中补充了“轶事”，可见作者的写作重点。借助或隐或显的标识性句子，整段结构完整且语意连贯。

教师提供的分析示例要契合教学目标，让学生学习模仿示例的过程成为学习新知识、建构新方法的过程。

活动 2 是学生再次阅读课文，深入理解作者思想情感的过程。学生理解了作者的写作意图，确定了作品的思想价值，能够用批注的形式表现出来，分享的过程丰富着学生对作品价值的认识，强化了学生对原有理解的反思与完善。

活动 3　作文修改讨论会。

活动 3 跟撰写课文词条同时推进。在梳理框架的过程中教师要提醒学生关注作者的选材，组织学生讨论确定自己的写作对象，在提炼课文主题的过程中教师要启发学生思考通过写作对象表达怎样的认识与情感，也用一句话记录下来。学生初步确定选材和主题倾向后，可以组织讨论会请学生结组互相审视写作对象和主题的意义，帮助学生调整认识与思考，完成写作提纲。分析鉴赏课文的语段后，学生完成作文初稿，请结组的写作同伴阅读，从连贯的角度重点关注其中一个语段，讨论并选择一篇课文的语段作为学习对象，根据课文语段的特点修改自己的语段。撰写词条的过程中学生也在分阶段完成写作任务，结组的写作同伴从读者的角度提出修改建议，以强化学生写作的主题意识和读者意识。

（四）指向教学目标的评价方案设计

教学评价方案需要在教学开始前设计，严格指向教学目标设计评价过程与评价工具，以避免评价“将就”教学实际和学习实际的随意现象，确保教学过程、教学评价与教学目标的一致性。指向单元整体教学目标的评价方案主要涉及安置性评价、过程性评价和总结性评价三种方式，诊断性评价可以在教学过程中根据教学情境补充设计。

学习进程中的各项学习活动均可视为过程性评价工具，均需要设计过程性评价标准。依据教学目标，按照活动 1 中的结构图，可参照下面三个水平层级分析学生的行为表现。

水平 1　能够在文中圈画出标识课文结构框架的词句，但尚未在这些词句间建立合理的联系，结构图不完整。

水平 2　能够在文中圈画出标识课文结构框架的词句，能够在梳理这些词句关系的基础上完整呈现课文结构框架，图中使用的概括性语言不准确。

水平 3　能够在文中圈画出标识课文结构框架的词句，能够在梳理这些词句关系的基础上完整呈现课文结构框架，且运用准确的概括性语言呈现结构图的关键信息。

除了过程性评价工具和标准，还需要设计单元终结性评价工具，采用相近内容和难度的文本，要求学生在新文本中再次实践，完成学习过程中的各项言语实践活动，通过实践过程和表现水平判断单元学习目标的达成情况。

二、单篇课文教学设计

单篇课文教学设计的基础是文本解读，通过文本解读确定课文的文学价值、教学价值，结合教材要求选定教学内容，确定教学目标，根据教学变革的理念设计学习活动和评价方案。《普通高中语文课程标准（2017 年版 2020 年修订）》《义务教育语文课程标准（2022 年版）》都以学习任务群的形式呈现语文课程内容，单篇课文的教学设计需要综合考虑学习任务群的学习内容与目标、教学提示以及相应学段的学业质量标准。下面以《项脊轩志》为例呈现教学设计过程。

（一）文本解读与教学目标的确定

作为中华优秀传统文化的经典文本，《项脊轩志》被称为“太仆最胜之文”，素来有“明文第一”的美誉。作者归有光学问精深，《明史》评价他“制举义，湛深经术，卓然成大家”；明代文坛领袖王世贞赞叹他

"千载有公，继韩、欧阳"；清代桐城派姚鼐编选《古文辞类纂》，明一代三百年间只选了归氏一人作品。作为文学文本，《项脊轩志》的解读角度很多：时间词的使用、称谓代词的使用；三代女性，尤其是"母亲"的形象，表现出的家庭温馨与女性柔情；作为审美对象的自然景物，如明月、桂影等，以及其中表现出的情感；第一文本和第二文本情感基调的差异及其关联；核心意象的表情达意功能，如屋、门、墙、树等。

作为统编版高中语文教科书选择性必修（下）第三单元的选文，《项脊轩志》是"中华传统文化经典研习"学习任务群的教学文本。该任务群的学习目标与内容包括以下五个方面。

> （1）选择中华文化史上不同时期、不同类型的一些代表性作品进行精读，体会其精神内涵、审美追求和文化价值。
>
> （2）在特定的社会文化场景中考察传统文化经典作品，以客观、科学、礼敬的态度，认识作品对中国文化发展的贡献。
>
> （3）梳理所学作品中常见的文言实词、虚词、特殊句式和文化常识，注意古今语言的异同。
>
> （4）阅读作品应写出内容提要和阅读感受。选择一部（篇）作品，从一个或多个角度讨论分析，撰写评论。
>
> （5）学习传统文化经典作品的表达艺术，提高自己的写作水平。①

根据其所处学段，学业质量应参照水平四，具体描述涉及"4-4 有通过语言学习深入理解、探究文化问题的浓厚兴趣和意愿，能在阅读和表达交流中探析有关文化现象；能结合具体作品，分析、论述相关的文化现象

---

① 中华人民共和国教育部．普通高中语文课程标准：2017 年版 2020 年修订［S］．北京：人民教育出版社，2020：21.

和观念，比较、分析古今中外各类作品在文化观念上的异同。”[①] 综合考虑“中华传统文化经典研习”学习目标与内容及学业质量水平要求，确定《项脊轩志》的教学目标需要具体分析：《项脊轩志》在中华优秀传统文化中的代表性体现在哪些方面；其对中华文化的贡献有哪些；借助《项脊轩志》可以梳理的文言实词、虚词、特殊句式和文化常识，以及古今语言的异同；《项脊轩志》的写作手法，及其与同类作品的异同。对照上述四个方面解读文本，将教学目标确定为以下三条。

1. 通过家庭生活描写与故乡情怀表达，认识并概括归有光的人格特点。

在六十岁中进士、赴任长兴知县之前，归有光的大部分时光都在家乡昆山度过，无论是少年、中年还是暮年，故乡都是他重要的精神寄托，对故乡的回忆是他重要的情感慰藉，恢复家族在故乡的荣光，是他重要的人生追求。

“仁者，浑然与物同体”“仁者，以天地万物为一体，莫非己也”[②]。归有光的仁者之心表现在他对家庭生活的描写上，“借书满架”“庭阶寂寂”“明月半墙，桂影斑驳”，祖母、母亲与妻子的温情，家庭生活的情境和场景陶冶着也表现着归有光的人格，洋溢在文字之中的是安静、平和的情感氛围，积极向上的情感力量。

透过文中的描述性文字，能够看到归有光温和的心性，看到他对故乡的眷恋以及对家庭生活的依恋。

2. 认识“志”的文体特点，掌握“爨”“归”等实词的意义和用法；理解时间词、称谓词的表达效果。

“《项脊轩志》这篇文章，在《震川先生集》卷首目录中作《项脊轩记》，而卷一七正文中却作《项脊轩志》。……以《项脊轩志》的文体特

① 中华人民共和国教育部. 普通高中语文课程标准：2017 年版 2020 年修订［S］. 北京：人民教育出版社，2020：38.

② 摘自《二程遗书》卷二上《识仁篇》。

性而论，题作‘志’比题作‘记’显然更为切题，因为这是一篇借写轩志以明本志的文章。”①

文中有些实词能够参照理据帮助学生梳理汉字构形特点，有些能够从文化的角度分析其生活场景与文化内涵，需要重点关注。文中的时间词，如“往往”“再”等有特殊的表情达意效果；称谓词，如“余”“予”“吾”等，与现代汉语中的“我”在表意上有细微差异，也需要重点关注。

3. 准确认识《项脊轩志》的叙述视角，分析其表达艺术。

“余读震川之文，一往情深，每以二三事见之，使人欲涕。”② 从叙述角度来看，《项脊轩志》选择事件的角度小，情感表达真切，充分利用陈述、转述强化表达效果。袁宏道在《叙陈正甫会心集》中曾提出“世上所难得者唯趣，趣如山上之色，水中之味，花中之光，女中之态，虽善说者不能下一语，唯会心者知之。”《项脊轩志》充满情趣、意趣，通过叙述视角和写作手法的分析能够帮助学生品味到其中之趣。

“先生于古文词，虽出之自《史》《汉》，而大较折衷于昌黎、庐陵。当其所得意沛如也，不事雕饰而自有风味，超然当名家矣。”③ 从表达艺术来看，《项脊轩志》中的白描手法、叠词的使用，对比和留白的艺术都值得关注。

此外，文人书斋大多是文人根据自己心性打造的文化空间，是寄托个人志向的文化载体，其中的陈设、器具呈现出的意境表现着文人的审美情趣和文化追求。有学者认为《项脊轩志》表现出“金之坚”“玉之润”和“丝竹之清越”，这三重特性可视为其独具的审美特点。

---

① 郭英德. 家庭的温馨与女性的柔情——读归有光《项脊轩志》随感［J］. 文史知识，2020（11）：88-96.

② 刘大櫆、吴德旋、林纾. 《林纾论文偶记》《初月楼古文绪论》《春觉斋论文》［M］. 北京：人民文学出版社，1959：44.

③ 王世贞.《归太仆赞》转引自《中国古代文学史》［M］. 北京：人民文学出版社，1997：396.

（二）情境选择与教学过程设计

根据教学目标的设定，《项脊轩志》计划用2课时，选择学科认知情境，要求学生撰写文学评论。文学评论的对象是文学作品，评论的目的是通过对其思想内容、创作风格、艺术特点等方面的议论、评价来提高阅读和鉴赏水平，文学评论包括品味、质疑、鉴别、赏析和评判等多种认知活动，表现读者对作品创作水平的分析判断，体现高阶阅读能力。必修阶段学生已经学习过文学短评的写作，选择性必修阶段可以将文学评论视为学习性写作，借助写作过程实现对课文的深度理解。

教学过程按照文学评论的撰写过程设计。

1. 正确理解词句。

请学生结合课下注释梳通文意，教师提供白话文请学生朗读体验，标注句读模糊的地方，重读课下注释，反复几次，理解课文的字面意义。

教师朗读课文中重要的句子，学生听写，对照听写文字与原文，标识写错的字句，反复阅读注释，弄清楚写错的原因。

2. 自主理解文意。

完成课文的批注版，边读边批，用符号和文字记录自己的阅读感受，阅读三遍批注三遍，力求每次都有新的阅读发现。批注过程中思考：作者为什么要创作这样一篇作品，他的创作过程是怎样的？完成三次批注后，要求学生提出一个自己感兴趣的问题，如作者为什么会有这样的情感基调，行文的哪些特点使得情感基调得以充分表现，哪些文章表达了与作者相似的情感等。

3. 围绕提出的问题查阅资料。

围绕提出的问题，查阅资料的范围涉及以下四个方面。

（1）有关作品的材料：写作的时间、背景、作家关于自己作品的阐述。

（2）关于作家的资料：作者的生平、文艺思想、美学观念、世界观、所接受的主要影响。

（3）同类题材的其他作品。

（4）别人对这一问题的评论和见解。

查阅资料的过程中，学生也许会看到苏轼的《亡妻王氏墓志铭》，将其中的描述跟《项脊轩志》做对比，例如“其始，未尝自言其知书也。见轼读书，则终日不去，亦不知其能通也。其后轼有所忘，君辄能记之。问其他书，则皆略知之。由是始知其敏而静。”① 同样的生活场景，同样的人生遭遇，容易引发学生的思考。

完成上述三个学习活动，学生基本上能够达成目标 2，为目标 1 和 3 的达成奠定了基础。

4. 整合资料，用一个观点句回答自己提出的问题。

文学评论侧重谈作品“为什么是这样”“这样好不好”，最终应得出一个文学上、美学上的结论。虽然高中生没有太多的文艺理论积累，但完成文学评论的过程应该合乎规范，能够用一个观点句回答自己的问题，有助于学生明确本篇文学评论的主题。

5. 整理材料，选择文本和他人的观点证实自己的观点。

文学评论的写作过程也是读者和作品、作者以及文本世界对话的过程，形成观点之后不能自说自话，需要选择文本中的词句支撑自己的观点，援引他人的论述充实自己的观点。建议学生围绕观点句列一张表，呈现不同材料和观点的内在联系，借助表格整理材料及其内在关联。学生可能检索到以下观点。

（1）无意于感人，而欢愉惨恻之思，溢于言语之外。（王锡爵《归公墓志铭》）

（2）当其所得，意沛如也。不事雕饰，而自有风味，超然名家矣。（王世贞《归太仆赞》）

---

① 苏轼. 苏轼文选［M］. 上海：上海古籍出版社，1989：63.

(3) 睹物怀人，此意境人人所有，然以“极淡之笔”写“极至之情”，此妙笔人人所无。(钱基博)

(4) 一往情深，每以一二细事见之，使人欲涕。(黄宗羲《明文案》)

(5) 姚惜抱谓其于不要紧之题，说不要紧之语，却自风韵疏淡，是于太史公深有会处，不可不知此旨。(吴德旋《初月楼古文绪论》)

上述五则材料从不同的角度分析《项脊轩志》的表达特点，如言简义丰、白描手法，用朴素冲淡平和的内容表达欢愉惨恻与不尽伤痛，选材的角度与语言风格等等，既是学生学习观点表述的范本，也为学生完善优化观点提供支持。列表有助于学生分析各观点的异同，对归有光的创作风格形成更为全面的认识。

6. 回顾阅读、检索与整理的过程，形成初稿。

撰写初稿，教师要提示学生使用陈述、阐述、复述和转述四种基本的表达方式：陈述观点，力求概念准确，句子逻辑关系合理；阐述观点，力求论证过程完整清晰，材料丰富，有说服力；复述，引用原文，呈现评论的过程框架；转述，补充他人的观点，丰富材料，充实观点。教师可以和学生一起设计评价标准，学生参照评价标准完成自查自检，建构文学评论写作的反思性知识。

有学生形成的观点是“平淡而深切”，援引姚鼐的观点“于不要紧之题，说不要紧之语，却自风韵疏淡”作为补充，选择“东犬西吠，客逾庖而宴，鸡栖于厅”“庭中始为篱，已为墙，凡再变矣”阐述“不要紧之题”，认为前者用三个镜头感很强的短句，把分家后的混乱嘈杂表现得淋漓尽致，表现出作者的悲伤与无奈；后者用从“篱”到“墙”的变化反映出家人的疏远与隔膜，充满了人世的沧桑感，句尾的“矣”字，像一声叹息，表现出了作者的无奈与悲凉。选择“儿寒乎？欲食乎？”“吾妻死，室坏不修”“庭有枇杷树，吾妻死之年所手植也，今已亭亭如盖矣”三句阐述“不要紧之语”，认为第一处平淡处最为关情，短短两个句子惟妙惟肖地刻画出了听见孩子啼哭而动了怜爱的年轻母亲的形象，千遍百遍的回味中寄托了归有光对母亲深深的怀念；第二处写出妻子去世后，项脊轩坏了，作者也没有心情修，可见妻子的离去对他的打击之大；第三处没有一个字言及思念，但思念之情却表现得深挚动人，妻子死后，亭亭如盖的枇杷树成为归有光寄托和倾诉情感的唯一对象，树的成长表现出作者思念的悠长。这样的初稿，基本上实现了陈述、阐述、复述和转述的有机整合。

7. 选择典型的文学评论展示交流。

展示交流意在将学生的阶段学习成果转化为新的学习资源，帮助学生在评论文本的基础上认识作者，理解作者的精神人格；整合学生的文学评论，对《项脊轩志》的写作特点形成准确认识。以学生前期阅读鉴赏与评论撰写为基础，通过展示交流过程中的师生对话达成目标 1 和 3。

其中活动 2 和 7 需要在课堂上集体学习完成，其他学习内容可以在课堂内外由学生自主完成。

（三）支持学习活动的学习工具设计

语文教学要尽量保证学生的自主阅读和完整的学习建构过程，教师需要根据学习活动设计必要的学习工具，确保学习过程的质量。正确理解词句，教师可以提供白话文文本，设计批注版的格式；查阅资料，教师可以设计表格呈现资料的不同类型，帮助学生利用表格整理资料；撰写初稿，教师可以设计学习工具帮助学生分类整理陈述、阐述、复述、转述的内容与材料，梳理其内在关联。

（四）指向教学目标的评价方案设计

单篇课文的评价方案，主要涉及安置性评价和过程性评价。安置性评价的目的在于了解学生是否能够达成教学目标，指向教学目标的调整；过程性评价的目的在于帮助学生顺利完成各个学习阶段，达成教学目标。教学设计中的各项学习任务均可视为过程性评价的工具，教师需要设计过程性评价标准引领学生分析自己的学习状况，明确努力方向。以“撰写文学评论初稿”为例，分级制定水平标准。

水平 1　能够提出观点，选择文中词句支持自己的观点。

水平 2　能够提出自己的观点，选择文中词句支持观点，阐述词句和观点的内在关系。

水平 3　能够提出自己的观点，选择文中词句支持观点，阐述词句和观点的内在关系；能够援引他人观点补充论证，且援引恰当。

对照水平标准和自己的初稿，学生能够判断自己目前所处的水平层级，明确达至更高层级需要调整或补充的内容，修改作品后再次提交，实现评价促进学习发展的功能。

三、整本书阅读教学设计

《义务教育语文课程标准（2022 年版）》沿用《普通高中语文课程标准（2017 年版 2020 年修订）》的思路，将“整本书阅读”纳入语文课程内容，规定“本学习任务群旨在引导学生在语文实践活动中，根据阅读目的和兴趣选择合适的书目，制订阅读规划，综合运用多种方法，监控阅读过程，反思阅读收获；借助多种方式分享阅读心得，交流研讨阅读中的问题，积累整本书阅读的经验，养成良好阅读习惯，提升整体认知能力，丰富精神世界。”①

根据上述要求和整本书阅读教学的实践经验，整本书阅读教学设计包括三个基本要素：整本书教学价值分析、通读指导方案、课堂教学设计。

---

①　中华人民共和国教育部．义务教育语文课程标准：2022 年版［S］．北京：北京师范大学出版社，2022：36.

下面以《童年》为例说明设计过程。

（一）教学价值分析

《童年》通常选用刘辽逸先生的译本。确定教学价值首先要梳理文学价值，针对小学阶段整本书阅读教学的要求，需要关注以下几个方面。

1. 自传体小说

《童年》是自传体小说，且独具特色。传统的自传体小说，侧重塑造主人公的自我形象，《童年》有丰富的人物形象和跌宕起伏的情节，更多展现现实生活与社会风貌。小说中的社会现实表现出残酷的真实，高尔基不加修饰，尽量呈现生活的本来面目，让人们通过小说了解现实、体验现实，从中获得感悟。

2. 儿童视角与成人视角的融合

童年的生活，成人的记录，将曾经的生活经历转化为文字，在某种程度上决定了《童年》的叙述视角兼顾儿童与成人两个主体。

儿童视角的使用凸显作品的真实性，“在幽暗的小屋里，我父亲躺在窗下地板上，他穿着白衣裳，身子伸得老长老长的；他的光脚板的脚指头，奇怪地张开着，一双可亲的手安静地放在胸脯上，手指也是弯曲的；他那一对快乐的眼睛紧紧地闭住，像两枚圆圆的黑铜钱，他的和善的面孔发黑，难看地龇着牙吓唬我”①，用儿童视角观察去世的父亲，画面感强，带来的心理冲击比较大。“太阳在伏尔加河上空静悄悄地浮动着；周围的景致时时刻刻变化着，时时刻刻都是新的。翠绿的山好似大地的富丽衣服的华美褶儿。沿岸有城市和乡村，远远看去宛如一块块的甜点心，水面上漂着金黄色的秋叶。”② 儿童习惯用近身的事物打比方，“华美褶儿”和“甜点心”两个喻体的使用充满童趣，增加了文字的趣味性。

成人视角的使用增加了作品的思想性和深刻性。小说中的很多情节直

---

① 高尔基. 童年［M］. 刘辽逸，译. 北京：人民文学出版社，1956：1.

② 高尔基. 童年［M］. 刘辽逸，译. 北京：人民文学出版社，1956：10.

接或间接地体现着高尔基面对苦难生活的勇敢无畏，表达了作者对人生和社会的深刻剖析。成人视角主要体现在作者对自己内心世界的描述，侧重记述作者跟底层人民的接触，勾勒自己成长变化的历程，反思进步思想对自己的影响，以及书籍带来的精神成长；记述残酷的社会现实，记录苦难的生活经历，反映出高尔基对自由的追求，对美好的向往。如“家里有许多有趣的和好玩的事，但是有时候，一种无法排遣的愁苦压抑着我，我全身仿佛被一种沉重的东西注满了，好像长久地住在黑暗的深坑里，失去了视觉、听觉和一切感觉，像一个瞎子，一个半死不活的人……”① “听他说这些话，使我高兴得发狂；我甚至觉得，我早在当初就是了解他的。”②“小的时候，我想象自己是一个蜂窝，各式各样普通的粗人，全像蜜蜂似的把蜜——生活的知识和思想，送进蜂窝里，他们尽自己所能做到的慷慨大量地丰富我的心灵。这种蜂蜜常常是肮脏而味苦的，但只要是知识，就是蜜。”③ 成人才能够如此准确、深刻地描述自己内心的感受和思想的变化，上面三段文字，以成人视角叙述心理活动，呈现出高尔基思想发展的历程。

3. 文学作品中的母题

母题是“社会发展早期人们形象地说明自己所思考的或日常生活中所遇到的各种问题的最简单单位”④，《童年》中能够解析出的文学母题包括“童年”“人性善”“人性恶”等。

《童年》记述了阿廖沙童年的生活经历和生长历程，整部小说采用现实主义手法，但依然充分表现了阿廖沙的童心，表现出阿廖沙在善与恶的对峙中最终走向善良走向美好，带着坚强的信心走向了真实的人间。

《童年》中的外祖母是人性善的代表，她强壮、慈祥，热爱生活，对人宽容，是阿廖沙童年生活最亮丽的色彩，最温暖的港湾。外祖母给阿廖

① 高尔基. 童年［M］. 刘辽逸，译. 北京：人民文学出版社，1956：120.
② 高尔基. 童年［M］. 刘辽逸，译. 北京：人民文学出版社，1956：141.
③ 高尔基. 童年［M］. 刘辽逸，译. 北京：人民文学出版社，1956：143.
④ 杨乃乔. 比较文学概论［M］. 北京：北京大学出版社，2006：227.

沙讲故事，吟唱诗歌，让阿廖沙懂得做人的道理，培养他善良温和的本性，引领他在残酷的生活境遇中葆有纯净与美好，不迷失正确的方向。外祖母代表的人性善是阿廖沙童年乃至一生的明灯。除了外祖母，还有小茨冈和“好事情”，虽然小茨冈身上沾染了不好的习气，但他依然乐观善良、勤劳肯干，在节日时放声欢唱，努力保护着阿廖沙；虽然“好事情”不得不离开外祖父的房子，但他为阿廖沙指引了正确的方向。

《童年》中的外祖父是人性恶的代表，他冷酷残暴、自私贪婪、虐待伙计、殴打家人，充分体现出黑暗社会环境的丑恶心理。“值得讲这些吗，每一次我都重新怀着信心回答自己值得，因为这是一种富有生命力的丑恶的真实，它直到今天还没有消灭。这是一种要想从人的记忆、从灵魂、从我们一切沉重的可耻的生活中连根儿拔掉，就必须从根儿了解的真实。”“我描写现实生活中的这种丑恶行为，还有一个比较积极的原因：虽然这些丑行令人恶心，使我们感到压抑；虽然它们扼杀了无数美好的灵魂，但俄罗斯人的心灵仍旧是那样健康、年轻，正在克服并且最终能够克服这种丑恶的行为。”“我们的生活是非常奇妙的。在我们的生活中，虽然有滋生各种无耻的败类的肥沃的土壤，但这种土壤终究会生长出卓越的、健康而且富有创造性的力量，生长出善良和人道的东西，它们不断激发我们建设光明的人道的新生活的不灭的希望。”①

4. 现实主义作品

现实主义是文学批评和文学研究中最常见的术语之一。广义的现实主义，泛指文学艺术对自然的忠诚，最初源于西方最古老的文学理论，即古希腊人的朴素观念“艺术乃自然的直接复现或对自然的模仿”，作品的逼真性或与对象的酷似程度成为判断作品成功与否的准则；狭义的现实主义，是一个历史性概念，特指发生在十九世纪起源于法国的现实主义运动。

《童年》是苏联现实主义文学的代表作，真实地反映了沙俄统治下的

---

① 高尔基. 童年［M］. 刘辽逸，译. 北京：人民文学出版社，1988：231.

俄罗斯社会图景。人们过着被压迫和剥削的日子，没有自由，不得不卖命于残酷的资本家，每天把全部精力投入到自私残暴的统治者要求的不分昼夜的工作之中，生命变得如纸样轻薄，大量的付出，极小的回报，忍受统治者毒打等暴行，却为了安稳选择忍耐，极少反抗。《童年》中的格里戈里为外祖父劳作一生，年老体弱多病时被无情地赶出家门，双目失明后只能流浪街头。在某种意义上说，阿廖沙的童年也是那个时期很多儿童生活的代表，饱受惊吓，缺少安全感，心灵受到摧残。

以作品文学价值的分析为基础，按照整本书阅读教学价值分析的基本维度，可以从知识积累、能力提升、策略建构和精神成长四个方面确定《童年》的教学价值，进而确定《童年》的教学目标。

1. 积累相关知识

第三学段阅读《童年》，需要关注自传体小说、儿童视角、成人视角、现实主义风格四个基本概念，在学生充分阅读作品，形成初步体验的基础上提供相关概念的解释，但概念本身不是教学重点。

2. 发展阅读能力

《童年》中很多人物都有清晰的发展变化线索，是发展提取与整合信息能力的良好载体；有些人物的行为或语言需要结合形象发展的轨迹、人物关系或社会背景来理解品味，是发展学生形成解释能力的优质学习资源；作品中的“人性恶”需要学生站在写作目的的角度分析其价值和意义，有助于发展学生作出评价的能力。

3. 建构阅读策略

《童年》中的人物、事件发展以及环境描写的特点和作用，需要运用“内容重构”策略，通读全书后集中相关信息，按照新的形式重新组合并呈现，以建构客观完整的认识。

作品中重复出现的情节，如打架、死亡、母亲的出现等，需要利用“捕捉闪回”策略，提醒学生关注重复形成的勾连，以正确理解创作意图，强化对作品的印象，实现与作者的深度对话。

作品中的一些人物前后对照分明，如阿廖沙、母亲、外祖母；同一身份的不同人物，存在细微差异，如小茨冈和格里戈里。联系其他作品中的人物可以更为深入地认识《童年》中的形象，如与高尔基《母亲》中母亲形象对比分析等。阅读《童年》需要提醒学生运用对照阅读的策略，通过作品内外不同层次的对照，引领认识深入。

苏联在1938年拍摄过电影《我的童年》，别名《高尔基的童年》，电影的情节和形象基本忠实于原著，但电影语言跟文学语言有比较大的差异，通过电影与小说的比较，学生能够从更多角度感受文学作品的魅力，《童年》适合帮助学生运用并建构“跨界阅读”策略。

4. 促进精神成长

学生与阿廖沙有着同样的年纪，但未必有相同的经历。《童年》表现的残酷生活没有摧毁阿廖沙对生活的信心，反而成为他探索新生活的巨大动力，从这个意义来看，如何将生命体验转化为精神财富是每位学生要思考的命题。

第三学段对文学作品阅读的水平要求为“独立阅读散文、小说、诗歌等文学作品，在阅读过程中能获取主要内容，用朗读、复述等自己擅长的方式呈现对作品内容的理解；能用文字、结构图等方式梳理作品的行文思路；能品味作品中重要的语句和富有表现力的语言，注意词语的感情色彩，通过圈点、批注等多种方法记录自己的阅读感受和体验，并主动与他人分享；能通过诵读、改写、表演等方式表达自己对感人情境和形象的理解与审美体验；能借助与文本相关的材料，结合作品关键语句评价文本中的主要事件和人物，提出自己的观点或看法；能发现不同类型文本的结构方式和语言特点，感受作品内容、形式上的不同表现，积极向他人推荐，并条理清晰地说明推荐的理由，在文学文化体验活动中涵养健康向上的审美情趣。”①《童年》记述了很多丑恶的生活现实，写丑的目的是让人们认

① 中华人民共和国教育部. 义务教育语文课程标准：2022年版［S］. 北京：北京师范大学出版社，2022：48.

识丑，抗拒恶，追求美，向往善。

综合对《童年》文学价值和教学价值的分析，根据第三学段的学业水平要求，《童年》整本书阅读的教学目标可以确定为以下三条。

1. 能够完整梳理作品中的人物和情节。

2. 能够在情节发展过程中分析主人公的思想变化。

3. 能够借助文学常识积累与局部精读，形成自己对作品价值的评价。

（二）通读指导方案设计

通读指导方案可以分为三种类型：指导学生制定阅读规划，学生按照阅读规划自主完成阅读任务；设计阶段性任务，帮助学生在阅读进程中反思阅读质量，调整阅读方法；设计贯通性任务，引领学生多次浏览全书，逐步掌握全书的主体内容和主题思想。教师应依据学生的阅读习惯和阅读能力发展情况，采用一种或多种通读指导方案。

1.《童年》阅读计划

阅读计划包括三方面，在什么时间、用什么方式完成阅读，计划采用什么样的形式呈现阅读成果。可以采用师生互动的方式启发学生思考应该如何读完《童年》，例如将一本书按照页码或章节均匀分为若干天的阅读量；利用相对集中的时间连续阅读，然后用零散时间重读某些章节；将阅读安排在周末，间隔性集中阅读。这些方法可以综合使用，规划的目的在于帮助学生预留出专门阅读《童年》的时间，在相对固定的一段时间内完成阅读。如果学生已经养成自主阅读的习惯，师生共同认为阅读规划合理，能够顺利执行，就可以放手让学生按照规划自主阅读。

2.《童年》阶段性阅读任务

如果学生自主阅读的习惯不稳固，教师可以设计阶段性阅读任务，引导学生完成一个阶段的阅读后，借助阅读任务回顾与反思以提高阅读质量。根据《童年》的阅读目标，阶段性任务可以重点指向目标 3，按照主人公的生活变化轨迹，设计学习任务帮助学生梳理、总结、概括。母亲的出现与消失，是小说情节发展的线索之一，伴随着母亲的出现和消失，母亲的生活发生着变化，"我"的生活也发生着变化。利用这条情节线索，设计阶段性阅读任务如表 2-5。

表 2-5 《童年》阶段性阅读任务设计（1）

阅读章节	阅读活动
1-2 章	讨论：母亲为"我"做了什么，带给我什么样的感觉？
3-9 章	讲述：以"我"的视角，向母亲讲述她不在家的日子发生了什么事情，"我"有哪些感受。
10-12 章	梳理：母亲回来，为"我"做了什么，让"我"发生了怎样的变化。
13 章	讨论：再次离开母亲，"我"的生活发生了哪些变化，结果怎么样。

第一次讨论的目的在于帮助学生关注母亲和"我"这条线索；讲述旨在引领学生梳理小说的主体内容；梳理意在启发学生思考母亲在与不在"我"身边，"我"生活状况的变化，进而思考为什么母亲不能一直陪在我身边，这是从个人命运到社会现实思考的重要环节。第二次讨论的目的在于提醒学生关注"我"的命运走向，我的精神追求并没有受到母亲的消极影响。

"我"生活地点的变化是小说情节的另一条线索，借助这条线索，也可以整体关注小说情节发展和"我"的变化，阶段性阅读任务设计如表2-6。

表 2-6 《童年》阶段性阅读任务设计（2）

阅读章节	"我"的生活地点	"我"的主要经历	"我"的情感体验
第 1 章	阿斯特拉罕	父亲去世	奇怪、好奇
	去往尼日尼的船上	熟悉外祖母	温暖、好奇

续 表

阅读章节	“我”的生活地点	“我”的主要经历	“我”的情感体验
第 2 章	尼日尼外祖父家	熟悉外祖父的家人，被挑唆挨毒打，被小茨冈关照	吃惊、害怕、好奇、温暖
第 3 章		外祖父家的生活，节日的晚上，小茨冈去世	奇怪、不安
第 4-7 章		外祖父家的生活：暴力、分家	有趣、好玩、愁苦、沉重
第 8 章	缆索街外祖父的新房子	结识彼得与“好事情”	兴奋、惆怅
第 9 章		结识新伙伴，彼得被逮捕	沉默、恐惧
第 10 章		跟母亲一起读书	麻木、平静
第 11 章		了解父母的经历	日益增长的忧虑
第 12 章	跟母亲辗转奔波	与继父相处，进入学校	无聊、反抗
第 13 章	外祖父家	捡破烂，上学	独立、坚强

3.《童年》贯通性阅读任务

如果学生不能按部就班地阅读整本书，也可以设计贯通性任务，引导学生多次浏览文本，逐步熟悉整本书的主要内容。

（1）请学生浏览全书，制作《童年》人物思维导图，以阿廖沙为中心，按照与阿廖沙的关系分类分层呈现全书人物。

（2）请学生浏览全书，制作阿廖沙日记的目录：如果阿廖沙有记日记的习惯，《童年》中的哪些事情会在日记中呈现，标题是什么？

（3）请学生浏览全书，圈画阿廖沙表达自己情感的语段，将这些语段连缀起来，分析阿廖沙的情感变化历程。

通读指导的目的在于根据学生的阅读发展实际设计活动，帮助学生提高阅读质量，自主完成整本书的阅读。

（三）课堂教学设计

阅读《童年》，学生可能会遇到一些自己解决不了的问题，也可能没有发现需要关注的重点问题，课堂教学的目的在于帮助学生发现或解决问题，借助整本书阅读实现学生阅读能力的发展与精神成长。

《童年》课堂教学内容可以在以下几个方面选择。

1. 经历了这样的童年，“我”为什么能够成长为著名的无产阶级作家、诗人、评论家、政治家、学者？
2. 作为自传体小说，《童年》跟其他的自传体小说有什么不同？
3. 如何理解作品中大量出现的黑暗的社会现实与丑恶的人性？

整本书阅读课堂教学应针对不同的教学内容确定教学目标，设计教学活动，帮助学生更为全面、深入地理解作品，通过研读提升自身的认识水平，实现精神成长与思想发展。下面针对第 2 个教学内容设计课堂教学。

【教学目标】

1. 初步认识自传体小说，建构自传体小说的概念。
2. 借助对比阅读，分析《童年》与其他自传体小说的异同。

【教学过程】

一、对比阅读《高尔基传》和《童年》，认识自传体小说。

下面的文字选自《高尔基传》，请学生在《童年》中找到对应的内容并标识出来。

阿列克塞·马克西莫维奇·别什柯夫（马克西姆·高尔基）一八六八年三月十六日（新历二十八日）生于尼日尼诺夫戈罗得。他的父亲马克西姆·萨瓦季耶维奇·别什柯夫，是伏尔加航运局修船场的细木工，他和瓦尔瓦拉·瓦西里耶夫娜·卡什林娜结婚，女方的父亲卡什林老汉是很不如意的。

瓦西里·瓦西里耶维奇·卡什林过去做过纤夫，后来当染坊业工会会长，如今是一家染坊的老板，他不许女儿和一个不知根底的外来小伙子结婚，一心想把女儿嫁给一位贵族；但是一对年轻人的爱情的火焰将生米煮成了熟饭，因此，固执的染坊老板也就只得遂其心愿。

马克西姆·萨瓦季耶维奇·别什柯夫有一手家传的好技艺，他是一个聪明、善良、开朗的人。

可以想见，他是一个有文化的人，因为结婚七年之后，他在阿斯特拉罕谋得了一个轮船码头主管的职位。一八七一年春天，他便带了家眷来到这座城市。

别什柯夫一家在阿斯特拉罕并没有住多久。马克西姆·萨瓦季耶维奇因害霍乱病死去了，因此遗孀便带着幼小的儿子回到故乡尼日尼，回到了卡什林家。

在尼日尼，孩子开始了一种新的生活，这种生活同别什柯夫一家在阿斯特拉罕那种温暖、和谐的生活根本不同。

胡作非为，恃强凌弱，酗酒打架——这一切在染坊老板卡什林家的日常生活中简直没完没了。卡什林两个成年的儿子就在自家染坊里干活。

那时候，机器纺织业生产的发展和工厂印花布的畅销，不断地在排挤家庭手工纺织业，同时也在排挤家庭手工印染业。这种排挤沉重地压榨着卡什林一家，使得家庭中每一个干活的人，都拼命想把这家过去十分赚钱的染坊所剩下的一点家底搞到自己手里，为此引起了不断的争吵，甚至无情的厮打。

高尔基后来在回忆起卡什林家的生活时，觉得好像是“一位善良而又一丝不苟的高手所叙述的一篇悲惨的童话”那样。在这种家庭日常生活中，在私有者毫无人性的争夺中，他这个卡什林家很不喜欢的马克西姆·别什柯夫的儿子，也时常会成为出气的对象，但他对这一切绝不肯逆来顺受，而是尽力地进行反抗。

在卡什林家里，只有一个面容与众不同，像是冷酷生活的一片黑暗的底色上的一线光明。这便是高尔基的外祖母阿库琳娜·伊万诺夫娜·卡什林娜。她那庄严的、令人难忘的形象，高尔基在自传性的小说《童年》里已经做了叙述。

阿·伊·卡什林娜年轻时做过乡村织花边女工；这种织花边女工要出名，得靠自己的手艺，同样也得靠唱歌。她记熟了大量的诗歌。那些民间创作的收藏者和演唱高手，在我们那里通常叫作“说唱家”，卡什林娜算得上其中的一员；只是因为偶然的原因，她没有引起文学家和口头创作搜集家们的注意。

其实，她不只是在自己周围一个圈子里有名。

阿列克塞·马克西莫维奇在一封信中写道：

“精通歌唱的外祖母曾对我讲过，有一个尼日尼的地主，同时是个戏剧爱好者，名叫杜尔恰宁诺夫，他曾来‘记录’过她唱的歌。有些好听的、亲切的歌儿，那个傻瓜却不喜欢。”

那些“好听的、亲切的歌儿”，唱的是农民的痛苦和悲伤，对徭役的怨恨和对苛重租赋的控诉，总而言之，就是控诉地主的。

孩子喜欢听外祖母讲“圣母怎样遍访人间，救苦救难，告诫女盗延加雷契娃‘公爵娘娘’不要杀戮和抢劫俄罗斯人；喜欢听关于天之骄子阿列克塞和武士伊万的诗歌；喜欢听关于聪慧的瓦西丽莎的故事和公羊神甫与上帝教子的故事；喜欢听关于女寨主玛尔费、强盗头子乌斯塔婆婆、埃及有罪女人玛丽娅和关于强盗妈妈的悲哀等等可怕的童话……”

毫无疑问，在这些歌曲、诗歌和故事里，有一些是“编外”的民间创作，由于具有社会意义，这些民间创作通常是不收进已出版的颂歌和故事集的。①

二、组织学生交流圈画的文字，认识两本书内容的一致性。

三、启发学生梳理自传体小说的基本特点，概括其定义性特征，在此基础上生成自传体小说的生活概念。

四、教师提供自传体小说的文学概念，帮助学生更为准确地认识自传体小说。

自传体小说是传记的一种，是从主人公自述生平经历和事迹角度写成的一种传记体小说。这种小说是在作者亲身经历的真人真事的基础上，运用小说的艺术写法和表达技巧经过虚构、想象、加工而成的。

五、对照自传体小说的概念，讨论《童年》与一般的自传体小说有什么不同。

六、对照《童年》和《城南旧事》，理解作者的创作意图。

《童年》讲述了阿廖沙三岁到十岁这一时期的童年生活，生动地再现了十九世纪七八十年代沙皇俄国下层人民的生活状况，写出了高尔基对苦难的认识，对社会人生的独特见解，字里行间涌动着一股生生不息的热望与坚强。

《城南旧事》描写了20世纪20年代末北京城南一座四合院里一家普通人的生活，通过小姑娘英子童稚的眼睛，观察当时北京南城的历史面貌，有极强的社会意义。

---

① 格鲁兹杰夫. 高尔基传［M］. 力冈，济凯，译. 合肥：安徽师范大学出版社，2018：1.

以上三种教学设计的过程示范，呈现了教学设计的基本过程与一般要求，这样的示范意在“与人规矩不能与人巧”，语文教师应在遵循基本规律的基础上不断探索个性化的设计思路，形成自身的设计风格与教学主张。

第三节 重点问题讨论

要点提示

● 要达到能够发表的水平，还需要关注以下四方面：设计理念的先进性，教学过程的科学性，教学过程、评价与目标的一致性，教学资源使用的合理性。

● 设计理念的先进性表现为：以情境为载体，以任务为导向；任务具有挑战性，整合语文学科核心素养的各个方面，指向问题解决与实践创新；在学习平台的选择上，可以利用互联网的优势，探索互联网时代语文学习方式的变革路径。

● 教学过程的科学性体现为：各个环节的组合体现学生认识发展或情感体验的过程，每个环节内部符合学习过程的内在逻辑，环节与环节联结清晰，学习过程完整，有利于学生建构解决问题的思想方法。

● 教学过程、评价与目标的一致性表现为教师设计的评价方案与教学过程一致。教学设计需要确定清晰的目标，选择和组织合适的学习素材，设计合理的学习活动，采用与目标相匹配的学习方法，实施基于目标的评价方案。

● 教师应多角度挖掘教学资源的育人价值，多角度分析、使用教学资源，善于筛选、组合教学资源，利用教学资源创设学习情境，优化教与学的活动，提高教学效益。

掌握了教学设计的一般流程，要达到能够发表的水平，还需要重点关注以下四个方面。下面用案例分析的形式展开讨论。

一、设计理念的先进性

《普通高中语文课程标准（2017年版2020年修订）》《义务教育语文课程标准（2022年版）》均要求教师准确理解语文课程的基本理念和设计思路，把握语文课程核心素养发展的基本规律，根据课程目标、课程内容和学业质量标准的要求，创造性地开展语文教学，充分发挥语文学科独特的育人功能。教学设计理念的先进性，主要体现为落实课程标准的理念要求，包括：落实立德树人根本任务，促进语文课程核心素养的全面发展；把握语文学习任务群的特点，体现语文课程的综合性和实践性；创设真实而富有意义的学习情境，创造性地开展语文教学；发挥师生的积极性和自主性，注重培养问题解决和实践创新能力；关注互联网时代语文生活的变化，探索信息化背景下教与学方式的变革等几个方面。这几个方面可视为评判教学设计理念先进性的基本标准。

《百合花》教学设计①

【教学目标】

1. 变换视角重构故事，了解小说的主要情节。

2. 通过叙述视角的比较辨析，理解主要人物形象及文章主旨。

3. 借助对小说构思艺术的赏析，掌握从叙述视角切入的阅读方法。

【课前准备】

1. 阅读课文，划出这篇小说中你认为精彩的语句，并做简要点评。

2. 试着以通讯员战友和新媳妇的视角简述故事。

---

① 徐飞.《百合花》教学设计［J］. 中学语文教学，2020（08）：60-63.

【教学过程】

一、导入。

二、设置情境，变换视角复述情节。

1. 在革命烈士纪念馆，一群中学生正在听一位老战士讲述。这位老战士是那位通讯员的战友。请模拟战友的口吻讲述通讯员当年的英雄事迹。

2. 若干年后，文中的“新媳妇”已是白发苍苍的老人。如果她给孙子讲当年那段往事，会怎样讲？

三、比较不同视角，分析人物形象。

（一）比较战友视角和新媳妇视角。

1. 比较以战友的视角和以文工团员“我”的视角叙述，说说你的理解。

2. 这篇小说创作于1958年，而小说中所发生的事是在1946年。当年，茹志鹃才20岁，而写作时32岁，已是三个孩子的母亲。因此，在创作这篇小说时，作者还是忍不住流露出母亲般的温情与体贴。找出文中描写体现出女性视角特点的语句，读一读，体会一下。

3. 女性视角还增添了小说的抒情味道。找出文中抒情味的语段。

（二）比较新媳妇视角与文工团员视角。

1. 同为女性，为什么不以新媳妇的视角而以文工团员的视角来写呢？

2. 写通讯员的拘谨、淳朴、善良、政治觉悟高，有何作用？

3. 小说用了三分之一左右的篇幅写通讯员护送“我”去包扎所，有人认为有些冗长，你怎么看？

4. 在与这位通讯员的关系上，“我”比新媳妇多了一个身份，是什么？它对刻画人物有什么帮助吗？

四、感受双重视角，理解文章主旨。

（一）感受双重视角。

这篇小说是从文工团员的视角、用第一人称“我”的口吻叙述的。因此阅读时会有两个不同的“我”：一个是作为故事见证者的“我”，即在场的“我”；一个是作为故事叙述者的“我”，就是写这篇小说时的“我”。文中的哪句话体现了这一特点？

（二）品读重点语句，理解文章主旨。

1. 阅读小说最后一句话，思考：小说中，“我”对通讯员的称呼有哪些，为什么最后称他为“青年人”？

2. 末句中“这象征纯洁与感情的花”，看上去很直露，但其实是作者最真最浓的情感的迸发。小说中有哪些具体的体现？找出来读一读。

3. 这篇小说的主旨以前被很多人理解为“颂扬了军民鱼水情”。了解小说的创作背景，能帮助我们更深入地理解小说主旨。阅读下面的文字，你对这篇小说的主旨有没有新发现？（补充资料：茹志鹃《〈百合花〉的写作经过》）

五、课堂总结

阅读，就是不断地发现。请用“这篇课文不仅____________，还____________”的句式，说出你的阅读发现。

《〈百合花〉教学设计》的情境设置有利于核心知识的落实，用不同“角色”讲述情节必然使用不同的叙述视角，在此基础上引导学生分析不同视角的差异，关注双重视角凸显小说主旨的表达效果。教学设计以情境为学习载体，以任务为导向，帮助学生在实践过程中掌握核心知识，实现语言、情感、思想多方面、多层次的综合效应，符合语文学科核心素养发展的综合性、实践性特点。

综上，设计理念的先进性表现为：以情境为载体，以任务为导向。情境有助于增加师生学习的真实感、主动性；任务具有挑战性，整合语文学科核心素养的各个方面，指向问题解决与实践创新，能够提高学生学习的积极性；在学习平台的选择上，可以利用互联网的优势，体现当代语文学习生活的特点，探索互联网时代语文学习方式的变革路径。

二、教学过程的科学性

教学过程的科学性主要体现为符合学生的认知规律，能够帮助学生从外在表象入手层层深入，达至高阶思维，实现深度学习。

《赤壁赋》（第二课时）教学设计①

【教学目标】

1. 理解苏轼内心之悲与所悟之理，分析其产生的思想根源。

2. 研讨苏轼所悟之理能否化解心中之悲，体会其以道济儒的人生哲学。

【教学过程】

一、导入。

二、品读苏子之悲，分析产生悲的思想根源。

（一）把握苏子之悲。

第三段中，苏子借客之口说出了内心的悲哀，请概括并用具体事例加以说明。

（二）分析苏子之悲的根源。

1. 客“倚歌而和之”，奏出悲伤的箫声，可见苏子之“歌”才是悲伤的源头。诵读第二段，感知苏子“歌”中的悲伤。

2. 合作探究。结合下面的补充材料，你认为苏子之悲的思想根源是什么？（补充资料：王逸《离骚经序》）

三、解析苏子所悟之理，探究所悟之理的思想根源。

---

① 樊后君.《赤壁赋》（第二课时）教学设计［J］. 中学语文教学，2021（09）：65-68.

（一）解析苏子所悟之理。

第三段中，情感表达是如此悲伤，可第五段开头却是“客喜而笑”，情感转为喜悦。可见作者必然经历了一个化解悲伤的过程。朗读第四段，解析苏子是如何排遣心中之悲的。

1. 苏子主张从变与不变的相对视角看待水、月，请解读文中的水、月之变与不变。

2. 从水、月的变与不变中，苏子悟出了怎样的哲理？

3. 除了“物我无尽”的哲理之外，苏子还悟出了怎样的哲理？

4. 思考：苏子是如何以所悟之“理”来化解其内心之“悲”的？

（二）探究苏子所悟之理的思想根源。

小组合作学习，结合学过的苏轼的其他作品，你认为苏子所悟之理的思想根源是什么？请阐释理由。

四、辨析苏子心中的悲能否真的被其所悟之理化解。

（一）思辨探究。

第五段写“客喜而笑”，有人认为，这表示苏子所悟之理化解掉了内心之悲，也有人不同意这种看法。请从中选择一方，站在各自立场谈谈你的认识。

（二）课堂小结。

这节课，我们分析了苏子的内心之悲和所悟之理，并探究了其产生的思想根源，理解了苏轼以道济儒的人生哲学，感知了其丰富的思想。在江山风月中，在道家的超世思想里，苏轼的生命有了韧性，他的人生有了新的意义和诗性。人生须臾，个体渺小，我们不能延长生命，但可以丰富精神；“功业难成，处境有时困厄”，我们不能改变困厄处境，但可以另觅意义。这也许是《赤壁赋》给予我们的最宝贵的精神启示。

五、作业。

阅读《屈原列传》《小石潭记》，比较屈原、柳宗元与苏轼面对困境时的生命态度，并简析其原因，写成一篇 500 字左右的文章。

《〈赤壁赋〉第二课时教学设计》的学习主题是“理解苏轼内心之悲与所悟之理”，教师将学习主题拆分为两个关键问题：苏轼有怎样的悲，悲的根源是什么；苏轼悟出了怎样的理，如何以所悟之“理”来化解其内心之“悲”。梳理苏轼之悲，需要回忆课文内容，再现重要信息；探究悲之根源需要研读课文内容，借助相关资源形成合理的解释；解析苏轼之理，需要梳理苏轼“悟理”的过程，明确其思想方法；讨论苏轼悟出理的思想根源，需要追本溯源，结合其思想发展历程；判断苏轼是否能用理化悲，需要联系其他作品，在评价中形成结论。苏轼之悲、苏轼之理、以理化悲，勾勒出教师引领学生认识发展的完整过程，具体到各个环节，均包括提取信息、形成解释、做出评价三个逐层推进的过程，从整体认识到局部分析，学生每个阶段经历的思考过程均完整、清晰。

教学过程的科学性具体体现为各个环节的组合表现学生认识发展或情感体验的过程，每个环节内部符合学习过程的内在逻辑，环节与环节联结清晰，学习过程具有较好的完整性，有利于学生建构解决问题的思想方法。

三、教学过程、评价与目标的一致性

教师的教、学生的学、对教与学效果的评价是课堂教学的基本要素，教学过程、教学评价与教学目标是一个有机整体，相互制约又相互促进。

清晰的教学目标是一致性的前提和基础，教学过程与教学评价均需指向共同的教学目标，教学评价与教学过程的一致性表现为教师设计的评价方案与教学过程一致。教学设计需要确定清晰的目标，选择和组织合适的学习素材，设计合理的学习活动，采用与目标相匹配的学习方法，实施基于目标的评价方案。教学设计中的评价主要指过程性评价，教学活动和课堂作业都可视为过程性评价的工具。

《陋室铭》教学设计①

【教学目标】

1. 通过反复诵读，了解铭文押韵、对仗的特点。

2. 通过填入句读，梳理文意。

3. 揣摩“何陋之有”一句的标点意蕴，感悟作者的思想情怀。

【课前准备】

发给学生无标点版《陋室铭》预习单，借助预习单上的注释及工具书试着给文章断句，初步感知文章大意。

【教学过程】

一、初读，知其意。

（一）请 2–3 位同学朗读预习单上的《陋室铭》。

（二）朗读课文，读准节奏，说说你读后的感受。

二、再读，品其韵。

（一）发现“陋室趣对”。

1.《笠翁对韵》是明末清初戏曲家李渔用来教儿童熟悉对仗、用韵、用词的启蒙读物，每段文字都是由对仗工整的韵文构成，包罗天文、地理、花木、鸟兽、人物、器物等字词的虚实应对。《陋室铭》也有很多对仗，即同类或相对的词语在相对应的位置上相互映衬。模仿例句，说说你发现的“陋室趣对”。

2. 再次朗读，体会《陋室铭》对仗句的映衬之趣。

（二）写写“陋室趣韵”。

1. 模仿《笠翁对韵》中的段落，任意组合《陋室铭》中的词句，撰写一段“陋室趣韵”，并说说你的创作思路。

2. 男女生各读一句，轮流交替，感受铭文的对仗之趣。

三、三读，感其情。

---

① 张媛.《陋室铭》教学设计［J］. 中学语文教学，2021（06）：70–73.

（一）为 1–8 句加标点。

1. 本文共 9 句话，请你标出每句的起点，给前 8 句填入合宜的标点。

2.《陋室铭》是一篇由三言、四言、五言、六言错落而成的古代铭文。借助朗读句群的不同语气，可以梳理出文章层次，感受情韵之美。请用合适的语气朗读，加以体会。

（二）为第 9 句加标点。

1. 阅读下面的材料，根据你的理解，给文章结尾一句“孔子云：何陋之有”加标点，并说明理由。

2. 作者将自己的住所与诸葛庐、子云亭做类比，又化用孔子的典故，写陋室，言“德馨”。

四、联读，悟其神。

（一）有人说，《陋室铭》是从作者心里“流”出来的，它是刘禹锡旷达性格的外化。这种性格，在他的诗词作品中也有所展现。朗读《秋词》和《白鹭儿》，你认为哪一首与《陋室铭》表达的心绪最为相通，说说你选择的理由。

（二）请同学们齐背《陋室铭》。

五、布置作业。

从《陋室铭》中选一句作座右铭，简要概括你选择的理由。

《〈陋室铭〉教学设计》以过程性评价任务为学习主体，学生需要完成白文点读、陋室趣对、陋室趣韵、单句加标点、根据作者性格特点选择一首诗歌与《陋室铭》联系阅读、从文中选一句座右铭五项学习任务，这五项任务分别指向梳理文意，体会押韵、对仗的特点，感悟作者的思想情怀，与教学目标的一致性比较高。在评价标准的设计上，教师采用提供参考示例的方式，帮助学生了解自己达到了什么水平，通过努力可以达到什么水平，例如“陋室趣对”，教师提供了三个示例。

①调素琴，阅金经，乱耳对劳形。苔痕对草色，鸿儒对白丁。山名有仙不在高，水灵有龙不在深。

②山对水，仙对龙，素琴对金经。苔痕对草色，丝竹对案牍。阶绿绿，帘青青，南阳对西蜀。谈笑鸿儒有，往来白丁无。

③苔对草，绿对青，鸿儒对白丁。丝竹对案牍，素琴对金经。仙对龙，名对灵，乱耳对劳形。南阳对西蜀，陋室对华厅。丞相尝住陋茅庐，学者曾居敝草亭。

示例①的对子专注对仗本身，示例②在关注对仗的同时呈现了作者的生活场景，示例③在呈现生活场景的基础上指向作者的精神追求。通过分析三个示例，师生建立了活动的表现性评价标准。

水平 1　学生能够找到文中对仗的词句。

水平 2　学生能够根据文章的主要内容找到并梳理对仗的词句。

水平 3　学生能够按照文章的主要内容和作者的精神追求梳理文中对仗的词句并合理安排呈现顺序。

教师呈现、分析示例的过程成为帮助学生明确学习目标的过程，由此，教、学、评达成一致。

四、教学资源使用的合理性

语文教学资源既包括纸质资源、数字资源，也包括日常生活资源和地域特色文化资源；既包括语文学习过程中生成的重要问题、学业成果等显性资源，也包括师生在语文学习方面的兴趣、爱好和特长等个人的隐性资源。教学资源的使用要以促进学生语文学科核心素养发展、达成具体的教学目标为目的。教师应多角度挖掘教学资源的育人价值，与教学内容形成有机联系；应多角度分析、使用教学资源，善于筛选、组合教学资源，利用教学资源创设学习情境，优化教与学的活动，提高教学效益。

《〈百合花〉教学设计》借助情境资源设计学习活动，利用背景资源帮助学生了解创作意图。《〈赤壁赋〉第二课时教学设计》提供背景资料引导学生深入探究，引入《屈原列传》《小石潭记》启发学生对比阅读深入思考。《〈陋室铭〉教学设计》借助《笠翁对韵》提示学生关注课文押韵、对仗的特点，引入《秋词》《白鹭儿》引领学生建立联系，全面感受作者的形象。以上三篇教学设计在教学资源的使用上均可圈可点，整合背景性资源、支撑性资源和拓展性资源，使之共同服务于教学目标。

在小学语文教学中，教师还经常使用拓展资源帮助学生展开想象。执教《女娲补天》①，教师请学生关注“人们惊慌失措，四处奔逃，整个世界陷入了一片混乱和恐怖之中”。启发学生思考人们惊慌失措有什么表现；四处奔逃，又逃向何方；前方等待他们的会是怎样的险境。引领学生发挥想象，具体描述这个场景，在学生充分发言的基础上引入《淮南子·览冥训》：“往古之时，四极废，九州裂，天不兼覆，地不周载；火爁炎而不灭，水浩洋而不息；猛兽食颛民，鸷鸟攫老弱。”带领学生朗读原文，进一步感受当时的情景。《淮南子·览冥训》原文的引用起到了补充学生想象的作用，学生在自身原始经验的基础上对照反思，丰富了想象，提高了认识。

---

① 黄少玲.《女娲补天》教学设计［J］. 语文建设，2021（16）：48-53.

第三章
教学案例

教学设计要求秉持先进的教学理念，使用规范的学术语言呈现教学规划；教学案例要求真实记录、描述有反思价值的教学实施情况，利用教育教学理论展开分析和评价。教学案例记录的教学事实不仅包括教学行为，还包括教学行为发生过程中教师的情感体验与价值判断，做出价值判断需要学理支撑。从关键事件、典型情感体验、学理分析到未来探索的方向，教学案例的主体内容是一个完整的思考过程。

第一节　教学案例的价值和类型

要点提示

● 教学案例能够促进教师开展专业性反思，助力其他教师关注关键问题。大致可以分为叙述教学过程、阐释教学主张、追问教学观念三个类型。

● 叙述教学过程的案例主要描述教师执教某个篇目、单元或学习专题的经过，整体呈现教学设计、实践的过程，教学主张明确，叙述线索清晰。

● 阐述教学主张的案例大多针对教学过程中的共性问题，从教育教学基本原理、学科教学变革方向或语文学科知识的教学应用等角度，提出解决的策略或思路，提供探索成功的示例。

● 追问教学观念的案例，阐述了教师的教学反思过程、知识积淀过程、实践经验提炼过程，可以陈述教学观念变革历程、援引典型课例验证教学观念、多角度对比教学观念的异同。

教学案例描述的情境是真实发生的，记录的典型内容是教师教学进程中产生的与教学经验冲突的场景，伴随着矛盾冲突的产生与化解，教师对教学形成新的认识与理解，找到解决问题的新思路或者教学探索的新方向。教学案例具有真实性和典型性，对教师专业发展具有重要价值。

其一，促进教师开展专业性反思。在某种意义上说，教学案例是兼有问题和解决的情景故事，问题产生、发现、追问与解决的过程反映了教师对教育教学的认识水平，支持这一思考过程的是教育教学的基本理论。教师需要调派自己储备的教育教学理论知识完成思考过程，理论知识储备不足，就不能发现深层次的问题，难以解释问题产生的原因，难以借助学理探寻解决问题的思路。通过教学案例，教师的认识水平和理论储备得以显现，这种显现具有激发教师专业学习需求的作用，持续撰写教学案例成为教师持续发现问题、学习理论、解释问题、探索解决方案的过程，帮助教师成为专业发展的“长期主义者”。

其二，助力其他教师关注关键问题。教学案例用丰富的形式描述教师的教学实践，展示教师实践过程中的典型经历和问题，案例涉及的实践经历对其他教师的启发包括聚焦关键事件和提供解决方案两个方面，在此基础上向其他教师展示完整的思考过程，提供专业成长的视角和经验。不同类型、角度的教学案例形成聚合效应，实现跨越时空的专业交流，以教学案例为载体，建构起教师分享经验、沟通观点的专业平台，结成广泛的专业发展共同体。针对相似的教学情境，教师的理解和分析角度有所不同，讨论角度的拓展也能够助力教师的专业发展。

综观语文教学学术期刊发表的教学案例，按照内容大致可以分为三种类型。

一、叙述教学过程

叙述教学过程的案例主要描述教师执教某个篇目、单元或学习专题的经过，叙述内容涉及教学活动的设计意图、实施情况、实施过程中的学生表现，从教师自身感受和学生学习行为两个方面呈现教学效果。这类教学案例的可读性强，类似“教学场景+画外音”，夹叙夹议，读者不仅能够看到教学现场的具体情况，还能够听到授课教师的感受与思考，在阅读过程中形成良好的“对话效应”。值得关注的是，这类教学案例通常隐含着作者着力解决的关键问题，能够表现出作者的教学主张。

《我教〈百合花〉》①是这类教学案例的代表，案例从作者1982年初次执教的经历起笔，反思不同阶段对《百合花》解读的变化，阐释了从文体入手执教《百合花》的理论依据，完整描述了执教过程：组织学生讨论核心人物，分享最打动学生的描写，梳理通讯员形象形成的过程，虚拟还原场景以鉴赏新媳妇的形象，讨论塑造新媳妇形象的原因，补充材料理解小说创作背景与主题。在叙述过程中融入文本解读与探究，补充并阐释相关文艺理论，备课思考过程与教学实践过程合二为一，将以前的执教过程以反思的视角嵌入现在的执教过程。整篇教学案例有机整合了文本解读的发展变化、教学经历、教学反思，主体内容是本次教学过程，体现出作者目前对高中小说教学的理解。

《讲一个有梯度有深度的童话故事——〈皇帝的新装〉创意教学谈》在分析教材要求的基础上择定教学方向，从理性实践的角度确定教学主线，“整个教学分为五个环节：讲一个简单的故事——训练简要概括能力；讲一个具体的故事——训练梳理文本的能力；讲一个具体生动的故事——训练生动描写的能力；讲一个具体生动的童话故事——训练文体认知的能力；讲一个具体生动的丹麦童话故事——训练汲取外国文学素养的能力。”② 按照五个环节呈现教学实录，每个环节后面插入对设计意图的解说，用类似“教学手记”的方式记录解决问题过程中的所思所想。

这类教学案例能够满足多种类型读者的需求，“知其然亦知其所以然”，整体呈现教学设计、实践的过程，教学主张明确，叙述线索清晰。

二、阐释教学主张

阐述教学主张的案例在已发表的教学案例中占比最高，这类案例大多基于某一特定的教学内容，针对教学过程中的共性问题，从教育教学基本

---

① 程翔. 我教《百合花》[J]. 语文学习，2019（11）：34-37.

② 戴银. 讲一个有梯度有深度的童话故事——《皇帝的新装》创意教学谈［J］. 中学语文教学参考，2021（32）：41-43.

原理、学科教学变革方向或语文学科知识的教学应用等角度提出解决的策略或思路，提供探索成功的示例。

以基本教育教学原理为讨论视角的案例中，基本原理发挥指导了教学，引领教学实践的作用。如《在任务群教学中彰显学生主体性——以〈祝福〉教学设计为例》[①]《立足提升思维品质的科普阅读指导——以〈法布尔的证明题〉教学为例》[②]《整本书阅读与语文思维能力提升——以四年级下册〈芦花鞋〉为例》[③]《确定任务关键点　搭建课堂问题链——以〈说"木叶"〉的教学为例》[④]《拓展联结角度　整合学习活动——〈三国〉人物文学形象与历史形象对照》[⑤]等。重视学生在教学中的主体作用，关注学生思维品质的提高和思维能力的发展，确定学习过程的关键环节，利用问题链呈现解决问题的一般思路，以学习活动为载体实现学习内容的联结整合……是指导各个学科教学的基本原理，也是指导教学实践的基本参照，上述教学案例利用一般原理解决具体问题，具有理论实践的自觉。

以学科教学变革方向为视角的案例，大多选择一个课程变革的基本理念或要求，探索落实路径或实践策略。如《阅读教学何以由文本走向人本——以《咬文嚼字》教学为例》[⑥]《历史著作单元教学如何落实"回到

---

① 王玮. 在任务群教学中彰显学生主体性——以《祝福》教学设计为例［J］. 语文学习，2020（06）：34-38.

② 徐溪. 立足提升思维品质的科普阅读指导——以《法布尔的证明题》教学为例［J］. 语文学习，2021（03）：41-45.

③ 严小香，苏新春. 整本书阅读与语文思维能力提升——以四年级下册《芦花鞋》为例［J］. 语文建设，2021（18）：16-19.

④ 高翀骅. 确定任务关键点　搭建课堂问题链——以《说"木叶"》的教学为例［J］. 语文学习，2021（06）：32-37.

⑤ 张悦. 拓展联结角度　整合学习活动——《三国》人物文学形象与历史形象对照［J］. 语文学习，2021（06）：37-40.

⑥ 黄耀红. 阅读教学何以由文本走向人本——以《咬文嚼字》教学为例［J］. 语文学习，2020（01）：7-9.

历史现场”——统编高中语文选择性必修中册第三单元教学设计》[①]《〈皇帝的新装〉：童话故事如何与当代社会对话》[②]《搭建学习支架　探索全程评估——“家乡风物调查”语文项目学习》[③]《〈朝花夕拾〉读写转化任务设计举隅》[④]《长文巧教：在“做减法”中实现语文学习价值——以〈小英雄雨来〉教学活动为例》[⑤] 等。学科育人价值的发挥，语文学习中的中华优秀传统文化、革命文化、社会主义先进文化教育，教、学、评一体化教学实践，指向目标的学习任务与学习活动设计等话题，凸显语文学科教学变革的基本方向。如何落实语文教学变革的基本要求，是教师普遍关注的问题，上述教学案例的典型性主要体现为选择典型实践历程落实重要变革理念。

以学科知识为角度的教学案例，通常选择一个学科本体知识和学科教学知识，讨论语文学科本体知识在语文教学中的应用，描述学科教学知识的实践样态，或者利用学科知识厘清某些认识问题，探索如何利用学科知识提高语文教学的质量。如《“因形释义”在初中文言文字词教学中的运用——以〈陈太丘与友期行〉和〈岳阳楼记〉》为例》[⑥]《现代主义小说的文体特征与教学方法——以〈老人与海〉为例》[⑦]《多模态理论在名著

---

① 王希明. 历史著作单元教学如何落实“回到历史现场”——统编高中语文选择性必修中册第三单元教学设计［J］. 语文学习，2021（05）：20-24.

② 龚金平.《皇帝的新装》：童话故事如何与当代社会对话［J］. 语文学习，2021（06）：64-67.

③ 汪晟吉. 搭建学习支架　探索全程评估——“家乡风物调查”语文项目学习［J］. 语文学习，2020（12）：20-26.

④ 汤飞平.《朝花夕拾》读写转化任务设计举隅［J］. 语文学习，2021（12）：52-55.

⑤ 钱娟. 长文巧教：在“做减法”中实现语文学习价值——以《小英雄雨来》教学活动为例［J］. 语文建设，2021（16）：44-47.

⑥ 万辉霞.“因形释义”在初中文言文字词教学中的运用——以《陈太丘与友期行》和《岳阳楼记》为例［J］. 语文学习，2021（03）：23-26.

⑦ 胡春梅. 现代主义小说的文体特征与教学方法——以《老人与海》为例［J］. 语文建设，2021（19）：29-33.

阅读教学中的价值和应用——以〈鲁滨逊漂流记〉（节选）为例》[①]《“转述”的学习内容细化与活动方式选择》[②]《浅析如何提升小学古诗文教学效能——以统编教材五年级上册〈示儿〉为例》[③]《梳理平实的语言——以〈青蒿素：人类征服疾病的一小步〉教学为例》[④]《诗歌教学的“证明性”解读和“阐发性”解读——以〈断章〉为例》[⑤]《浅谈阅读方法、阅读技能与阅读策略的区别——以〈静夜思〉的教学为例》[⑥] 等。因形释义、现代主义小说、多模态理论属于语文学科本体性知识，案例主要讨论其在语文教学中的应用方法；转述、古诗教学效能、梳理语言，属于语文学科教学知识，案例主要分析其实践策略；阅读方法、技能和策略在教学中的作用不同，证明性和阐释性解读需要明确其应用情境，案例主要从学理的角度辨析概念，探索如何在教学中合理使用。

三、追问教学观念

问题是一切研究的出发点，教学案例也需要提出问题、分析问题、解决问题，教师对教学实践进行反思，形成理论（或者个人化理论），继而再指导实践、解决新的教育问题，借助教学案例，教师的实践与反思形成良好循环。撰写教学案例，是教师的教学反思过程、知识积淀过程、实践经验提炼过程。

---

① 罗颖，徐潇．多模态理论在名著阅读教学中的价值和应用——以《鲁滨逊漂流记》（节选）为例［J］．语文建设，2021（18）：67-69.

② 郑桂华．“转述”的学习内容细化与活动方式选择［J］．语文学习，2021（05）：48-49.

③ 张玉芳．浅析如何提升小学古诗文教学效能——以统编教材五年级上册《示儿》为例［J］．语文建设，2021（20）：65-67.

④ 高翀骅．梳理平实的语言——以《青蒿素：人类征服疾病的一小步》教学为例［J］．语文学习，2021（04）：28-32.

⑤ 徐樑，齐辰．诗歌教学的“证明性”解读和“阐发性”解读——以《断章》为例［J］．语文学习，2021（04）：32-35.

⑥ 王龙祥，代顺丽．浅谈阅读方法、阅读技能与阅读策略的区别——以《静夜思》的教学为例［J］．语文建设，2021（16）：23-26.

追问教学观念类的教学案例，还可以细分为三种类型。

（一）陈述教学观念变革历程

陈述教学观念变革历程类的教学案例通常聚焦学科教学问题，立足问题的产生、阐释与解决方案的探索，描述自己实践、认识逐步发生的变化，呈现新的知识与见解形成的过程；或者通过不同教学现场的对比分析，提出优化教学观念的方向。这类教学案例可视为教师日常教学的行动研究或案例研究，教师以实践者、学习者和研究者的身份批判性地审视自己或他人的教学行为，透过具体的行为体验深入观察分析，提炼问题并诊断问题产生的原因，用个人化的概念形成解释，借助理论学习拓展解释的理论视角，形成科学概念，在科学概念的指导下开展新一轮的教学实践。这类案例中的教师实践可以称为“积极实践”或“自觉实践”，问题发现阶段的观察分析，需要教师有敏锐的洞察力，能够捕捉到关键事件以及事件中的关键信息；问题分析阶段的思考探究，需要教师储备一定的教育教学理论，能够借助理论抽取讨论的主题，而且能够认识到自身理论储备的局限，拓展理论学习的广度以更有力地解释问题，建构新的概念，依赖学理探索解决问题的可能路径；问题解决阶段的观察分析，教师要聚焦原始问题的解决，边实践边思辨，逐步探寻解决问题的合理方法，进而抽象出新的概念（原理性概念或个人化概念），并将之运用于新的教学实践。

一位小学语文教师第一次执教《祖国在我心间》，先给学生范读一遍课文，然后指定一名学生朗读课文。学生将“若问”的“若”读成了“nuò”，将“因为”的“为”读成了“wéi”，教师马上纠正他的错误，重点强调了“若”和“为”的正确读音。然后，又请另一名学生朗读课文，这名学生又一次把“若”读成了“nuò”，把“为”读成了“wéi”。整节课，共有五位学生朗读课文，都没有准确读出这两个字的正确读音。教师追问出现这种现象的原因，认识到这两个词语第一次在课堂出现的时候没有采用合理的教学策略进行正面的强化训练，学生听读时没有注意到这两个词语的正确发音，日常生活中的错误读音先入为主，教师的匡正未能发挥积极的引领作用。根据反思和归因，“有意注意”和“无意注意”的合理转化成为解决问题的理论支撑，教师据此开展理性实践。第二次执教，范读时教师着力强调“若问”“因为”这两个词语的正确读音，引发学生的有意注意，让学生跟读相关词、句——“若问”，“若问我眼力为什么这样好？”“因为”，“因为祖国时时在我心间。”同时在课件上将句子中的这两个字标红，并呈现出拼音。重读、带读、注音三个教学策略的应用均聚焦于“若”和“为”的读音，重读的目的是引导学生关注正确读音，带读的目的是帮助学生掌握正确读音。为这两个字注音的目的是将“听”转为“看”，起到强化作用。教师根据认知方式调整教学策略，引领学生的注意力，强化学生的记忆。接下来，再请几位学生朗读课文，没有学生在这两个字的读音上出现错误。

撰写上述案例，基本结构可以为：叙述教学背景——描述第一次执教经历——呈现反思、归因过程——阐释解决问题的经验或学理支撑——描述第二次执教经历——第二次反思（证明所用经验或学理的合理性）。

（二）援引典型课例验证教学观念

这类教学案例的作者已经有了自己对教学的认识，形成了某种教学观念，援引案例旨在验证自己秉持的理念或某种理论观点。案例中的课例类似论说类文本中的论据，论据需要有说服力，因此，教学案例的作者大多援引多位名家课例或选择典型课例以增强说服力。

例如《“同课异构”背景下童话人文性探析》①，选择王崧舟、盛新凤两位老师的课例《去年的树》作为例证阐述观点：童话的人文性对于优化学生的精神世界，培养其健全人格和品质起着积极的作用，教学中应采用不同方式着力实现童话的人文性。作者先从童话文本人文性的角度解读

---

① 胡慧晶，李学斌.“同课异构”背景下童话人文性探析［J］. 基础教育研究，2021（22）：61-63.

《去年的树》，意在对照两节课例的教学内容，用课例的教学内容验证对文本人文性的认识；进而描述两个课例实现人文性的过程，意在说明名师教学设计指向人文性的实现；最后提炼诗意教学、对话教学等实现人文性的途径，以期借助名师课例提炼出在教学中落实童话人文性的一般规律。

又如《阅读教学该倡导怎样的读者意识？——由小学、初中、高中的〈背影〉同课异构说起》①，作者认为：倡导读者意识，应植根于课程标准，不应忽视文本意识，应该尊重作者意识。首先对照不同学段课程标准的要求与三节课的教学目标，得出结论，三位教师“基本都遵循着不同阶段课程标准的要求，能把握不同阶段的学情，合理设置教学目标”；接着描述三位教师的教学过程以说明“三位执教老师都注重培养学生的读者意识，且心中存有文本意识，能立足《背影》的特点来确定阅读重点，凸显散文教学中‘我’的形象。在教学中能基于文本设置问题，揭示文本的主旨”；最后，提出尊重作者意识“最好的方法是还原语境，走进文本与作者深度对话”，并按照这个标准分析讨论三节课中作者意识的落实情况。作者带着既有的教学观念观察、分析课例，课例成为验证其观点的“论据”。

（三）多角度对比教学观念的异同

在对比教学观念类的教学案例中，用“同课异构”对比阐释的案例值得关注。这类案例通常选择同样的教学篇目，通过执教教师在教学内容、教学目标、教学过程、教学活动、教学评价等方面的异同，对比不同的教学观点，提炼语文教学中值得关注、追问的关键问题，引发讨论及持续探索。

有些杂志设有“三人教”栏目，有些杂志设有“镜头”栏目，选择同一篇课文，呈现三位或四位老师的教学过程，请一位教师选择角度评析三个课例，讨论语文教学值得关注与探索的问题。这类文章可视为集体创

---

① 刘春文. 阅读教学该倡导怎样的读者意识？——由小学、初中、高中的《背影》同课异构说起［J］. 语文建设，2011（Z1）：45-48.

作的教学案例，比较分析的目的在于解决语文教学中的热点、难点问题，倡导新理念、新策略。

将教学案例细致划分为不同类别，目的在于拓展思路，语文教师可以根据自己的教学积累选择分析视角与呈现方式。

第二节　教学案例撰写过程示例

要点提示

● 各种类型的教学案例均需包括背景、主题、过程（教学细节）、评析几个内容要素。各内容要素务必有机融合，不需要做严格的板块切分，也不存在必须遵循的写作顺序。

● 教学案例的写作重点，在于呈现教学案例的基本内容要素，根据写作方向确定了基本内容要素，结构体式可以根据自己的写作风格调整。

叙述教学过程、阐释教学主张、追问教学观念主要从教学案例的分析视角与写作内容上进行分类。作为一种教学成果类型，教学案例还有规定性的结构要求与语言使用要求。各种类型的教学案例均需包括背景、主题、过程（教学细节）、评析几个内容要素，陈述教学过程的案例可能采用夹叙夹议的表达方式，但依然包含上述基本要素。在撰写过程中，各内容要素有机融合，不需要做严格的板块切分，也不存在必须遵循的写作顺序。教学案例内容要素及其关系如图 3-1 所示。

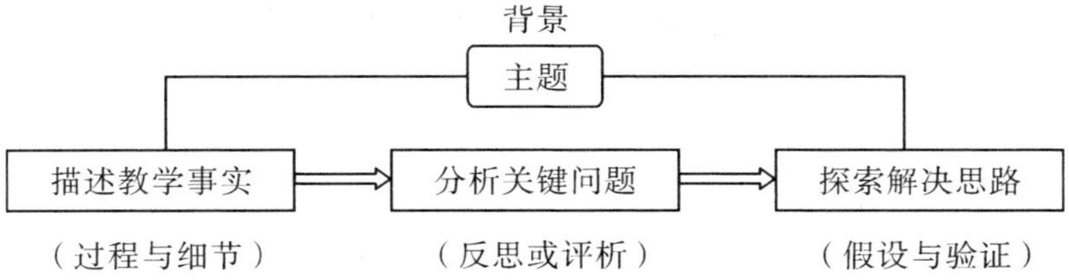

图 3-1　教学案例的基本要素

教学案例通常有一个讨论话题，从话题中提炼出一个写作主题，主题统摄描述、阐释与探索，贯穿整个行文过程。一般在开头部分交代教学背景，然后围绕主题顺次描述教学中的重要事实，阐释教学事实存在的问题及问题产生的原因，探索解决问题的思路，有些案例还会呈现解决问题的过程，以证实解决思路合理、可操作。背景的陈述重在体现教学案例的真实性，表现其在真实教学场景中真实发生。主题的提炼凸显教学案例的价值，主题带有倾向性，倾向教育教学变革的方向和要求；体现规律性，符合教育教学的基本原理；切入角一般比较小，能够凭借有限的教学事实深入挖掘。教学案例常讨论典型的教学事实，其中存在的问题具有一定的普遍性，对教学事实的描述、阐释和探索对他人有借鉴价值，能够引发更多的思考。

基本要素可视为教学案例写作的资料框架或思考角度，具体呈现形式可以充分发挥作者的个性化特点。下面以统编版初中语文教材七年级（上）《走一步，再走一步》的教学为例，呈现不同类型教学案例的撰写过程。

一、叙述：我的教学思路

按照《学情导向的课文教学价值重构——我教〈走一步，再走一步〉》的思路撰写教学案例，具体写作过程如下。（为方便阅读，下面将文章内容和写作时的思考区分字体呈现。）

学情导向的课文教学价值重构

——我教《走一步，再走一步》

【本文标题是整理教学过程之后提炼的，跟教学事实的主题指向密切相关；也可以整理教学事实后先确定标题，根据标题的关键词构建文本内容，围绕“学情导向”“课文教学价值”讨论教学事实。】

《走一步，再走一步》是统编版初中语文教科书七年级（上）第四单元的自读课文，课文主体内容是“我”从一次童年经历中提炼出指导我未来发展的人生经验，采用叙事中表现情感，叙事后升华认识的结构布局。我受邀在一所北京名校做教学示范，从哪个角度选择教学内容才能满足学生的学习需求，促进学生语文学科核心素养的整体提升，是我最为关注的问题。【简要交代教学背景】

第四单元的选文都是关于人生的，体裁丰富、形式多样，意在引导学生初步思考人生问题，学会规划人生，珍爱生命。根据教材单元说明、课文旁批与课后练习，本课的教学目标可以确定为：整体把握主要内容，梳理“我”的情感变化历程，联系生活经验总结受到的启示。三条目标分处于不同的能力水平，为了解学生的真实需求，我课前按照三个层级设计了安置性评价工具。一是请学生朗读课文，随机选出的3位学生没有出现任何字音错误，语气语调把握准确，朗读人物语言有角色意识且能够准确表现人物特点；能根据情节发展安排停顿。朗读表现出学生对课文内容、人物形象、主题思想的整体感知完整、清晰。二是请学生圈画课文表现“我”心理变化的语句，概括我的心路历程。90%的学生不仅能够圈画出直接表现“我”心理的语句，还能关注到人物语言和动作中暗示的心理，其中一份学生的作业如下。

原文	心理变化历程
我犹豫了。我渴望像他们一样勇敢和活跃，但是在过去的八年中……	犹豫
“我来了！”我喊道，然后跟在他们后面跑。	勇敢
但是对我来说，这是严禁和不可能的化身。	畏惧
我犹豫不决，直到其他孩子都爬到了上面，这才开始……	犹豫
不知何时，我回头向下看了一眼，然后吓坏了：……	畏惧
我努力向他们爬过去。……我偷偷地抓住背后的岩石。	畏惧
“喂，等等我。”我哑着嗓子说。	畏惧
我往下看，感到阵阵眩晕；一股无名的力量好像正在逼迫我掉下去。	畏惧

续 表

原文	心理变化历程
我趴在岩石上，神情恍惚，害怕和疲劳已经让我麻木。	麻木
“不，我不行！太远了，太困难了！我做不到！”我怒吼着。	生气
这看起来我能做到。	平静
我有了一种巨大的成就感和类似一种骄傲的感觉。	自豪

完成这项任务后，我跟学生交流：“你们是否有过类似的经历，当时的情感体验跟作者一样吗？”学生表示自己有过类似的经历及心理体验，结合自己的体验，觉得几处“畏惧”应该能够找到更准确的词语表现出畏惧逐渐加深的程度。可见，学生既能够梳理出课文的情节发展，也能梳理出情感变化，而且能够融入自己的情感体验，引领自己更细致、深入地阅读。

三是请学生在课文中选择一段话，改写这段话，呈现作者的人生经验。学生一致选择了课文的最后一段，改写思路大同小异：面对一个遥不可及的目标，或者一个令人畏惧的情境，提醒自己慢慢来，体会每一步的成就感，直到实现目标。

【设计安置性评价工具，旨在确定学生真实的学习需求，判断是否需要调整预设的教学目标。】

调研结果表明，教材设定的教学内容与目标不能满足这个班学生的需求，从课文教学价值分析的角度，《走一步，再走一步》更适合作为样本组织教学。样本的作用可以指向阅读方法，也可以指向写作方法，如果不能从阅读方法的角度发挥课文的教学价值，可以尝试从写作方法的角度设计教学，发挥课文作为写作样本的功能。根据安置性评价的结果，我重新设计了教学目标：在阅读过程中建构这类文章的写作图式，能够运用图式写作自己的经历与经验。**【通过学情分析，依据学理调整教学内容的方向，设计对学生有挑战性的教学目标。】**

基于上述认识，我设计了如下的教学活动。**【描述教学过程，需要注**

意教学环节的连贯与单个学习活动的清晰表述，以便于其他老师借鉴。】

首先，重读《心田上的百合花开》，请学生对比这两个故事，按照在故事中的作用，将两篇文章的“段落群”对应起来。这项任务让学生觉得有趣，开头段和结尾段的对应关系很清晰，中间部分需要教师提示，有些“段落群”需要打乱文本的原有顺序，寻找其在内容上的对应关系。学生完成任务后，选择1~2份典型作业组织全班讨论。在师生讨论的过程中学生完成了两篇文章“段落群”的对应关系。**【这项任务关注学生对文本特点的体验。】**

其次，借助两篇文章“段落群”的对应关系，启发学生提取同类文章的“写作要素”，学生能够捕捉到“写作要素”的内涵，但不能用准确的词语表达自己的认识，大多使用开端、发展、高潮、结局等原有概念，我启发学生逐渐走向文学创作的概念：引子——目标——障碍——援助——结果——高潮。参与讨论的过程中，学生常表现出豁然开朗的感觉，不断补充自己熟悉的文章验证上述图式，比如《丑小鸭》《海的女儿》《一调芭蕉扇》等。**【这项任务关注学生对文本特点的抽象概括。】**

再次，围绕上述图式组织学生讨论情境和人物的设置，引领学生认识“障碍”的设置方法，对照课文和《心田上的百合花开》，学生在我的启发下逐步认识到障碍是情境，也是人物，“我”面前的小山，百合花生活的断崖在文中的作用相同，内德和野草、蜂蝶在文中的作用也相同。“援助”需要外力和内力的结合，杰里和爸爸，欣赏百合花的人们是外力，“我”和百合花的信念是内力。获得援助突破障碍以后的结局是美好的，要用获得美好的人生经验指导未来的生活，才能达到人生的高潮。探究设置障碍的角度，也是学生深入理解文本的过程，有些学生能够认识到——欣赏也可能成为继续前行的障碍，在良好的环境中坚守信念继续奋斗更加难能可贵。**【这项任务指向对文本图式内涵的细化理解。】**

最后，我请学生分享一个自己获得人生经验的故事，分别讨论引子、目标、障碍、援助、结局和高潮，在讨论过程中，学生认识到目标可以直接呈现也可以隐藏在行文过程中，障碍的设置需要关注情境和人物形象两个方面，既要设置影响目标达成的客观条件，还要设置阻滞目标达成的人物形象，以丰富文章内容。援助既可以从自己内心获得，用自己的精神力量支撑自己克服困难，清除障碍，达成目标；也可以从他人处获得，设置人物形象为自己提供物质的或精神的帮助。我们将集体讨论的结果整理成“人生经验分享类”写作工具表。**【这项任务旨在帮助学生建构新的认知图式】**

基本要素	内容要求	写作计划
引子	时间、地点、人物、事件	
目标	目的地、愿望、成果……	
障碍	设置阻碍目标达成的情境与人物	
援助	设置提供援助的人物，并明确援助类型	
结局	描述成功或失败的场景	
高潮	抽取人生经验或哲理，为自己照亮未来	

借助写作工具表，学生认识到文学作品真实与虚构的关系，能够从读者的角度思考如何让自己的故事具有吸引力，能够比较顺利地完成自己人生经验的文学化叙写，很多作品可圈可点。学生在完成写作任务后表达了自己的认识：以前的作文总是写不长，很大程度上是因为我们只写了真实的经历，没有设置表现真实的背景。

这节课成功的根本原因在于安置性评价工具的合理使用，评价分别指向单元教学要求的教学内容与教学目标，任务 1 指向整体感知，任务 2 指向情感体验，任务 3 指向主题提炼。学生能够准确地完成三个安置性评价任务，说明教学目标低于学生现有水平，需要换个角度或调整水平层级。从水平层级的角度来看，学生结合自身经验总结受到的启示，已经达到阅读认知的最高水平，即抽象拓展水平。换个角度，课文依然是样本，但不是阅读方法的样本而是写作过程的样本，帮助学生弄清楚这类文章是怎么写的，弄清楚文学技巧对主题表现的作用，认识到如何从生活的真实转化为文学的真实，学生确实有所收获。【结尾：阐释教学主张，提出未来教学此类课文的探索方向。】

从上述教学过程的主体内容来分析，主题可以确定为“安置性评价的教学指导意义”；从分析教学目标使用的理论来看，主题可以确定为“根据学情重新定位课文的教学价值”；从教学组织方式的特点来看，主题可以确定为“依托语言实践活动提升语文学科核心素养”。根据主题选择合适的标题，整个教学案例的撰写就相对完整了。确定主题和标题后，还可以增加一个帽段，简单阐述主题涉及的教育教学基本理论，帮助读者在主题的引领下目的明确地阅读教学案例。本文的标题为“学情导向的课文教学价值重构”，补充帽段的内容要围绕“学情导向”展开，如下所示。

新课程改革强调以学生发展为本，教学设计要从学生的角度出发，有效的学情分析能够为教师判断学生的学业水平，调整教学目标提供依据，有助于优化教学效果，促进学生发展。基于学情的教学价值重构，是根据预设的教学目标调研学情，根据学情重新组织教学内容，使之贴近学生发展目标，真正发挥教学价值。

二、阐释：课文教学价值

从阐述教学主张的角度，可以选择语文教材选文的基本类型作为基础理论，分类讨论《走一步，再走一步》教学内容的选择和教学目标的确定，提出综合课文教学价值和学情实际定位教学目标的主张。综合考虑课文教学价值和学生真实需求制定教学目标，本应是语文教学的基本要求，但在实际的语文教学中落实得并不理想，依然有重新提出、深入讨论的价值和必要。这种类型的教学案例的写作过程如下。

课文教学价值分析与教学内容选择

——以《走一步，再走一步》为例

【从题目设定能够看到文本的基本结构，梳理分析课文教学价值的基本理论，以《走一步，再走一步》为例说明分析与选择的过程，表达教学主张：科学的分析过程带来高质量的分析结果。】

“根据我们对中外语文教材的比较和研究，语文教材里的选文，大致可以鉴别出四种类型，即‘定篇’‘例文’‘样本’和‘用件’。”“如果说‘例文’的功能是使知识得以感性的显现，那么‘定篇’的功能便是‘彻底、清晰、明确地领会’作品；如果说‘例文’的功能发挥方式是偏于一隅的用法，那么‘定篇’则倾向于八面临风。”①“如果说‘定篇’的选文要求是经典，‘例文’的选文要求是足以例证知识，那么‘样本’的选择要求就是典型——它必须是从学生现在在读或将来要读的现实情境中的真实取样。”② 根据上述讨论，语文教材中的定篇需要含英咀华，感悟其美好；例文需要清晰呈现并建构语文知识；样本需要指向学生的阅读与鉴赏、梳理与探究、表达与交流等语文学习实践活动，形成程序性知识；用件需要帮助学生提取关键信息，在此基础上探究此类文本的表达方式。**【开头陈述基本理论，为后面的分析打基础。】**

《走一步，再走一步》不是文学史上的经典篇目，文本内容重在启示，重在精神引领，在篇章结构和语言表达上需要品味的内容并不多，即从文学表达的角度特别需要关注的内容不多。从语文知识的角

① 王荣生，倪文锦. 论语文教材中的“定篇”类型选文［J］. 全球教育展望，2002（01）：46-50.

② 王荣生. 语文教材中的“样本”类型与编撰策略［J］. 全球教育展望，2002，31（07）：66-70.

度来看，课文为翻译文章，其中的语法修辞知识并不典型，从汉语词法、句法、章法等角度来看，呈现的“共同的法则”和“共通的样式”也不典型。《走一步，再走一步》不是信息类文本，不能作为用件处理，根据课文教学价值的基本类型，其教学价值主要体现为“样本”，即帮助学生掌握语文学习的基本方法。样本的教学内容大多不是教材能够完全限定的，师生在互动交流过程中，需要不断明确学生需要哪些程序性知识，怎样凭借课文帮助学生建构程序性知识。**【依据基本理论，将《走一步，再走一步》的教学价值定位为样本，应据此选择教学内容、确定教学目标。】**

作为阅读方法的样本，《走一步，再走一步》在教学目标上可以设定为：梳理课文的主要情节；体验情节变化过程中的情感变化；概括课文总结的人生经验；联系自身生活，获得精神成长。这类课文符合散文“因实出虚，虚实相生”的特点，阅读时也需要先从叙述的基本事实出发，筛选关于情节和情感的主要信息，在此基础上利用课文原文对情节和情感形成解释，联系自身的过程也是做出评价、解决问题的过程。这四条目标指向学生阅读这类课文的基本程序，根据这样的目标定位，教学过程可以用以下四个学习活动呈现。

其一，朗读并概括主要内容。请学生朗读课文，在朗读过程中圈画出表示时间变化的词语；再次朗读课文，圈画出事情的起因、发展、高潮和结局。组织学生讨论课文的高潮在哪里，帮助学生认识情节的高潮和情感的高潮并不同步。

其二，梳理并体验情感变化。请学生标注出表现“我”情感的语句，并用一个词语概括，绘制“我”的情感曲线。

其三，提炼并表达人生经验。请学生在文中找到“我”最想用这篇文章跟读者分享的经验，撰写“我”的座右铭。

其四，认识“我”人生经验的普遍意义。请学生讲述自己听来的、看到的、经历的类似的故事，为“我”补充例证：如果作者就坐在你的对面，请你听完他的故事和感悟后，用“我同意你的看法”开头，向他讲述你听来的、看到的、经历的故事。

【将《走一步，再走一步》作为阅读方法的样本，用语文实践活动勾勒阅读推进的完整过程，帮助学生在此过程中习得方法、建构策略。】

作为写作方法的样本，《走一步，再走一步》的教学目标可以设定为：对照同类文章，分析写作内容的基本要素；深入分析课文，探究写作要素设置的基本方法，用图式呈现探究结果；参照写作图式，联系自身生活体验，尝试撰写同类文章。教学活动可以设置为以下四个。

其一，还原“写作手记”。阅读课文，尝试还原作者的写作过程：核心情节，背景设置，人物设定，主题提炼。用思维导图的形式呈现作者的“写作手记”。

其二，提取“写作图式”。教师按照“引子——目标——障碍——环节——结局——高潮”等要素分析课文，请学生根据自己的理解提取、构建写作图式。

其三，回顾“生活经历”。联系自身生活实际，按照基本要素完成自己的写作提纲。

其四，讨论并修改提纲。集体展示写作提纲，选择一位合作伙伴，互相提出修改意见，在完善提纲的基础上撰写文章，全班投票选出优秀作品合成《讲述我的人生经验》作品集。

【将《走一步，再走一步》作为写作样本，帮助学生建构认知图式，在认知图式的引领下选择写作内容，形成写作提纲，完成写作过程。作品结集的过程也是学生审视自己和他人作品的过程，学生在这一过程中对照反思，发现自己写作的生长点以及人生经验的生长点。】

同样作为样本，从阅读方法和写作方法的角度可以选择的教学内容与教学过程差异比较大。也可以将两个角度的教学内容整合起来，采用读写结合的思路设计学习过程，将阅读作为写作的基础，在阅读过程中侧重强调文本结构特点和作者的构思方式，为写作实践奠定基础。在具体的教学情境中，如何选择《走一步，再走一步》的教学内容，需要根据学生发展的实际需求来确定，不能一概而论，也不能单纯采取增量思维，将一篇自读课文的教学内容增加到不合理的程度。【从教学探索的角度提出第三种可能性，再次重申选择教学内容的依据。】

需要说明的是，教学内容不一定完全遵照教材或教参的规定，教师使用教材存在忠实、调适和创生三种取向。“忠实取向主要侧重统编教材内容的科学性和权威性，这是统编教材使用的效益问题。不言而喻，中小学教材不是个人学术专著，尤其是统编教材，它体现的是国家意志，而不是个人行为。因此，在统编教材使用过程中不能夹带自己的观点，不能随意地或想当然地增加与统编教材无关的东西，不能破坏统编教材的权威性……调适取向和创生取向主要侧重统编教材内容使用的方式和方法。统编教材使用是‘使用有法，但无定法，贵在得法’，教师在忠实执教统编教材内容的前提下，可以不拘泥于教材编写的模式与内容呈现方式，根据不同的学生群体和不同的教学环境等，对教材内容呈现和使用的方式方法进行适当的调适和创生。”① 在充分分析教材的基础上，采用调适取向以满足学生发展需求，这是科学的教学探索。【换个角度展开讨论，增加评析内容的严密性。】

三、追问：他们为什么这样教

收集典型案例是撰写追问教学观点类教学案例的基础，典型性体现为时代特点的典型性与个人风格的典型性两个方面，通过前者能够透视语文

① 刘启迪. 新时代我国统编教材的使用方略研究［J］. 当代教育科学，2020（08）：23-27.

教学纵向的发展变化，关注后者能够比较不同风格的教师教学观念的异同。下面选择余映潮、肖培东、金戈和黄心怡执教的三堂《走一步，再走一步》，呈现这类教学案例的撰写过程。

跨越十年的三节课

——《走一步，再走一步》教学课例分析

【题目标识出教学案例的写作特点与结构方式：分别陈述三节课，从时间跨度分析变化，从个体风格对比异同。】

《走一步，再走一步》是语文教材的保留篇目，从2010年到2021年，这篇课文的教学发生了怎样的变化，下面选取《走一步，再走一步；一直向前走——〈走一步，再走一步〉课堂实录》① 《我们都要学会提醒自己——〈走一步，再走一步〉课堂实录》② 《〈走一步，再走一步〉教学实录》③ 三个课例讨论分析。**【在10年的时间跨度中选择三个典型课例作为分析蓝本。下面要分别叙述三节课的教学过程，叙述过程凸显教学关键环节。】**

《走一步，再走一步；一直向前走——〈走一步，再走一步〉课堂实录》是余映潮老师2010年执教的，是一节新授课。整节课分为“读一读”“说一说”“品一品”“背一背”四个板块，其中“读一读”要求学生先集中朗读课文中的词语，再把词语带回课文中朗读。“说一说”请学生从不同角度读说说《走一步，再走一步》是一篇怎样的文章，并把自己的想法批注在课文上，做好交流准备。学生在交

---

① 余映潮，赵海艳. 走一步，再走一步；一直向前走——《走一步，再走一步》课堂实录［J］. 中学语文，2011（10）：39-43.

② 肖培东. 我们都要学会提醒自己——《走一步，再走一步》教学实录［J］. 中学语文教学参考，2018（26）：13-17.

③ 金戈，黄心怡. 《走一步，再走一步》教学实录［J］. 语文教学通讯，2021（02）：25-28.

流环节呈现的观点涉及借故事讲道理，童年经历中的感受和道理，鼓励大家不怕挫折、勇敢向前，怎样走向成功，作者写作时带着自豪的心理，文章的文体是小说，父亲引导孩子成功等多个方面。余老师在学生发言的基础上借助课件总结：抒写“我”童年故事的记叙文——回忆性；先叙事再叙感、层次分明的文章——清晰性；基本上由“细节”构成的文章——生动性；叙事的部分写得波澜起伏的文章——曲折性；通过一件小事表现多个人的文章——艺术性；通过一件事表达生活感悟的文章——深刻性。“品一品”之前余老师要求学生集体朗读一遍课文，再带着“距离感（文中父亲和“我”的空间距离）”朗读一遍课文。“品一品”主要针对课文的第14至22段，请学生说出这部分的精彩之处，学生发言包括环境描写、语言描写、细节描写、心理描写、动作描写等多个方面，涉及“啜泣”“慢慢”“这似乎能办到”和“我能办到”等具体词句的分析。余老师再次借助课件总结：精彩在用顺序的手法记叙故事的发展，脉络清楚，层次分明；精彩在于暮色苍茫的场景中表现人物；精彩在心理感受的描写贯穿“始终”；精彩在语言的描写成功地表现了父亲的形象；精彩在每一处的细节描写都非常生动；精彩在仅仅只用一笔就表现了杰利的形象；精彩在文章由众多的小段组成；精彩在用“经历”一词简洁地概括了整个故事。其中的“小段”指余老师提示学生关注“父亲是杰利带来的”，分析插说塑造人物的作用；“经历”指余老师将课文中的“经验”换成了原文中的“经历”。“背一背”要求学生当堂背诵课文最后一段，余老师点出“岩石就不是真正的岩石了”，启发学生思考主题的拓展意义。**【用“总——分——总”的思路概括描述，帮助读者整体把握课例结构，了解教学的具体过程。】**

《我们都要学会提醒自己——〈走一步，再走一步〉课堂实录》是肖培东老师参加全国真语文系列活动成都武侯站的研讨课，是一节重读课，整节课分为“温故”和“知新”两个阶段。“温故”设置两个问题组织学生交流：学习之后获得了哪些阅读信息；关于文章内容，能想到什么。“知新”分为三部分“心路”“脱困”和“启迪”。第一部分要求学生先画出表现“我”在悬崖上紧张害怕的具体词语，组织交流讨论的过程中提醒学生注意那些不易察觉的词语、标点表达出的心理。第二部分包括两个关键问题：父亲帮助“我”脱困的方式是什么；帮助“我”脱困的只有父亲吗？组织交流讨论的过程中提醒学生关注人物对话的不同语气，以及标点符号表情达意的辅助作用。第三部分设置情境，请学生将“我”转换为父亲、母亲、杰利、离开的小伙伴，选择其中一个角色，用“我提醒自己”说一句话。**【依然采用“总——分——总”的思路，描述过程中突出了肖老师和余老师不同的部分。】**

《〈走一步，再走一步〉教学实录》是金戈老师指导，黄心怡老师执教的研究课，研究重点是自读课文的教学。金戈老师的点评明确了他们的探索方向：“第一，创设合理的教学情境，激发学生自主阅读的兴趣；第二，设计恰切的任务驱动型问题，引导学生带着任务完成自读；第三，提供有效的学习支架，引导学生用好注释。”① 教学模仿《朗读者》节目设置心灵回忆厅、心灵品悟厅、心灵演读厅、心灵守望厅四个情境，教师模拟朗读者主持人，用主持词的形式呈现学习任务，四个情境分别要求学生讲述心灵故事、体会人物心理、再现心灵重建、感悟心灵成长。课堂总结活动要求学生撰写本期节目的主题词。**【本节课是教研员和教师合作的研究课，有明确的研究目的和方向，直接呈现研究者的主张，能够帮助读者带着观点观察教学过程。《朗读者》广为人知，金老师的点评列举了支架的基本类型，因此可以省略教师组织教学的具体过程，单纯呈现情境、任务。】**

三节课教学内容的共同之处在于淡化情节、凸显心理，关注语言

---

① 金戈. 以情境、任务、支架，架构自读课教学［J］. 语文教学通讯，2021（02）：28-30.

的细致品味，强调课文主题的指导意义。余老师和肖老师均没有将情节梳理作为相对独立的教学环节，黄老师将其作为“引子”，专设了教学活动，但并未做细致指导，说明三位教师共同认为不同地域（武汉、成都、杭州）的学生均能够自主梳理情节，这符合大多数七年级学生阅读能力发展的实际。余老师将语言品味设置为专门的板块，侧重鉴赏表现心理变化的语言；肖老师和黄老师均将其融入教学活动之中，选择学生未能读深透的语言点拨、提示。对于课文主题的处理，余老师采用背诵加点拨的方式，就课文说课文，简单直接；肖老师启发学生多角度探索课文主题，如脱困的外因和内因，提示学生关注不同角色阅读文章的不同收获，注重课文价值的延展性；黄老师借助拓展阅读帮助学生理解主题对“我”未来的影响，强调主题的深刻意义。**【用具体的教学行为说明三节课教学内容的“大同小异”。】**

在教学组织形式上，三节课的教学方法体现出的教学观念有比较大的差异。余老师跟着学生走，基于学生原有经验实现知识建构，两个主要教学环节采用的都是先分后总，先碎片后整体的思路，学生在问题的引领下发表不同的感受和认识，从不同角度展开欣赏与评价，借助老师的总结在分析文本整体特点和品味语言的基本角度两个方面形成相对完整的认识。肖老师的教学是带着学生走，立足词语品析引导学生拓展阅读发现的角度，设计语言实践活动启发学生多角度探究文本的主题和思想价值，品味语言和思维训练有机融合，教学的重心在于推动学生思维能力的提升和思维品质的提高。黄老师的教学是陪着学生走，教学思路体现为依托情境的体验、发现与建构，学生在学习情境中产生解决问题的愿望，在完成任务的过程中体验作者的情感、发现作者的变化，建构对文本主题的认识。余老师主要通过师生对话推动学习进程，肖老师在师生对话的基础上增加了语言实践活动，黄老师整合社会生活情境与学科认知情境设计活动，推动学生自主实践。**【分别陈述三位教师的教学观念，为描述变革过程奠定**

基础。】

从纵向发展来看，三位老师代表了语文教育变革三个阶段的基本取向：知识为纲、能力为纲、核心素养为纲。余老师关注学生语文知识的建构，包括概念性知识、事实性知识和程序性知识。肖老师更为关注能力训练，教学活动指向学生阅读能力与写作能力的综合发展。黄老师的教学体现出综合性、实践性的特点，学生通过真实的角色体验，实现了语言、情感、思想的整体发展。这种差异体现出三位教师语文教学观念的时代性。【从纵向发展的角度，探讨变革取向对语文教学的影响。】

需要补充说明的是，三位教师的教学功底很好，教学过程中的个性风格鲜明，余老师板块式教学的范式，肖老师“立足对话，浅浅教学”的理念，黄老师任务设计的思路，这是跨越几个十年也无法磨灭的印记。【讨论代表性，补充说明教学风格的典型性。】

教学案例中的事实，可以用不同的方式呈现，如果需要从整体上分析讨论，一般采用教学简案的形式，如果只需要从局部说明，可以采用转述或实录（片段）的形式，只有极少数教学案例采用完整实录加点评的形式。用同一篇课文呈现教学案例的不同写法，并非要固化写作模式，重点在于呈现教学案例的基本内容要素，根据写作方向确定了基本内容要素，结构体式可以根据自己的写作风格调整。在我个人看来，教学案例与其说是写出来的，不如说是做出来的，持续探索敢于实践，在实践中发现问题、生发感悟，是教学案例写作的重要基础。

第三节　分析教学行为的理论视角

要点提示

● 教学案例的分析角度要尽量切中教学事实，能够准确分析关键事件，细小、实在、新颖的角度更容易引发关注与思考。

● 语文教学案例的分析角度可以大致分为汉语言文学基础理论、教育教学基本原理和课程文件相关要求三类。

● 借助汉语言文学的基础理论，能够发现教师从文本中读出（未读出）什么，为什么读出（未读出）来，可以分析教师文本解读的正确与否、深入与否，能够洞悉课堂教学质量背后的教师功底。

● 撰写语文教学案例，通常会侧重讨论如何应用教育教学基本原理解决语文教学的具体问题。教师需要具备一定的教育理论水平，能够从多个理论视角审视教学现场，提取关键事实，确定切合的分析视角。

● 从课程标准角度分析教学内容，讨论重点为教学是否符合课程标准的相关规定或要求，尤其要关注学业质量要求。

分析、阐释、讨论是教学案例的重要组成部分，其作用在于化隐为显，揭示隐藏在教学事件背后的观念、思想、规律，从理性分析的视角呈现教学案例的意义和价值。理论分析的角度很多，从大的学科门类来看，如人类学、教育学、心理学、社会学，文学史、语言学、文字学等。同一个教学案例有不同的分析角度，角度和深度体现着作者的学术视野和学术功底，在某种程度上可以说教学案例的质量取决于作者的分析水平。教学案例的分析角度要尽量切中教学事实，能够准确分析关键事件，细小、实在、新颖的角度更容易引发关注与思考。

受到专业知识结构的影响，大多数语文教师的理论视角有待开拓。整体来说，语文教学案例的分析角度可以大致分为汉语言文学基础理论、教育教学基本原理和课程文件相关要求三类，下面分别结合具体的教学事实展开讨论。需要说明的是，分析语文教学现象的理论视角可列举不可穷尽，拆分上述角度意在提供思路，老师们可以沿着这些方向寻找适切的分析视角。另外，寻找理论分析教学现象的过程也是老师们加强理论学习的过程，而理论积累是教师突破专业发展高原期的有效策略。

一、汉语言文学基础理论

选择汉语言文学基础理论分析教学现象，大多侧重教师文本解读的关注点以及教学达到的解读深度，即借助汉语言文学基础理论分析教师应该关注却没有关注的内容，应该深入挖掘却没有深入挖掘的文字。换个角度，也可以分析教师关注或深入挖掘的内容，以为其他教师深入解读文本、精准选择教学内容提供借鉴。

教学《开满鲜花的小路》，教师组织学生朗读课文，复述课文的主要情节，分角色朗读体验不同角色的情感，学生能够感受到鼹鼠先生情感的变化，能够使用好奇、迷惑、奇怪、惊喜等词语表达自己对鼹鼠先生情感的理解，能够在教师的指导下尝试读出句号、问号和感叹号表现情感的差异。教学过程完整，学生情绪饱满，各项学习活动沿着教师指导（要求）、学生表现的方式顺利推进，学生没有在学习进程中遇到障碍。课堂表现说明教师提供的教学内容与学生现有水平一致甚至低于学生现有水平，解决这一问题应从教师的文本解读入手，分析阐释如下。

从文本解读的角度拓展《开满鲜花的小路》的教学内容，可以借助童话结构的“空筐”特点。童话文本不是文学活动的终点，文本中存在很多“未定点”和“空白点”，需要读者利用想象力和创造力赋予文本个性化的确定意义。作者在创作过程中设定了“隐含的读者”，使用描述性语言为读者预留了可供补充的空间。文本的潜能与价值在读者的接收活动中逐步实现，读者与作者共同生产与创作，读者不只是鉴赏者、批评者，同时也是创作者。

在《开满鲜花的小路》中，“未定点”包括但不限于邮递员黄狗、长颈鹿大叔、鼹鼠先生、松鼠太太、刺猬太太、狐狸太太、小松鼠、小刺猬和小狐狸等形象的构建，在不同的学生心中，他们可能穿着不同款式、颜色的衣服，有着不同的神情与动作以及说话时的不同眼神和腔调；包括但不限于包裹，摩托车，小颗粒的形状、颜色、体积等事物的基本特点；包括但不限于邮局、鼹鼠家、松鼠家、刺猬家、狐狸家的房屋造型和色彩体现出的建筑风格。“空白点”包括但不限于长颈鹿大叔寄包裹的原因，鼹鼠先生“很懊恼”之后的所作所为与所思所想，春天来临前大家的生活状态，鲜花开放后大家生活状态的改变，以及鼹鼠先生知道礼物是花籽后跟长颈鹿大叔的对话。

在“空筐”理论的引导下，教师自觉探寻课文中的未定点和空白点，能够在这些内容的指引下设计更为丰富、对二年级学生更具挑战性的学习任务。例如，请学生选择自己最感兴趣的角色，口头描述他们的形象。请学生补充鼹鼠先生和松鼠太太的对话，课文中两者的第一次对话直接呈现了鼹鼠先生的语言，转述了松鼠太太的回答；第二次对话直接呈现了松鼠太太的语言，省略了鼹鼠先生的回应。请学生在收到包裹以后或者看到鲜花以后两种场景中选择一种，以鼹鼠的身份给长颈鹿大叔打个电话。请学生根据自己的想象口头描述那条开满鲜花的小路，想象小刺猬、小松鼠、小狐狸在那条小路上做什么，他们的心情如何。如此，学生在教师的引领下，接收课文更为丰富的信息，完成了更具挑战性的任务，体验“二度创作”的收获感与成就感。

教学统编版高中语文必修（上）“词语积累与词语解释”，教师首先要认识到把握古今词义的联系与区别，应当采用串联引申义列的方式。“从本义和引申义的角度看，古义与今义不过是同一链条上的不同环节而已。”① 词义的引申义列既能够呈现同一词不同义项之间的差异现象，又能够呈现义项之间的关联关系，是词汇语义研究者根据一定的逻辑建构出的词义发展脉络。参照上述理论观点，将教学活动分为聚合语料、归纳词义、串联义列三项，在此过程中解释词义的扩大、缩小和转移。撰写教学案例可以先具体说明教学过程再补充解释教学主张。

学术研究领域引申义列的整理大多求全求整，高中语文教学中串联引申义列可以只选取其中的一段引申链条。学习初期应当以局部串联为主，随着学习的深入，可以逐步将局部的引申义列整合归并，形成更为全面、细致的引申义列。

在串联词义引申义列的过程中，还可以将教材提及的词义“扩大”“缩小”“转移”理论整合进来。该理论是十九世纪德国语言学家赫尔曼·保罗首先提出的，属于词义变化的逻辑分类法。这种分类法在世界各国传播广泛，适用度较广，在使用时需要注意：“扩大”“缩小”“转移”多针对的是某词中两个义项，只有两两比较，“扩大”“缩小”“转移”才有意义。就同一词的词义发展历程来看，这几种词义变化模式有时会综合体现。如“河”本指黄河，后经词义的扩大，“河”可作为河流的通称，如内河、运河等。又因夜晚天空中银白色的光带与“河”有着类似的形象特征，所以古人又称此星星组成的光带为“天河”“星河”“银河”等。从“河流”义到“银河”义的发展，则属于词义的“缩小”。这个义项在许多诗词中都有体现。如谢朓《暂使下都夜发新林至京邑赠西府同僚》：“秋河曙耿耿，寒渚夜苍苍。”又如李贺《画角东城》：“河转曙萧萧，鸦飞睥睨高。”其

① 王宁. 古代汉语［M］. 北京：高等教育出版社，2012：119.

中的“河”就均指银河。又如“脚”字，在上古汉语中表示小腿，到了东汉魏晋之交才产生出“足”义。这一发展历程便是词义的“转移”。由人之脚逐步扩展到指代物体的下端，如山脚、墙脚，则属于词义的“扩大”。

概言之，词义“扩大”“缩小”“转移”可以在梳理词义引申义列之后，进行义项之间两两比较时使用。如此，学生能够比较清晰地认识到这些概念的具体使用范围，正确认识概念之间的关联与分工。

无论是串联词义引申义列，还是分析词义的“扩大”“缩小”“转移”，都要着眼于不同词义的关联关系。词义以零散的形式呈现时，学生容易被一词多义的繁多和复杂困扰。学生在教师引导下挖掘规律、梳理脉络，从“知其然”走向“知其所以然”，从“不求甚解”走向“求其解”，记忆的难度因理解而降低。①

教学《永遇乐·京口北固亭怀古》，教师要努力帮助学生突破对“豪放派”的标签式理解，打通特定的历史和现实空间，理解作者的心境；努力帮助学生探究文学规律，思考历史发展的规律。借助字句分析还原创作情境与创作过程，是实现文本细读、深度解读、思辨性阅读的有效方法。

“千古江山”，起笔恢宏豪迈；“英雄”承“江山”，调子持续走高，“英雄无觅，孙仲谋处”高起后瞬间低落；“舞榭歌台，风流总被，雨打风吹去”，不仅找不到英雄，而且找不到英雄留下的盛景，只能想象当年的歌舞升平，调子持续走低。低落之后的再次起笔相对平稳，“斜阳草树，寻常巷陌，人道寄奴曾住”，作为“词中之龙”，辛弃疾如何耐得住这样的平稳？“想当年，金戈铁马，气吞万里如虎”，调门突然升高，雄沉的句子酣畅淋漓地表现出对刘裕的赞美，

① 白如，吴欣歆. 由今探古　循古知今——“词语积累与词语解释”教学举隅［J］. 语文建设，2021（19）：14-18.

> 表现出对金戈铁马的向往。这句的高亢，似乎用尽了词人的气力，下阕的调子一路沉下去：刘义隆的“仓皇北顾”，自己引以为傲但一去不返的“烽火扬州路”，不堪回首的“神鸦社鼓”……最后，词人拼尽力气——“凭谁问：廉颇老矣，尚能饭否?”他渴望的答案当然是“能”，但他清清楚楚地看到了自己和廉颇一样的处境。彼时彼刻，距离辛弃疾去世还有两年，无论如何不能再次踏上“烽火扬州路”了，一代英雄，只能唱响传世的悲歌。黄昏时分，站在亭上的辛弃疾，贴着京口的历史想起很多人，望着长江两岸想起很多事，这些人和事隐藏着他向往的生活和万丈的豪情，隐藏着他经历的磨难和隐忍的悲怆，那种超越时空的无力感，蕴蓄着巨大的精神力量。①

《复活（节选）》的主体内容可以概括为“过去”与“现在”的较量：聂赫留朵夫的过去与现在，玛丝洛娃的过去与现在，两者关系的过去与现在。这种较量体现在多处细节之中，如玛丝洛娃“斜睨”的眼神、“震惊”与“媚笑”，聂赫留朵夫直接表达忏悔的语句，“铁栅栏”营造的空间距离与心理距离以及两者的变化。教师在学生讨论得比较充分之后提出“心灵辩证法”的概念，以此作为上述细节描写的理论标签，帮助学生认识托尔斯泰的创作特点。课文节选部分是否能体现“心灵辩证法”？需要回到这一理论的基本内涵展开讨论。

> “心灵辩证法”的突出特点是让人物描写具有独立性，即人物描写不只是刻画人物的手段，它还揭示了人物思想情感形成的隐秘过程，承担了完整展示人物精神世界的深刻艺术使命。从“心灵辩证法”这个视角来看，教材节选部分不是独立性强的典型片段。另外，“心灵辩证法”只是托尔斯泰创作的一个特征，“托尔斯泰前期内心独白所表现的不仅仅是‘心灵辩证法’内‘不规则’的意识活动，而

① 吴欣歆. 超越时空的无力感［J］. 语文学习，2021（02）：17-18.

且包括有条理的有序的意识流程。就其类型而言，大致有以下五种：自我剖析、感情波动、未来幻想、往事回忆和想象的对话”（王景生《托尔斯泰前期叙事中的内心独白——兼谈“心灵辩证法”的理解问题》），这些表现手法在课文中是否有所体现？在高中阶段，不引入“心灵辩证法”的概念也许更有利于学生在文学阅读过程中依托个人体验有更多的阅读发现。①

借助汉语言文学的基础理论，能够发现教师从文本中读出（未读出）什么，为什么读出（未读出）来，可以分析教师文本解读的正确与否、深入与否，能够洞悉课堂教学质量背后的教师功底。教师专业发展过程中有一种现象：参加教学比赛，参赛教师能够在团队的帮助下展示一节高水平的课堂，但下一次再参赛又回到原点，还需要借助团队智慧从头做起。这种“归零现象”大多与教师汉语言文学基础理论的储备直接相关，没有储备相关理论就无法借助理论分析教学事实，解决的办法有两种：即时性，求助理论基础好的同事或专家，共同分析教学事实，先把眼前的教学现象分析清楚；长期性，选择一个专业门类，深入研读 1—2 种基础理论专著，举一反三、触类旁通。前者是碎片化的积累，后者是系统性的学习，两者结合，让教学案例的撰写过程真正成为专业成长的过程。

二、教育教学基本原理

教育教学基础理论的研究范畴极为广泛，从分析语文教学案例的角度，可以重点关注学科教学价值的实现，教学过程中的教学目标、教学主体、教学过程、教学规律与原则、课程理论、教学组织形式、教学模式、教学方法与手段、教学环境、课堂管理、教学评价及教学艺术与风格，学生在学习过程中的体验、感受与收获，教师行为折射出的教学观、学生观、教材观和学习观等。教师需要具备一定的理论水平，能够从多个理论

① 吴欣歆．读出“过去”与“现在”的较量［J］．语文学习，2021（10）：17-18．

视角审视教学现场，提取关键事实，确定切合的分析视角。撰写语文教学案例，通常会侧重讨论如何应用教育教学基本原理解决语文教学的具体问题。

（一）教学目标的准确性

教学目标是教学的重中之重，观察语文课堂教学现场，需要关注目标定位的基本取向，目标水平与学生需求的契合度，教学活动与教学目标的一致性。

教学《说和做——记闻一多先生言行片段》，教师制定的教学目标是：学习本文围绕中心选材的方法；勾画文中的细节描写，理解细节描写的作用；勾画文中的议论抒情句，揣摩体味其含义和表达效果；感受闻一多先生的崇高品格和革命精神。课堂核心学习活动设计为：为闻一多先生设计“微信名片”，并阐明设计依据。学生在活动过程中的参与度比较高，学习进展顺利。在展示环节，学生能够提取课文相关信息作为设计依据，但微信名片的内容大多只体现闻一多先生的1—2个特点，没有联系全文中的细节描写，将细节描写与议论抒情的句子建立关系，未能从整体上认识闻一多先生的思想品质，教学活动与教学目标不一致。根据SOLO认知水平分级理论，本节课的教学目标处于联结水平，教学活动处于多元结构水平，学习活动所处的认知层级阻滞了教学目标的达成。教师能够联系学生日常生活的已有经验设计学习活动，期待学习活动能够引发学习兴趣，促进学生的积极参与。如果学习活动不能引领学生的认知水平提高，学生处于行为参与层面，有意义的学习难以真实发生。学生的原有经验已经达到了多元结构水平，教学应着力于帮助学生实现从多元结构向关联结构的发展，设计关联水平的学习活动，以实现认知水平的进阶。综上，本节课的学习活动可以调整为：制作《说和做——闻一多先生的言行片段》批注版。要求学生在教师提供的文本上，完成不同类型的批注：圈画，用波浪线画出课文的主要内容，用圆圈标注用得准确的动词；批注，解释有隐含意味的称谓用语，分析外貌描写的表达效果；评点，关注课文中“点评式”的句子，选择语句，写出认识与思考。这个活动的特点是“整”，学生多次行走在文本中，有助于获得完整的认识，在圈点批画的过程中意识到自己阅读的深入，完成三个层级的批注，学生能够体会到“因实出虚，虚实相生”的特点，在关注课文表达特点的同时感受到闻一多先生的品格与精神。调整后的学习活动，能够促进教学目标的达成。

上述教学案例，教师借助 SOLO 认知水平分级理论，发现了学习活动与教学目标不一致，进而借助这一理论重新设计了教学活动。教师乐于反思，敢于面对问题的精神是教学案例写作的基础，SOLO 理论既是解决问题的工具又是分析案例的视角。在呈现教学实践、发现问题、重新实践等教学事实之后，形成未来探索的方向。

学习活动与目标的一致性是活动设计首先要思考的问题，学习活动设计的过程应该为：确定目标——围绕目标选择教学内容——整合教学内容选择活动类型——依据活动设置情境——梳理活动过程设计分阶段任务。学习活动与学习目标并非一一对应关系，设计活动后，要对照目标要求的认知水平检验活动与目标的一致性。

（二）教学内容的合理性

内容、目标、过程与评价是分析教学的关键要素，其中教学内容与教学目标关联紧密，具体到语文教学，教师对文本体式的准确把握直接影响着教学内容选择的精准度。从文本体式特点出发分析教学内容是讨论语文教学案例的重要角度，基本观点为：合理的教学内容应该能够突出体现文本体式的独特性。

教学《蝉》，如果教师把课文作为典型的信息类文本组织学习活动，要求学生重点阅读蝉的地穴和卵，提取信息把握说明对象的特点，就未能体现《蝉》独特的文本体式特征。《蝉》具有例文和引子两种教学价值，作为例文，《蝉》是文艺性说明文的典型代表，可以帮助学生较为全面地了解文艺性说明文的基本特征；作为引子，《蝉》是《昆虫记》的代表性篇目，能够激发学生开启《昆虫记》的阅读。这是由课文自身特点和教材选编倾向决定的。教学方式可以八仙过海，教学内容一定要涉及法布尔观察与描写昆虫的特殊视角，关注文艺性说明文的独特面貌。

教学《我一生中的重要抉择》应关注演讲词的特点，老师在教学过程中重点分析了课文思想的深刻性、作者人格的感染力、使用手法的适切性、篇章结构的完整性、基本观点的正确性、论述过程的逻辑性等方面，这些是演讲词能够承载的教学内容，但不是体现演讲词突出特点和独特价值的教学内容。

演讲词是书面文章，但对口语化的要求较高，它和一般文章在表达方式上的主要差异在于现场感，读者不在演讲现场，阅读演讲词也能体验到演讲者积极与观众互动，努力调动观众情绪，带着观众跟自己的思维一起奔跑。现场感的强弱直接反映演讲者的受众意识，《我一生中的重要抉择》演讲效果好，源自王选对现场感的把握，源自他强烈的受众意识。首先，王选清楚受众期待。北大学生和王选面对面，他们更关心王选人生路上的关键节点，关注他面对关键事件的思想方法与选择方式。在演讲内容的选择上，王选着力于满足受众期待，看似平常的内容彰显宏大的格局。其次，王选熟悉受众心理。受众对演讲信息的接受、理解与认同是自主选择的过程，在内容上选择自己关心的，在话语方式上选择让自己开心的，在思想水平上选择让自己倾心的。面对一群大学生，王选没有端起架势严肃说教，而是选择自我调侃与自我解嘲，选择平易幽默风趣，依托话语方式实现了“零距离”的情感沟通。王选的风趣幽默是以真实、深刻为基础的，他用率真坦诚的姿态讲述自己抉择的背景、过程与结果，其中蕴含着时代精神、传统美德和人生哲理，引领听众思考人生、思考社会、思考情怀，促进他们认识的深化和精神的升华。最后，王选了解受众的知识背景。英特尔、苹果、雅虎、微软大名鼎鼎，为大学生广泛熟知，像弹幕般逐条闪过；卡文迪许实验室研究领域相对“冷门”，历数五代主任，如同一行行大事记。听众熟知的话不多说，听众陌生的不厌其烦，恰到好处地满足听众的需求。①

与其他课文相比，节选课文可视为特殊的体式。教学节选课文既要体现其独立的教学价值，还要关注其在整部作品中的地位和作用。

《屈原》(节选)的独立性强，情节设计、形象塑造和主题建构相对完整。靳尚和郑詹尹的对话设定了正邪双方激烈冲突的背景，尖锐的矛盾为屈原的大段独白积蓄了情感力量，做好了情节与情绪的铺垫。《雷电颂》情感炽烈且层次清晰：呼唤风雷电吹走灰尘、吹走沙石，冲动花草树木，带动洞庭、长江、东海翻波涌浪、大声咆哮；要求风雷电将他带到洞庭、长江与东海，带向灿烂的光明；期待风雷电“把包含着一切罪恶的黑暗烧毁”，在对鬼神的质问中，表达了一同炸裂的决心，表现出决不求饶的坚定。“被激起的情感的力量，它从人物的口中伴着炽热的语言的浪潮迸涌而出。在这种独白中，常常可以看到人物受着某种思想的战栗的、热烈的刺激，就是这种思想构成他的一切活动和他那肯于牺牲一切以达到自己目的的意志力之隐蔽的原动力。”(别林斯基《别林斯基论文学》，新文艺出版社 1958 年版，第

① 吴欣歆. 演讲词的突出特点与独特价值 [J]. 语文学习，2020 (06)：23-24.

51页）屈原的原动力是崇高的爱国精神，是他卓尔不群的坚硬独立的人格，屈原的内心独白凸显了形象的典型性。“他是为殉国而死，并非为失意而死。屈原是永远值得后人崇拜的一位伟大的诗人，他的对于国家民族的忠烈和创作的绚烂，真真是光芒万丈。中华民族的尊重正义，抗拒强暴的优秀精神，一直到现在都被他扶植着。”（郭沫若《郭沫若全集·文学编》第19卷，人民文学出版社1992年版，第23页）《屈原》诞生在中国和世界反法西斯战争最艰苦的年代，“群鬼百邪害死了忠良，损伤了民族的正义感，故而每一个人为自卫和卫人计，都须得齐心一意的来除去邪鬼”（郭沫若《郭沫若全集·文学编》第19卷，人民文学出版社1992年版，第85页）。《屈原》（节选）的主题比较突出地表现了《屈原》的主题。

节选课文的另一个教学价值在于建立跟原作的关联，帮助学生更好地理解文本，产生阅读原作的愿望。《屈原》可以引入教学，与《屈原》（节选）建立关联的内容很多，角度也丰富：引入《橘颂》，可以让学生感受到屈原的高洁品格，理解郭沫若的悲剧观“悲剧的戏剧价值不是在单纯地使人悲，而是在具体地激发起人们把悲愤情绪化而为力量”（郭沫若《郭沫若全集·文学编》第17卷，人民文学出版社1989年版，第257页）；引入《被囚》，可以让学生看到屈原不惜以生命为代价的进谏，看到《雷电颂》之前情感力量的集聚，看到屈原爱国精神的升华。①

（三）教学过程的科学性

教学过程是教学目标达成的有力支撑，观察课堂教学过程需要关注教学活动之间的关系，即教学活动的顺序与内在联结是否能够体现教学与学习的基本规律，由此可以分析教师对教学基本规律的认识。

---

① 吴欣歆．节选课文教学的独立性与关联性［J］．语文学习，2020（09）：22-23.

教学统编版六年级（上）《草原》，教学过程包括三项学习活动。其一，请学生在课文中圈画词句，“用文字拍照片”，如果将这张“照片”发到朋友圈，请用课文原文表达“此刻的感想”。其二，请学生选择主人或客人的身份，写一篇日记。其三，请学生根据课文信息向一位外国朋友介绍草原的待客礼节。

第一项学习活动旨在帮助学生关注课文中的景物描写，学生圈画文字的时候需要简单区分描写和抒情，认识到作者的情感是依托具体景物表现出来的，“此刻的感想”与选择的景物描写密切相关，通过这项活动学生能够看到作者描写了哪些景物，以及情和景的自然融合。第二项活动旨在帮助学生体验并表述文中人物的经历和感受，日记一般要记录发生的事情与自己的感悟思考，依托日记的形式，引导学生理解课文的主旨和思想意义。第三项活动属于口语交际活动，学生概括出迎客、待客、送客的不同礼仪活动，按照时间顺序组织语言完成介绍，介绍的对象是外国朋友，还需要注意词语的使用，在介绍过程中表现出对我国少数民族文化的喜爱。三项活动全面关照了课文能够承载的景物描写、情景交融、主题意义及民俗风情等学习内容，活动设计整合个人体验情境和社会生活情境，学生使用语言文字完成活动，调派积累的知识，学习了转述、人称转化的相关要求，认识到口语交际活动需要根据对象调整交流内容。学习活动与教学目标的一致性高，学习活动之间的逻辑关系清晰，而且体现了先进的教学理念，基于体验的语言建构与运用，在合理程序的引领下认识学习内容的本质与变式。

从教学过程的角度分析语文课堂教学，分析重点是学习活动之间的关系，学习活动体现出的基本规律，以及教师隐含其中的教学观与学习观。

三、课程文件基本要求

20 世纪 80 年代以来，世界各国的基础教育课程改革大多由课程标准推动，学科课程标准的修订通常要吸纳近年来课程教学研究、学科本体研究的最新成果，汲取近期学科课程教学探索的先进经验，研制能够满足甚至引领未来一段时间人才培养需要的课程目标、课程内容，提出教学建议、评价建议、教科书编写建议、教师专业发展建议等，为课程改革提供实践上的引领和依据。从课程标准等课程文件基本要求的角度分析教学事实，话题可以涉及语文教学的各个方面，讨论重点为教学是否符合课程标准的相关规定或要求。

窦桂梅老师 2008 年执教的《丑小鸭》①，将学习主题定为“高贵”。学生在三年级学习过课文《丑小鸭》，窦老师组织学生在五年级阅读译文原典《丑小鸭》，教学分为两个主要环节：“读出童话语言的味道”和“读出童话后面的味道”，两个环节均设置“出生”“成长”“童年”“飞翔”四个阅读阶段，前者阅读译文原典，后者阅读安徒生生活经历。第一阶段在品味原典的基础上，学生读出童话对“高贵”的赞美。在第二个环节设置“对比”活动，请学生比较安徒生和丑小鸭的出生、成长、童年和飞翔，学生在老师的引导下认识到高贵是童话的主题，也是安徒生的人生追求，人生多丰富，童话就有多丰富，童话里有你也有我。窦老师的这节课体现出教学理念的先进性，撰写教学案例可以依托、对照课程标准，选择角度分析其先进性。

首先，窦老师 2008 年的教学符合《义务教育语文课程标准（2022 年版）》的课程理念——“立足学生核心素养的发展，充分发挥

---

① 窦桂梅. 童话与人生——《丑小鸭》教学实录［J］. 人民教育，2008（23）：40-46.

语文课程的育人功能”①，窦老师帮助学生在文学世界中发现了作者、发现了自己，发现了生活，树立了积极向上的价值观念，借助外国优秀文化成果提升思想文化修养。其次，窦老师落实了“整本书阅读”的课程内容与学段要求，“整本书阅读”学习任务群，第三学段的教学应“梳理、反思小学阶段的阅读生活，运用口头或书面方式，与同学分享自己整本书阅读的经历、体会和阅读方法。”② 重读经典的教学设计，帮助学生回顾已有的阅读经验、建构新的阅读图式，堪为第三学段整本书阅读的典型课例。最后，窦老师具有良好的课程资源意识，能够充分发挥自身的优势与潜力，积极利用与开发课程资源，自觉探索教材的二次开发，将三年级的课文转化为五年级的教学资源，借助安徒生童话的译文原典帮助学生读到更多、理解更多，形成更为深刻的感受与思考。对照课程标准，既能够看到窦老师的自觉探索，又能够看到语文教学实践经验对课程标准修订产生的积极影响。

《普通高中语文课程标准（2017 年版 2020 年修订）》明确规定了 18 个学习任务群的学习目标与内容，教师选择的教学内容是否符合课程标准的规定，是撰写教学案例重要的分析视角。教学《短歌行》，需要关注“文学阅读与写作”学习目标与内容的要求。

（1）精读古今中外优秀的文学作品，感受作品中的艺术形象，理解欣赏作品的语言表达，把握作品的内涵，理解作者的创作意图。结合自己的生活经验和阅读写作经历，发挥想象，加深对作品的理解，力求有自己的发现。

---

① 中华人民共和国教育部. 义务教育语文课程标准：2022 年版［S］. 北京：北京师范大学出版社，2022：2.

② 中华人民共和国教育部. 义务教育语文课程标准：2022 年版［S］. 北京：北京师范大学出版社，2022：38.

(2) 根据诗歌、散文、小说、剧本不同的艺术表现方式，从语言、构思、形象、意蕴、情感等多个角度欣赏作品，获得审美体验，认识作品的美学价值，发现作者独特的艺术创造。

(3) 结合所阅读的作品，了解诗歌、散文、小说、剧本写作的一般规律。捕捉创作灵感，用自己喜欢的文体样式和表达方式写作，与同学交流写作体会。尝试续写或改写文学作品。

(4) 养成写读书提要和笔记的习惯。根据需要，可选用杂感、随笔、评论、研究论文等方式，写出自己的阅读感受和见解，与他人分享，积累、丰富、提升文学鉴赏经验。①

学业质量水平四描述了“审美鉴赏与创造”的行为表现。“4-3 在鉴赏活动中，能结合作品的具体内容，阐释作品的情感、形象、主题和思想内涵，能对作品的表现手法作出自己的评论。能比较两个以上的文学作品在主题、表现形式、作品风格上的异同，能对同一个文学作品的不同阐释提出自己的看法或质疑。喜欢尝试用不同的语言表现形式表达自己的思想和情感，尝试创作文学作品。在文学鉴赏和语言表达中，追求正确的价值观、高尚的审美情趣和审美品位。”②

参照《普通高中语文课程标准（2017 年版 2020 年修订）》的要求，教学内容需要关注诗歌本身的结构特征、呈现的形象特点、诗歌的情感基调与表达方式，以及《短歌行》的审美特征与美学价值。如果教学关注到了前四个方面，没有涉及最后一个方面，则可依据课标指出问题并说明具体的教学内容。

在上述内容之外，我觉得还需要关注《短歌行》的两个特点：四

① 中华人民共和国教育部. 普通高中语文课程标准：2017 年版 2020 年修订［S］. 北京：人民教育出版社，2020：17-18.

② 中华人民共和国教育部. 普通高中语文课程标准：2017 年版 2020 年修订［S］. 北京：人民教育出版社，2020：38.

言诗、汉魏诗。“四言诗的节奏是单纯的，没有变化的……它读起来铿锵有力，绝无缠绵凄恻的情调，透露着诗人的坚定意志和内外如一的质直性质。它的前后语气是一贯的，表现着诗人那不受外在因素影响、不易变动的情感与情绪特征。它没有抒情诗常有的那种多愁善感的性质，没有叙事写景诗常有的敏感多情的感觉。”（王富仁《四言诗与曹操〈短歌行〉（其一）》）“汉魏古诗叙事言情往往借单个场景或事件的一个片段来表现，而场景片段的单一性和叙述的连贯性既形成了深婉浑沦的典型意象，又造成了汉魏诗自然流畅的意脉文气。这是汉魏诗歌气象浑成的深层原因”（葛晓音《论汉魏五言的“古意”》）。关于四言诗的论述还可以联系《沁园春·雪》，探究两位诗人共同的气质与共同的句式选择；汉魏诗的特点启发我们关注曹操在《短歌行》中执着刻画的场景和精心编织的故事，这样的场景和故事，或许能够帮助他了一番心事吧。

课程标准是教学内容确定的依据，也是检视教学内容合理性的重要标准，能够帮助我们客观理性地分析其中的优势与问题，明确教学改进的方向。①

统编版高中语文教科书必修（下）选编了《中国建筑的特征》，单元提示将其界定为“自然科学小论文”。参照《普通高中语文课程标准（2017 年版 2020 年修订）》对阅读文本的分类方式，《中国建筑的特征》可视为“实用性阅读与交流”中的知识读物类。在学习目标和内容的定位上还应参考“整本书阅读与研讨”对学术著作阅读的相关要求。

“实用性阅读与交流”要求“学习多角度观察社会生活，掌握当代社会常用的实用文本，善于学习并运用新的表达方式。学习运用简明生动的语言，介绍比较复杂的事物，说明比较复杂的事理。具体学

① 吴欣歆. 基于课标的教学内容选择［J］. 语文学习，2020（01）：18-19.

习内容，可选择……还可以选择知识性读物类的，如复杂的说明文、科普读物、社会科学类通俗读物等”。知识读物是学习的载体，学习内容指向关注新的表达方式，介绍事物和说明事理。“整本书阅读与研讨”要求“在指定范围内选择阅读一部学术著作。通读全书，勾画圈点，争取读懂；梳理全书大纲小目及其关联，做出全书内容提要；把握书中的重要观点和作品的价值取向。阅读与本书相关的资料，了解本书的学术思想及学术价值。通过反复阅读和思考，探究本书的语言特点和论述逻辑”。如果把上述目标要求落实到阅读单篇学术文章，需要关注内容提要、结构框架（包含论述逻辑）、重要观点、价值取向和语言特点。这是确定《中国建筑的特征》教学内容的文件依据。①

从课程标准角度分析教学内容，尤其要关注学业质量要求。学业质量是学生完成语文学科学习后的学业成就表现，是以语文学科核心素养及其表现水平为主要维度，结合课程内容，对学生学业成就表现的整体刻画。具体到某个学习任务群，需要从学业质量水平的主要维度出发，分析该任务群的教学内容与目标水平。以学业质量为导向选择教学内容、制定教学目标，是实现语文教学科学性的有力保障。《人皆有不忍之心》是“中华传统文化经典研习”的教学文本，教学应符合该任务群的学习目标与内容。根据其所处学段，学业质量应参照水平四，具体描述涉及“4-2 在理解语言时，能准确、清楚地分析和阐明观点和材料之间的关系，能就文本的内容或形式提出质疑，展开联想，并找出相关证据材料支持自己的观点，能比较、概括多个文本的信息，发现其内容、观点、情感、材料组织与使用方面的异同，尝试提出需要深入探究的问题。4-4 能结合具体作品，分析、论述相关的文化现象和观念，比较、分析古今中外各类作品在

① 吴欣歆. 知识性读物教学内容的选择［J］. 语文学习，2019（09）：36-37.

文化观念上的异同。”[①] 综合考虑“中华传统文化经典研习”学习目标与内容及学业质量水平四的要求，“《人皆有不忍之心》的教学目标应该包括：（1）梳理作者阐释观点的思路，理清观点和材料的关系；（2）立足文本内容提出需要深入探究的问题；（3）比较相近的文化现象和观念，确定其异同；（4）认识作品对中国文化发展的贡献。”[②]

从教学研究和教师专业发展的角度来看，聚焦一个主题，撰写系列化的教学案例能够整体呈现问题框架，形成解决问题的一般路径。比如，讨论教学内容的选择，可以基于文本体式、课程标准要求、学生发展等多个角度；讨论深度阅读的实现，可以立足文本细读、选择阅读策略、调派文艺理论、借助体验式学习方式等角度；讨论教学反思，可以选用文献综述、个人经验的对比、新经验新理论的参照等角度。

2012 年至 2014 年，我集中关注教师的文本解读问题，先后撰写了《基于文本细读的课堂教学改进——以〈项链〉为例》[③]《基于深度解读的阅读教学改进——以〈盲孩子和他的影子〉为例》[④]《基于教材研读的阅读课堂教学改进——以〈故乡〉结尾段的教学为例》[⑤] 三篇教学案例，分别从文本细读、教材研读、深度解读的角度讨论教师文本解读存在的问题，进而借助《与语文教师对话：文本解读的误区与超越》[⑥] 初步讨论解

---

① 中华人民共和国教育部. 普通高中语文课程标准：2017 年版 2020 年修订［S］. 北京：人民教育出版社，2020：38.

② 吴欣歆. 学业质量导向的教学内容选择［J］. 语文学习，2022（1）.

③ 吴欣歆. 基于文本细读的课堂教学改进——以《项链》为例［J］. 中学语文教学，2012（09）：16-18.

④ 吴欣歆. 基于深度解读的阅读教学改进——以《盲孩子和他的影子》为例［J］. 中学语文教学，2013（05）：14-16.

⑤ 吴欣歆. 基于教材研读的阅读课堂教学改进——以《故乡》结尾段的教学为例［J］. 中学语文教学，2014（03）：20-22.

⑥ 吴欣歆. 与语文教师对话：文本解读的误区与超越［J］. 中国教师，2014（05）：79-81.

决问题的方案，撰写论文《语文教师文本解读：内涵阐释与提升策略》[1]讨论了语文教师文本解读的特殊性，教学文本解读的合理程序与提升自身文本解读能力的一般策略。集中一段时间关注一个主题，能够比较全面地思考问题，也更可能获得深刻的认识。

素养是个体在特定情境下，能够成功地满足情境的复杂要求与挑战，顺利执行生活任务的内在先决条件，是个体在与情境的有效互动中生成的能适应未来社会发展要求的生存能力和竞争实力。专业素养需要教师与专业活动有效互动，在与教学案例有效互动的过程中，关照理论、学习理论，不断提高自身的理论素养。

---

① 吴欣歆. 语文教师文本解读：内涵阐释与提升策略［J］. 中学语文教学，2014（10）：10-13.

第四章

课题研究报告

参与教育课题研究，需要阅读语文教育专业的学术资料、关注语文教学的先进经验，集中一段时间的精力思考研究问题、开展相关实践，在研究过程中发展问题意识、研究意识，掌握教育研究的基本方法，从最初参与他人的课题到独立开展课题研究，获得并逐步扩大专业发展的平台。课题研究报告指课题从申报到结题过程中的各类学术文件，主要包括课题申报书、开题报告、中期检查报告、结题报告四类。课题研究报告记录的研究进程，课题研究过程中收集和整理的资料，不仅能支持课题研究报告的撰写，还能够以其他成果的形式呈现，也是教师专业交流的重要工具。下面选取课题研究中的四个重要节点，结合语文教育教学研究的具体内容，讨论课题研究报告的撰写规范。需要厘清的是，语文课题研究不是教学经验总结，不是课程政策宣传，不是某学科知识的讲义，上述四种课题研究报告是对研究过程的记录，不是简单的表达过程，文本材料要从研究的立场出发选材组材、表述呈现。

第一节　课题申报书

要点提示

● 语文教育的课题可以分为“新题新做”“新题旧做”和“旧题新做”三种基本类型。

● 一般的课题申报书主要包括数据表、课题设计论证、完成课题的条件和保障三部分。

● 数据表通常需要呈现三方面内容：课题负责人和课题组成员的个人基本信息，近年来承担的研究课题，近年来取得的与本课题相关的研究成果。前两方面的信息是事实性信息，务求准确、详细、具体、全面，不模糊、没遗漏。

● 课题设计论证主要任务是从整体上论证、分析、预测课题研究的核心要素，制定可行的研究方案。一般包括研究背景、文献综述、研究内容、研究目标、研究设计、研究假设、研究成果、研究创新等八个部分。

● 完成课题的条件和保障一般包含前期研究、人力条件、资料条件、保障支持四个方面。在课题申报阶段，目的是证明课题能够顺利推进。

课题是教育教学专业领域中具有研究价值且需要研究的问题，教育科研是发现、选择和解决问题的过程，撰写课题申报书的前提是发现并确定了研究问题。“问题的价值主要有三类，一是认识价值，即问题本身蕴含着新现象，可能潜藏着新联系，有可能提出新原理或发现新规律。二是实践价值，即解决这个问题能推进工作，有助于提高教育质量和效益。三是工具价值，即解决这个问题能促进研究者的发展，或促进研究手段的改进，研究方法的创新。”① 换言之，课题研究的价值体现为提出了新观点、新方法、新工具或新材料。问题需要研究，说明这个问题依靠既有的教育教学经验无法解决，需要借助理性实践、探究本质、追求创见的课题研究的方式解决。

语文教育的课题可以分为“新题新做”“新题旧做”和“旧题新做”三种基本类型。“新题新做”，需要提出前人未曾关注的研究问题，采用新的研究设计；“新题旧做”，指研究问题是新的，采用普适性的研究设计，不刻意追求研究方法的创新。语文教育中“旧题新做”比较常见，这是因为教学问题大多是情境中的问题，情境不同解决问题的方法也不同，既然有研究成果难以“本土化”，就需要立足本土实际、回归真实的教育现场探寻解决问题的具体方案。“教育科研有创新性科研、验证性科研和推广性科研之分，各自创新程度和创新点有区别，但终究都得有新意。”② “新题新做”和“新题旧做”的创新性科研的特点更突出，“旧题新做”验证性科研和推广性科研的特点更鲜明。

了解研究问题的特点，还要了解我们自身的特点，考虑自身的学术水平和研究能力，确认研究问题是当前状态下自己有能力解决的，正确定位自己的主攻方向，探寻与自己“研究气质”相合的选题。此外，申报课题之前要查看语文教育教学领域近年来的“科研项目汇编”，将自己感兴趣的研究方向置于语文教育研究发展的坐标系中，处于专业发展过程中的研究者，顺着语文教育研究发展的方向前行，更容易获得认可，也更可能得到帮助和支持。

具有良好研究习惯的教师，在日常教育教学工作中会随手记录自己遇到的问题，隔一段时间将这些具体问题整理、归纳为语文教育学的相关概

---

① 王本陆. 教育科研的课题选择——教育科研系列讲座之一［J］. 中小学教材教学，2002（27）：43-46.

② 王本陆. 教育科研的课题选择——教育科研系列讲座之一［J］. 中小学教材教学，2002（27）：43-46.

念，对照课题指南列出的选题方向，初步筛选自己感兴趣且能确定其价值的话题，沿着调查性研究、实践性研究、资料分析性研究等基本方向确定课题关键词，基于关键词检索文献，明确概念的内涵和外延，初步拟定课题名称。课题研究是一个自我突破的过程，需要有“出圈”“出格”的意识，不能专注于自己的小圈子，固守旧有的教学观念与实践办法。利用好自己身边的研究资源，多交流多讨论，也许会发现一些隐藏的问题。还有一个需要避免的情况：将自己已经解决的问题还原，按照课题研究的思路获取新的研究成果，这样的研究过于功利，实际上浪费了时间和精力。

课题申报书是向课题主管部门提交的书面报告，作用是说明研究问题有价值，研究团队具备完成课题研究的能力，在具备基础条件的情况下提出设立研究项目的请求。除了不同级别的审批意见外，一般的课题申报书主要包括数据表、课题设计论证、完成课题的条件和保障三部分。

一、数据表

数据表通常需要呈现三方面内容：课题负责人和课题组成员的个人基本信息，近年来承担的研究课题，近年来取得的与本课题相关的研究成果。前两方面的信息是事实性信息，务求准确、详细、具体、全面，不模糊、没遗漏。

详尽列出近年来承担的课题研究，能够证明课题负责人和课题组成员的研究状态，有过课题研究的完整体验和成功经历，在持续的研究进程中积累了丰富的研究经验，葆有课题研究的热情，数据背后隐藏的状态、经历、经验和热情更容易获得课题主管部门的关注和信任。

填写数据表的研究成果部分要做到在“相关”的基础上“详尽”。“相关”指彼此关联，互相牵涉，即以前完成的课题、已取得的成果与现在申请的课题存在共享关系或因果关系，前期成果可以转化为现在的研究基础，可视为申请研究项目的阶段性成果。如申报的课题为“小学语文课程统整的基本策略”，“相关”可以从两个方面展开，一是跟课程统整相关，课题组成员的课题或成果涉及课程统整的理论梳理、其他学科的课程统整等。二是跟基本策略相关，前期课题和成果涉及课程统整的案例，从实践案例中可以提炼、抽取基本策略，奠定了策略研究的实践基础；或者前期在其他内容领域做过策略研究，能够为本课题研究提供确定的研究路径与研究方法。围绕申报的课题选择前期成果，前期成果与将申报的课题相辅相成、不枝不蔓，能够显示出课题组的实力与诚意，以及对科学研究的尊重。

二、课题设计论证

课题设计论证是课题申报书最重要的部分，也是主管部门审批的重要依据，主要任务是从整体上论证、分析、预测课题研究的核心要素，制定可行的研究方案，一般包括研究背景、文献综述、研究内容、研究目标、研究设计、研究假设、研究成果、研究创新等八个部分。

（一）研究背景

课题的研究背景即选题依据，重点说明需要开展课题研究的原因。课题来源是阐释选题依据的重要方面，语文教育教学研究的问题主要有三个方面的来源。

其一，落实课程文件的相关要求。

课程文件是开展教育教学工作的重要依据，为教育教学和教育科研提供方向性的指导。《普通高中语文课程标准（2017 年版 2020 年修订)》凝练了语文学科核心素养，用 18 个学习任务群明确规定了课程内容，研制了学业质量标准，提出了高中语文教学变革的新理念。如何落实课程文件的相关要求？需要在感知课程层面形成正确的理解和认识，在执行课程层面提供具有科学性和可操作性的实施办法。研读课程文件，确定需要落实的方面，针对这些方面明确需要解决的具体问题。2017 年以来，各省市围绕高中语文学科核心素养、高中语文学习任务群教学、基于学业质量标准的教学提升等主题审批了一系列课题，如《指向高中语文核心素养发展的项目化学习实践》《立足学业质量的学习进阶路径探寻与策略建构》《基于高中语文统编教材的学习任务群教学实践研究》等，这些课题的研究背景均关涉课程标准的修订与实施。

2021 年，教育部颁布了《中华优秀传统文化进中小学课程教材指南》《革命传统进中小学课程教材指南》，两份文件明确规定了中华优秀传统文化、革命传统的教育目标、主题内容、载体形式及各学段的教学要求。《中学传统文化名著单元设计与实施》《语文课程视野下的中华优秀传统文化教育体系建构》《统编小学语文教科书革命传统选文教学：问题与对策研究》均指向上述课程文件的落实。

需要说明的是，课程文件包括课程方案、课程标准、教科书等多种类别，课题申报要追踪课程文件的动态变化。《普通高中课程方案（2017 年版 2020 年修订）》指出“研究性学习是综合实践活动课的一部分，而综合实践活动属于必修的国家课程”。不同学校落实研究性学习的载体不同，《图书馆课程的设计与实施》《博物馆课程的教学实践研究》等课题指向落实研究性学习的具体方案。教育部 2017 年颁布了《中小学综合实践活动课程指导纲要》，2018 年发布了《中小学图书馆（室）规程》，如何立足语文学科设计学科、跨学科和超学科的综合实践活动，如何发挥学校图书馆作为文献信息中心的价值和功能成为值得研究的课题。

其二，在语文教育教学中践行某种理论。

理论指导下的教学实践，是提升语文教育教学质量的有效途径之一。教育教学理论大多是“泛学科”的，如何在语文教学中探索某种理论的实践操作成为教育科研课题的重要来源。

“大卫·科尔伯在总结了杜威、勒温和皮亚杰的经验学习模式的基础之上，提出自己的经验学习模式。他认为，经验学习过程是由四个适应性学习阶段构成的环形结构，包括具体经验、反思性观察、抽象概念化、主动实践。具体经验是让学习者完全投入一种新的体验；反思性观察是学习者在冷静时对已经历的体验加以思考的过程；抽象概念化是学习者达到能理解所观察的内容的程度，并且吸收它们使之成为合乎逻辑的概念；到了主动实践阶段，学习者要验证这些概念并将它们运用到制订策略、解决问题中去。”① 运用经验学习圈理论改进语文教学，有助于推动验证式学习向体验式学习转变，《语文体验式学习活动链的建构与实施》就是基于经验学习圈理论开展的课题研究。

翻转课堂在 2000 年作为新概念被提出，2011 年欧美教育对翻转课堂的关注度高涨，我国较早的翻转课堂实践始于 2012 年，依托翻转课堂的概念申报的课题例如《小学语文阅读教学翻转课堂的行动研究》《基于翻转课堂的初中语文教学策略研究》等。

“混合式学习的方式采取的是运用网络科技，打通‘线上’和‘线下’的空间隔阂，充分利用学习时间，突破了传统学习在时间和空间上的制约，能够达到进一步激发学习者的学习兴趣和热情的目的”②，随着信息技术的发展，语文教学的媒介发生了比较大的变化，混合式学习体现了这一变化方向，成为研究的关注点。指向混合式学习的课题研究如《混合式学习在小学语文综合性学习中的应用研究》《混合式学习背景下初中语文课程教学研究》等。

课程文件的落实也需要相关理论的支持，整合两种来源的课题如《深度学习导向的高中语文学习任务群设计与实施》《基于 SOLO 分类理论的初中语文学习进阶研究》等。

其三，解决语文教学变革中出现的新问题。

时代对教育提出了新的要求，语文学科的教育教学变革需要回应时代要求。2017 以来，核心素养背景下的语文教学出现了新的课程内容，如整

---

① 王克强. 经验学习圈理论在美国中学教学中的应用［J］. 福建教育，2014（19）：27-30.

② 何克抗. 从“翻转课堂”的本质，看“翻转课堂”在我国的未来发展［J］. 电化教育研究，2014，35（07）：5-16.

本书阅读与研讨、思辨性阅读与表达、跨学科学习等。课题研究是解决新情境下新问题的有效途径，立足这些问题开展的课题研究如《整本书阅读的实践探索与理论梳理》《指向高中生思辨性表达能力发展的教学实践》《语文跨学科学习设计》等。类似的课题研究往往具有延续性的特点，老问题的解决通常伴随着新问题的提出，如解决了整本书阅读教学设计与实施的整体问题，会生发出学生持续阅读力发展不足的问题，随之启动《在整本书阅读中培养小学生持续阅读力的策略研究》。在《整本书阅读的实践探索与理论梳理》的研究中，整本书阅读是研究主体，后续研究中整本书阅读成为研究载体，体现出延续性研究的特点。

课题申报书的研究背景也可以按照现实依据和理论依据两方面阐释计划开展课题研究的原因，前者侧重谈语文教育情境中的现实问题，后者侧重谈语文教育教学理论发展中产生的研究需求。研究背景还可以从宏观、中观、微观三个层面展开，即国家宏观教育政策和变革方向，区域语文教育的现状，学校语文教学面临的真实障碍和困难等。无论采用哪一种结构，研究背景的阐释都需要直指问题、切中关键、言简意赅，尽量使用文件语言和学术语言阐释研究问题的生成依据。

研究背景服务于研究问题的提出，研究问题通常是在现实问题、研究方法和学术发展的互动过程中生成的，因此研究背景的撰写经常采用“漏斗式”的结构，从宏观到中观到微观，从方向到概念逐步聚焦到核心问题；或者“组合式”的结构，将现状分析置于文件落实和理论实践的背景中，即依托文件或理论解释现实问题。分析研究背景的目的是提出研究问题，如果课题申报书没有单独设计“研究问题”板块，研究者可以在这部分的结尾完整呈现研究问题，综合上述几个方面或聚焦其中一个方面，将文件语言、工作语言转化为专业术语，列出研究问题。陈述研究问题需要明确以下几个方面。

第一，研究问题一定要指向知识和理解。

“研究问题说明研究者想要知道什么，想要通过研究理解什么，因此研究问题一定是指向知识和理解。”[①] 研究背景是发现或提出研究问题的中观载体，语文教学研究问题的提出常常源自教学实践、个体思考和专业阅读，以及三者的互动与联结。“多数人的写作或者缘于现实的思考，或者缘于阅读的兴趣。其实，在大多数情况下，阅读会促进对现实的思考，对现实的思考常常会求助于阅读。”[②] 研究者的价值观不同，对研究问题的认识也有所不同，根据研究者的认识和经验，可以将研究问题分为“一般化问题和具体化问题、工具主义者问题和实在论问题、变量问题和过程问题”[③]，也可以将研究问题划分为描述性问题、因果性问题、过程性问题，或者划分为本体论问题、价值论问题和方法论问题，分别回答“是什么”“为什么”和“怎么办”。研究问题需要在文件、理论或变革方向的背景下提出，表述研究问题需要使用准确的概念，指向具体的知识和理解。

第二，标识研究发展的方向。

研究问题是研究者的动力源泉，彰显课题的价值，标识着研究发展的方向，问题的确立需要关注既往研究成果，确保研究是在既往研究基础上的深入或拓展，或者引领了原有研究问题的转型或转向。如《样例学习在初中语文写作教学中的应用》，样例学习是研究开展的基础理论，研究问题是“这一理论如何在初中语文写作教学中发挥作用”，表现出对既有研究的发展——从理论研究转向实践研究。

讨论研究问题的时候，大家普遍关注问题的“大和小”，“小题大做”“大题小做”各具价值，重点在于“小题”和“小做”，研究问题大而泛，抓手不实，难以取得实质上的研究进展。研究者要在广博的视野中考察与梳理，要在具体的情境中聚焦研究问题，尽量选择“具体而微”的研究问题，结合语文教学的实际需求反复推敲、论证，确保在广阔的视野中锁定有价值的研究问题。

---

① 朱旭东. 学位论文开题报告研究［J］. 学位与研究生教育，2010（01）：1-4.

② 周晓虹.《白领》、中产阶级与中国的误读［J］. 读书，2007（05）：119-128.

③ 马克斯威尔. 质的研究设计：一种互动的取向［M］. 朱光明，译. 重庆：重庆大学出版社，2007：53.

第三，用概念间的关系呈现研究的问题空间。

表述研究问题的概念一般来说是带有普适性的、被学术界普遍接受的，概念间的关系呈现研究的问题空间。如《中学语文教师教学素养表现特征及其效能研究》[①] 研究问题表述如下。

1. 作为新时代的语文教师，应该具备哪些核心素质？
2. 如何将教师自身素质转化为促进学生个体发展的重要资源？

研究问题中的“教师核心素质”“学生个体发展”两个概念，均为学术界共同使用的概念，前者重点关注教师认知和实践层面的知识和能力，即面对21世纪的发展趋势，教师在专业知识、专业技能、个人信念等方面具备的关键高阶素养；后者强调核心素养背景下，学生个体在文化基础、自主发展、社会参与等方面的发展情况。两个概念的关系揭示了研究的问题空间：语文教师核心素养的表现特征及其对学生个体发展的影响机制。

“从偶然的想法到形成概念并具体确定一个值得探索的问题，这一过程对科学研究是至关重要的。”[②] 研究问题的提出需要文献支撑，提出问题后还需要进一步拓展文献检索的范围，因此，研究问题又是文献综述的前提和方向。

（二）文献综述

文献综述的基础是文献检索和研读。文献检索需要关注研究问题涉及的关键词，还需要拓展至相关概念，从更为广泛的角度收集信息。例如，研究主题是语文项目化学习，除了检索语文学科项目化学习的设计与实

---

① 课题负责人为北京师范大学李倩。

② 沙沃森·汤. 教育的科学研究［M］. 曹晓南，等，译. 北京：教育科学出版社，2006：5.

施，还要尽量多地关注其他学科的研究进展；除了项目化学习，还要关注语文学科的研究性学习、综合实践活动、跨学科学习等；除了教学实践，还要关注深度学习、有意义的学习、实践性学习等教学理念。又如，研究主题是作业，除了检索语文作业变革、语文作业设计，还要关注过程性评价的相关研究，因为作业是过程性评价的重要组成部分。核心概念准确，相关概念广泛，这样才能比较全面地占有资料，在更广阔的视野中讨论问题。

课题申报书的文献综述需要表现出全面占有材料的能力和提炼概括的水平。文献综述是否能够全面体现课题负责人和课题组成员对本课题研究领域的熟悉程度，参考文献要求既有典型性又具全面性，本领域最具代表性的研究者和研究成果均在研究团队的视野范围内，既有国内外的重要研究成果，又关注到最新研究的进展。需要补充说明的是，在能够检索到一手文献的情况下，尽量不要使用二手文献，二手文献经其他研究者根据自身研究目的加工整理，受到引用者主观认识的影响，其客观性、完整性甚至真实性可能存在不同程度的问题，影响我们的判断。评审专家认可研究团队的学术视野，认可研究团队对待文献的专业态度，更可能建立对后续研究的信任。

文献综述究其实质是本研究的学术史，需要在充分占有资料的基础上透彻理解不同时期研究者的研究理路和学术贡献。围绕研究问题梳理其相关研究的发展历程，有助于理解正在研究的问题，有助于发现研究问题的发展趋势，增加提出前瞻性研究问题的可能性。有些文献内容本身就包含着对研究问题发展历程的介绍，多角度整合文献可以追溯、勾勒出研究问题的发现、形成与研究过程。从这个角度来看，文献综述验证着或补充着我们的选题依据，依托文献综述我们更加明确选题在整个领域中的地位。

从基本结构来看，文献综述包括前言、正文、小结和参考文献四个部分。前言是文献综述整体内容的概说，简要说明研究问题、研究问题涉及的核心概念、检索文献的范围等。正文部分可以按照“结论+论据”的方式分别呈现梳理文献过程中得出的结论以及支持结论的相关论述。正文部分一般采用时间线索或主题线索组织呈现，能够划分研究发展阶段的采用时间线索更为清晰，能够拆分为子研究领域的采用主题线索更为合理。教育科学研究的发展历程有其基本规律：概念研究阶段——应用研究阶段——问题解决研究阶段——理论反思阶段。以单元整体教学为例，最初阶段的研究重点是概念解读，厘清单元整体教学的概念内涵，与其他概念进行比较，分析其概念产生的意义和价值。进而是单元整体教学理念在不同学段的教学应用与实践，例如《小学语文单元整体教学实践》《初中语文单元整体教学实践》《高中语文单元整体教学实践》等，或者是在不同内容领域的教学应用与实践，如《写作单元整体教学实践》《阅读策略单元整体教学实践》等。在推进单元整体教学的过程中遇到了难点，解决现实问题以推进研究进程成为课题研究的新方向，如《单元整体教学中单元学习主题的提炼》《单元整体教学中学习情境与学习任务的整体性研究》《单元整体教学中的作业设计》等。如果课题涉及多个关键词且关键词之间的关系比较清晰，采用主题线索更容易呈现既有研究的情况，如前文提到的《在整本书阅读中培养小学生持续阅读力的策略研究》，可以拆分为三个主题撰写文献综述的正文部分：整本书阅读教学研究、持续阅读力理论研究、策略提炼的方法研究。还可以采用对比、归类、比较、分析的思路，不拆分研究问题，依据文献对比既有研究成果，按照研究成果的类型归类，在比较的基础上分析现有成果的贡献，确定未来研究的重点。小结，主要针对文献综述的正文部分，综合正文部分的结论提出自己的看法，指出研究优势、问题，判断未来研究和发展的方向。参考文献可以按照规范的格式随文列出，文献信息准确、全面。

文献综述包括梳理、概括与评析三个基本的内容要素，文献的“述”与“评”对应综述的撰写，就是正文和小结部分。正文部分的“述”要系统梳理与概括，小结部分的“评”要全面客观地分析与判断，述评的结果是说明本研究方向的合理性和发展性。梳理是评析的基础。通过梳理既有研究成果，清晰呈现既有成果的研究主体、研究内容与研究方法的分布情况，在此基础上讨论分析既有研究的优势和劣势，关注既有研究成果在观点上的矛盾和冲突，明确推进研究的障碍和困难，立足既有研究成果的不足、争议和问题标定本研究的起点。如果既有成果中已经有了丰富的比较研究成果，我们可以关注追踪研究；如果既有研究成果中的理论成果更为丰厚，我们可以借助理论研究开展实践应用研究或者个案分析研究。教师要努力尝试对既有研究成果进行学理性的理解和学术性的分析，在语言上要特别重视学术概念的规范使用，在专业平台上与评审专家进行专业对话，切忌为凸显自己研究的价值对其他研究成果的价值做模糊处理或有意贬低。

（三）研究内容

研究内容源自研究问题，是对研究问题的逻辑分解，通过分解降低研究问题的“颗粒度”，有助于落实具体的研究工作。完成了文献综述，明确了既有研究的不足，对照研究现状与研究问题，确定研究问题的价值与发展方向，这是拆分研究内容的重要基础。将研究问题拆分为研究内容，旨在更好地实现研究目标，研究内容间的逻辑关系直接影响着未来研究的推进。拆分过程中需要着重思考，这个研究内容是否包含了推进课题的关键或难点问题，研究内容是否隐含着某种研究方法，是否有初步的研究假设。

《核心素养视阈下的中学文言文生态化教学建构》① 的研究内容可以拆分为以下几项。

1. 文言文教学的现状及形成原因。
2. 文言文教学研究成果的梳理与反思。
3. 文言文生态化教学的教学案例开发。

---

① 课题负责人为北京师范大学第二附属中学王翔。

4. 文言文生态化教学的理论梳理与建构。

上述拆分思路呈现出研究的整体进程：在调查研究（教学现状与研究成果）的基础上明确实践研究的方向，立足实践研究抽取核心概念，建设理论框架，初步形成理论系统。

《基于思辨阅读和表达的中学语文专题学习研究》① 可以拆分为以下几项。

1. 思辨类文章专题阅读教学设计与实践。
2. 时事评论类语文综合实践活动设计与实施。
3. 讨论与论辩类口语交际活动设计与实施。
4. 思辨类文章写作工作坊活动设计与实施。

《基于思辨阅读和表达的中学语文专题学习研究》采用“下位概念”或“子课题”的方式拆分研究内容，研究内容的四个方面相对独立又相互联系，每一项研究内容生成一个小的研究问题，四个方面共同指向学生思辨性阅读与表达能力的提升。

《语文课程视野下的中华优秀传统文化教育体系建构》② 对中华优秀传统文化教育体系的实践探索包含课程建设、教材编写和教师培训三方面，这三方面可视为“教育体系”的下位概念，综合研究问题的下位概念和研究方法，研究内容可以拆分为三个方面。

1. 探索融入式、提炼式、体验式课程的设计思路与实施策略。
2. 研究教材选篇，为更新教材中的中华优秀传统文化教育素材储备资源。

---

① 课题负责人为北京市广渠门中学何映。
② 课题负责人为北京师范大学吴欣歆。

3. 从教师自身的传统文化素养提升和传统文化教学改进两方面开发教师培训课程。

拆分后的研究内容类似“小课题”或“研究阶段”，内在的逻辑关系清晰。换个角度来看，分项陈述研究内容有助于审批专家迅速了解研究思路。

（四）研究目标

课题研究背景是研究的“起点”，研究目标是研究的“终点”，明确了起点和终点才能设计行进的路线。研究目标的定位要准确，明确实践或理论方面可能取得的研究成果。

语文课题研究大多为达成课程文件的要求或实践教育教学理论，具体指向教育教学工作中的具体问题，探寻解决问题的实践策略，建构实践性理论。语文课题的研究目的源自真实的教育教学变革发展需要，大体涉及四个方面：课程或教学的创新，如设计新课程、提出新方法、建构新模式、制定新原则、开发新工具等；学校语文教学质量的提高，如变革语文教育理念、优化语文学习环境、更新语文教师的原有观念、发现语文教学的科学规律等；语文学科核心素养的发展，如学生语言建构能力、思维水平、审美能力、文化传承和理解能力的提高，学生的个性特长得到良好发展等；语文教师队伍建设形成良好态势，如专业发展意愿更加强烈、教学能力和科研水平的提高等。

研究目标要明确研究问题对上述四个方面产生的真实影响，如有具体的师生行为表现、外显的学术成果、在课题干预下学业成绩的变化等。表述研究目标的要求与教学目标相近，包含上述四个基本要素，也需要使用精准的行为动词以便于观察和测量。

研究目标的叙写应严格比照研究内容，体现出两者的一致性。《基于多媒体学习理论的小学语文主题单元教学策略研究》①，研究内容与研究目

① 课题负责人为北京海淀外国语实验学校孙凤霞。

标如表 4-1 所示。

表 4-1 《基于多媒体学习理论的小学语文主题单元教学策略研究》研究内容与研究目标

研究内容	研究目标
1. 基础理论和基本内涵研究，包括从多媒体学习理论视角重新定义小学语文主题单元教学的学科内涵和特征，挖掘小学语文主题单元教学的文化价值和功能，探索小学语文主题单元教学的新方法和新原理。	1. 将多媒体学习理论融入小学语文教学实践，挖掘小学语文主题单元教学的目标、内容、教学方式、评价的有效策略，描述小学主题单元教学的实施过程。
2. 操作原则和实践路径研究，包括研究多媒体学习理论的五种认知方式与遵循、调试、创造三种教材使用取向下主题单元教学设计的内在联系，分别设计和检验不同设计思路的应用性和可操作性。	2. 有针对性地提出小学语文主题单元教学实施的思维方式，形成规律性认识，阐释学生在语文学习过程中的认知发展历程。
3. 课堂教学资源开发研究，包括主题单元教学资源（教学指南，学习读本等）、主题单元学习资源（网络资源，相关程序的使用）等。	3. 总结小学语文主题单元教学实施的有效方法，建构主题单元教学的策略体系，形成小学语文主题单元教学实施的实践范例。
4. 实施效果评价研究，包括评价工具开发、师生发展变化、主题单元教学的优势和不足等。	

表 4-1 的研究目标与研究内容并非一一对应关系，研究目标 1 “描述小学主题单元教学的实施过程”重点落实研究内容 2 “操作原则和实践路径”，研究目标 2 和 3 中的思维方式、规律性认识、认知发展历程、策略体系等共同落实研究内容 1 “基础理论和基本内涵”，研究目标 3 “小学语文主题单元教学实施的有效方法”落实研究内容 2、3、4 中的设计思路、学习资源和评价工具。研究内容和研究目标分别按照各自的逻辑框架表述，研究目标对应研究内容，整体上对研究内容进行了成果化描述，充分体现出两者的一致性。

有些课题申报书要求阐释研究意义，研究意义也需要从上述四个方面展开讨论，侧重微观和实践，阐释课题对学校发展、语文教学发展、学生语文学习发展、教师专业发展能够显现出的实际作用。从理论的角度来看，课题涉及的教学实践需要应用理论，在理论指导下开展；实践结果能够检验理论，为完善理论准备条件、奠定基础。“补充理论空白”的课题凤毛麟角，撰写研究意义应严肃谨慎、实事求是。

（五）研究设计

研究设计是对研究过程的整体安排，包括研究思路和研究方法两个要素，可以采用研究路线图（或流程图）的形式呈现。科学、简便、清晰的研究设计力求用较少的人力与时间成本获得更高质量的研究成果。研究设计需要明确研究的起点、核心环节，呈现各个研究阶段的内在关联，在各个研究阶段都要明确研究范围、研究内容和标识研究进展的具体指标。研究设计应集中指向研究目标，突出阶段性成果的支撑作用。

语文课题研究设计一般有两种思路，可以概括为链条式和金字塔形。链条式设计适用于聚焦单一概念、线性推进的研究思路，例如《小学语文课堂小组合作学习的实践研究》，研究设计图如下。

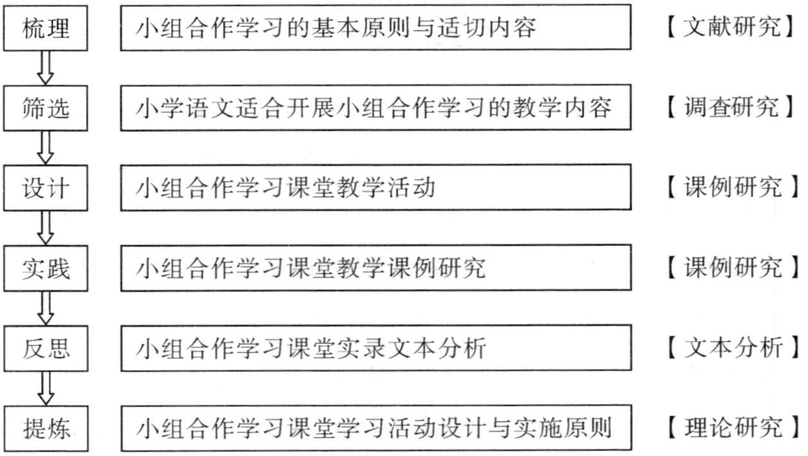

图 4-1 《小学语文课堂小组合作学习的实践研究》研究设计

图 4-1 中的梳理、筛选、设计、实践、反思和提炼是研究的基本

进程，对应研究进程的关键要点描述研究内容，针对研究内容列举研究方法。准确性、整体性和一致性是观察研究设计的三个重点，准确性主要体现为研究行为和研究方法的概念使用准确，整体性主要体现为研究思路的完整描述，一致性指研究行为、研究对象、研究方法的对应关系科学合理。从这三个观察重点出发，图 4-1 较好地体现出各研究要素的准确性、

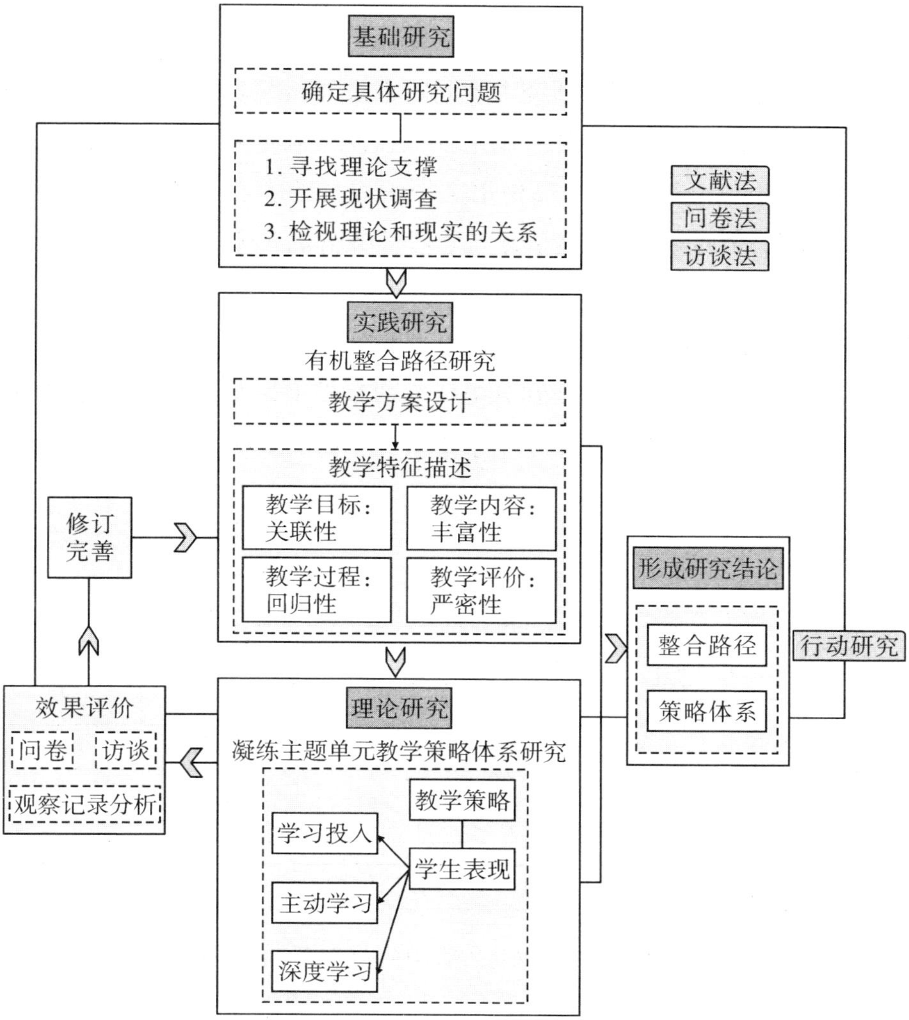

图 4-2 《基于多媒体学习理论的小学语文主题单元教学策略研究》研究设计

整体性和一致性，能够根据研究阶段分解研究内容的课题，且所采用的链条式研究设计比较清晰，更容易呈现各个研究要素之间的对应关系。

研究不一定沿线性思路顺利推进，可能在某个环节需要循环实践，还以《基于多媒体学习理论的小学语文主题单元教学策略研究》为例，实践研究和理论研究的互动是生成研究结论的条件，在实践研究阶段要体现出实践研究与理论研究的循环互动，呈现多轮实践的过程，以增加研究结论生成过程的科学性与合理性，如图 4-2 所示。

金字塔结构适用于多个研究内容同时推进的研究思路，研究者需要形成多项研究内容的结论，在此基础上抽取概念、制定原则、提炼观点，生成该研究的整体结论。《基于高中语文统编教材的学习任务群教学实践研究》① 需要处理统编教材自然单元与学习任务群的关系，有些自然单元独立承担一个学习任务群的教学内容与目标，有些自然单元和其他单元共同指向一个学习任务群的内容与目标，有些自然单元需要承担多个学习任务群的内容与目标，研究者需要在分类研究的基础上提炼高中语文学习任务群的实践理论，研究设计采用了金字塔结构，如图 4-3。

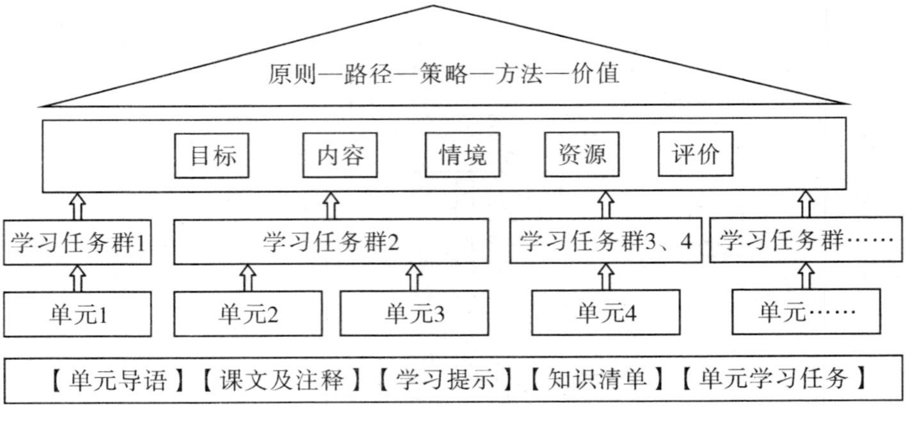

图 4-3 《基于高中语文统编教材的学习任务群教学实践研究》研究设计

① 课题负责人为北京市东城区教育研究院计静晨。

采用子概念或子问题拆分研究内容，或者综合子问题与研究方法拆分研究内容的课题比较适宜采用金字塔形的研究设计图式。

研究方法可以标识在研究设计图里，也可以在图后补充说明，要与研究内容契合，有助于研究目标的达成。研究方法本身没有高下之分，每种研究方法都有其适用范围，优势与劣势并存。能够准确判断研究方法对研究进程的发展和局限，组合多种研究方法，聚合不同研究方法的优长，使之形成合力，更容易推动研究进程。

选择研究方法首先要明确研究方法的基本类型，“包括教育学在内的社会科学的研究方法通常会有四种，如历史研究法、内容分析法、个案研究法、统计和调查研究法”。[①] 按照研究进程的需要，研究方法可以划分为三个层次：“获取研究资料和对资料作形式处理的方法，比如，观察、问卷调查、深度访谈、实验与查阅文献等；搭建理论框架和论证、阐释理论观点的方法，比如，理想类型法、模式法、系统法、比较研究法与历史研究法等；指导研究的理论视角，即研究某问题的切入点”。[②] 撰写申报书的研究方法部分需要关注两个方面，一是明确列出使用的研究方法，二是说明课题组选择研究方法的过程，重点分析研究方法与研究问题的一致性，即研究方法对解决研究问题有哪些直接作用，课题组如何在比较分析各种研究方法后选择并组合成适合本研究的方法体系。

有些申报书设有“研究步骤”或“研究计划”板块，研究步骤、研究计划都是研究设计的具体呈现。研究步骤旨在展示研究工作的先后顺序，通常划分为准备阶段、实施阶段、阶段成果总结、成果提炼与结题四个阶段，每个阶段需要完成的研究工作与研究设计的思路一致，也就是将研究内容分布到各个研究步骤，制定相应的阶段性成果指标。企业管理提出了 KPI（关键绩效指标）的概念，制定 KPI 需要明确组织内部流程的输

---

① 沙依仁，等. 社会科学是什么［M］. 北京：世界图书出版公司，2006：8-9.

② 冯向东. 关于教育研究方法的功能分层［J］. 大学教育科学，2010，2（02）：4-7.

入端、输出端的关键参数，通过设置、取样、计算、分析，确定目标式量化管理指标。KPI将企业的战略目标分解为可操作的工具目标，是企业管理的基础。课题研究的阶段性成果指标，作用相当于KPI，合理的阶段性成果指标能够大大提高课题研究的工作效率，提高课题研究的整体质量。

“研究计划”可视为研究步骤的时间表，将大的研究阶段转化为研究工作日程表，有利于课题研究者的自我管理、协同合作和课题主管部门的监督调控。研究计划需要明确“什么时间”“做什么事情”“做出来什么成果”。

综上，研究设计呈现工作思路，研究步骤划分研究阶段，研究计划制定工作日程。三者可以整合，如在研究设计后详细说明研究步骤、时间安排和成果要求；也可以分别呈现，一般来说，课题申报阶段只需要提交研究设计和研究步骤，研究计划可以在开题报告中呈现。有些课题申报书把“课题研究计划”作为与数据表、课题论证、完成条件与保障同级的项目单独列出，集中呈现人员安排、工作日程、阶段成果要求三方面，各个方面的撰写要求相同，要根据申报书的设置方式调整呈现方式，做到全面但没有不必要的重复。

（六）研究假设

针对研究问题，可能的解决思路、方法或方案是什么样的？研究者根据既有的理论储备、知识经验和科学观察，参考选题过程中检索的文献资料，联系既往研究已经取得的成果，提出自己对解决方法或者研究结论的初步设想，“对所研究问题的规律或原因做出的推测性论断和假定性说明，是研究之前预先设想的、暂时的理论，是对研究课题设想出的一种或几种可能的结论或答案。”① 这就是研究假设，研究假设可能是有待验证的命题，或者解释现象、事实的状态或性质，也可能是对研究问题中若干概念关系的判断。

---

① 佟德. 提出研究假设的作用［J］. 教育科学研究，2006（01）：60-61.

在某种意义上说，研究假设将研究设定在“有限”的范围内，使得研究的成果导向更加明显，有助于增强研究者的方向感和目标感。研究假设为最初的研究规定了具体的研究内容，设定了选用理论、选择材料的基本标准，让最初的研究有标的、有抓手。

语文教育课题中的研究假设一般要呈现方法与结果的关系，即在什么条件下，使用什么方法，就能够达成研究目标。除语文教育评价的课题外，语文教育研究课题的研究假设大多依据语文教育发展的基本规律拟定，通常不是简单的事实性结论，而是关于怎么做能够解决问题的方法性结论。比如“基于单元学习主题设置贯通性学习情境与产品化的学习任务是单元整体教学的基本思路”，“采用整本书阅读的专门策略，有助于学生完成通读和自觉研读，获得更多的阅读体验”，“明确语文学习活动之间的逻辑关系，按照学生认知发展的基本规律设计语文学习活动是教学目标达成的有效途径”，“体验式学习活动链能够扭转验证式学习倾向，依托语言实践活动丰富语言经验，提高语言品质”。语文教育评价课题的研究假设通常涉及变量间关系的性质，或者变量对变量产生影响的因素，例如“八年级学生在阅读过程中的推理推断水平高于评价鉴赏水平”“城市八年级学生的提取信息能力高于乡村八年级学生”“阅读现代文，八年级女生的阅读速度普遍高于男生”等。

研究假设可以通过描述与解释现象来确定，也可以通过对要素间关系的判断来确定，还可以运用演绎法和归纳法等基本方法来确定。“演绎是指从一般到个别，即从某一理论出发考察某一特定的对象，对这一对象的有关情况进行推测。也就是说，运用一般性理论或规则推测出个别现象或对象的状况。……归纳就是从个别到一般，即从许多个别事实中概括出有关事物、现象的一般性认识或结论。研究者通常在对特定现象或事件的观察的基础上，提出更一般性的假设。……归纳要求研究者先对大量的具体现象进行观察分析，然后再提出一般性假设。”① 例如《整本书阅读策略

① 佟德. 提出研究假设的方法［J］. 教育科学研究，2006（08）：59-60.

研究》，依据阅读策略能够促进学生阅读质量提高、促进学生阅读能力发展等既有结论，提出研究问题：适用于普遍阅读内容和阅读场景的阅读策略是否能在整本书阅读中发挥作用？因而提出研究假设“整本书阅读需要策略支持，相比一般的阅读内容，整本书的信息量大，内容关联复杂，需要一套独特的阅读策略”。又如《中华传统文化背景下小学低年级“说文”训字教学的研究》① 提出研究假设：“小学低年级识字教学的‘说文’训字教学可以分为集中识字和随文识字两种课型，主要教学环节包括激趣导入，任务驱动；发现规律，建立联系；巩固复习，拓展识字”，这是研究者依据《说文解字》的特点和我国传统识字教学的经验，用归纳法提出的一般性假设。带着一般性假设开始实践研究，研究结论可能与研究假设一致，也可能在研究假设的基础上调整、修改、补充，甚至提出新的课型和新的教学环节。

研究假设有科学依据，也有推测的成分，需要用具体的研究结果证明真伪、有效或无效，是否产生影响，影响因素是否与假设一致等。科学的研究假设能够帮助研究者明确工作方向，研究假设被证实或证明有效，研究顺利进行；被证伪或证明无效，需要重新提出研究假设，开启新一轮的研究探索。

（七）研究成果

课题申报阶段的研究成果是预期成果，需要体现出“新”和“实”的特点，呈现本研究成果与既有成果的差异，突出创新性；研究成果确实能够通过研究生成，可行性强，跟研究目标具有一致性。在各种类型的研究成果中，研究报告必须包含其中，其他成果如教学案例、教学论文、学术专著等，要根据课题内容产出的真实情况，以及课题组成员能力的真实水平科学评估、量力而行，在内容和能力允许的范围内颗粒归仓且丰富多彩。

---

① 课题负责人为北京市京源学校小学部王琦。

研究成果能够显现解决问题的程度，标识研究可能产生的效益，建议对照研究计划的各个发展阶段逐一列出阶段性成果，按照课题申报的目标定位明确未来提交科研管理部门的代表性成果。研究成果的撰写可以用表格的形式，对照研究进程分别列出成果类型、数量、计划完成的时间和负责人（执笔人）。可行性的成果设计、确定性的成果信息，能够获得课题审批部门的信任。

（八）研究创新

研究创新主要关注研究价值、研究成果、研究方法三个方面。研究价值，可以从选题角度、课题发挥作用的范畴、解决问题的深度、对语文教育教学实践产生的影响等角度展开；研究成果，可以从成果形式、成果的社会效益和经济效益等角度展开；研究方法，可以从研究设计思路、采用的研究方法、技术手段、实验材料和工具开发等角度展开。研究创新需要跟既有研究作比较，需要说明的是独创性的研究价值、成果和方法在语文课题研究中较为罕见，语文课题一般是组合式创新，比如重构了某些教学内容，整合了某些研究方法，重建了某些课程体系等，或者新区域开展的教学实践补充、调整、优化了原有实践模型等。

各学科研究都有一套指导科学研究的根本性的原则，这些原则同样适用于语文教育教学研究，例如“①提出有意义并能通过实证来研究的问题；②将研究与相关的理论相结合；③使用能对研究问题进行直接研究的方法；④进行有条理的、明确的逻辑推理；⑤实施重复验证和研究推广；⑥发表研究结果，鼓励专业人士的审查与评论”。[①] 这些原则可视为检视课题申报书的基本标准。课题论证的各个组成部分之间有承接关系和内在的逻辑结构，撰写前先要做整体思考，充分体现各部分之间的关联性与一致性。

---

① 马克斯威尔. 质的研究设计：一种互动的取向［M］. 朱光明，译. 重庆：重庆大学出版社，2007：49.

三、完成课题的条件和保障

完成课题的条件和保障是对课题可行性的客观分析和预测，一般包含前期研究、人力条件、资料条件、保障条件四个方面。在课题申报阶段，撰写条件和保障的目的是证明课题能够顺利推进。

（一）前期研究

课题指南给定的选题范围，大多是各个学科都比较关注的重点、难点、空白点，通常会在若干年连续招标，前期研究体现出与申报课题的关联性、延续性会受到更多关注。与数据表相比，“条件和保障”部分的前期研究成果需要更聚焦，最好能够分角度描述前期成果与研究课题的关系。如《整本书阅读实践理论研究》，前期成果可以按照实践基础、理论基础、方法基础分别梳理，全面呈现整本书阅读的实践类成果，如发表的教学设计、教学案例、学习工具设计等；理论性成果，如教学论文、学位论文、学术会议发言、学术专著、课题研究报告、政策咨询报告等；方法基础，如调研报告、考察报告、评价数据分析报告等。

（二）人力条件

人力条件首先要用事实呈现研究团队构成的针对性与合理性。不能简单罗列课题组成员名单，而是要充分体现整合、互补效应。如成员的学术背景围绕课题体现出跨学科、跨领域的特点，体现出跨部门、跨单位的合作，体现出年龄与学术地位的梯队式组合。总而言之，一眼望去，团队成员精干、有力，人员结构严谨、周全。

人力条件还要陈述主观因素，例如在分析课题组人员学术优势的基础上描述分工协作的设想，人尽其才，建设良好的研究环境，建立良好的合作机制等。

（三）资料条件

即便在信息化程度很高的当代社会，语文教育课题研究依然会在很大程度上受到资料条件的限制。如《中国自编小学语文教科书发展历程研究》《中小学语文教材选篇库建设》《外国小学语文教材研究》《香港语文教材编写理念研究》等与教材研究相关的选题需要充裕的教材储备；又如《清末民国小学语文教育演变历程研究》《〈某篇目〉在我国中学语文教学中的解读研究》《叶圣陶语文教育思想研究》《我国统编教材的历史发展研究》等需要充足的历史资料。客观列举课题研究需要的资料条件，分析课题组的条件优势，是助力课题获批的因素之一。

（四）保障条件

保障条件主要叙写单位支持、硬件设备能够满足研究需要，课题经费充足，确切呈现计划申请或自筹经费的数额以及经费支出的具体科目预算和年度预算。撰写保障条件之前最好能够关注课题主管部门的具体要求，课题的性质特点与资助方式等，知己知彼，选择合适的叙写角度。

第二节　开题报告

要点提示

● 开题报告的作用是呈现课题研究的整体策划，能够统一研究团队的思想和行动，是课题研究过程中调整、修正研究内容的基本参照。

● 开题报告主要呈现课题名称、概念界定、选题意义、研究现状、研究问题、研究内容、研究设计、研究假设、研究计划和预期成果等内容，其中部分内容跟申报书的要求一致。

● 课题名称需要标定课题研究的内容领域与核心问题，表述的基本要求是准确、规范、简洁，其中最为关键的问题是学科概念的准确使用。

● 语文课题研究中的概念界定，需要根据自身研究的视角、关注研究问题的关键内容，重新界定带有普遍性的公用概念，使之成为本课题研究的专属概念。

● 阐释研究意义的落点一般放在建构了新知识，发现了新的原因或影响因素，呈现出新的现象，解决了具体的教育教学问题或者验证了指向问题解决的某个假设。

通过申报，正式立项，一般要组织开题答辩会，提交开题报告作为课题实施的书面论证材料。课题申报书的作用是陈述研究课题值得做，课题组成员有能力做，知道该怎么做，课题承接单位有条件做，目的在于“请批准我们做这项课题研究”。开题报告的作用是呈现课题研究的整体策划，向评审专家陈述“我们计划这样做，请审议实施方案”，从这个角度来看，开题报告可视为课题研究的指导性文件，也被称为课题研究方案或课题论证报告，能够统一研究团队的思想和行动，是课题研究过程中调整、修正研究内容的基本参照。从课题管理的角度来看，开题报告可视为课题主管部门下达的“课题任务书”，是开展检查、监督、验收和鉴定等课题管理工作的重要依据。以课题申报书为基础，课题组成员需要进一步梳理材料、反思原有认识，加深对课题的认识和理解程度，更加具体、清晰地表述研究目标、研究内容、研究步骤，更加全面、明确地列出研究进程中各种保障条件的准备情况，为有序高效开展课题研究制定科学的规划。

开题报告和申报书既联系紧密又有所区别，不是申报书的简单复制，需要明确回应“课题从何而来，概念内涵是什么，研究目标如何实现”等关键问题，要在区分两者作用的基础上补充相关内容，细化原有方案。如果不是向上一级科研单位申请的课题，开题报告之前没有规范、完整的申报书，还需要呈现申报书中的相关内容。

开题报告主要呈现课题名称、概念界定、选题意义、研究现状、研究问题、研究内容、研究设计、研究假设、研究计划和预期成果等内容。其中研究问题、研究内容、研究设计、研究假设、研究计划、预期成果等部分跟申报书的要求一致，需要根据课题申报反馈的审议意见或者开题专家的评议意见，在申报书原有内容的基础上调整、补充、优化，如果没有更换或调整课题名称，研究现状也可以在申报书文献综述的基础上修改、完善。本节主要讨论课题名称、概念界定和研究意义的撰写规范。

一、课题名称

课题面对的是教学教育中的困惑或矛盾，是语文教学的理论或实践中确实存在但尚未被发现、尚未得到探究或解释清楚的疑问，或者是探索解决现存问题的新思路、新方法。课题名称与研究问题高度一致，需要标定课题研究的内容领域与核心问题，表述的基本要求是准确、规范、简洁，其中最为关键的问题是学科概念的准确使用。

课题名称表述是否适切，可以从三个角度审视：学科概念的数量及其关系，名称的问题指向，语言表述的规范。

一般来说，课题名称使用的学科概念不宜超过3个，3个以上的概念难以在名称里显现多重关系的内在逻辑或标明主要关系。例如《儿歌中的中华优秀传统文化教育实践研究》，课题名称包含儿歌和中华优秀传统文化教育两个学科概念，两者关系明确，儿歌是教学资源，传承中华优秀传统文化是教育目的，课题名称的问题指向比较清晰：儿歌中蕴含着哪些中华优秀传统文化教育的内容；如何在具体的儿歌中选择合适的教学内容开展中华优秀传统文化教育；如何设计阅读儿歌的学习活动，以达成中华优秀传统文化教育的目的。又如《混合式学习背景下的整本书阅读教学实践研究》，课题名称包含混合式学习和整本书阅读教学两个学科概念，前者是教学组织形态，后者是教学内容，问题指向：混合式学习有什么特点，能够满足整本书阅读的哪些现实需求，采用混合式学习的组织形式开展整本书阅读教学的基本流程是怎样的。再如《高中生语文学习中思辨能力发展的学习进阶》，课程名称也包含两个学科概念，思辨能力和学习进阶，前者限定了后者的研究范围，研究问题的指向为：思辨能力的二级指标拆分，思辨能力的发展过程，如何立足思辨能力发展形成一系列由简单到复杂、相互关联的概念序列以标识学业进阶的真实历程。

课题名称的语言表述规范包括语言文字的规范和学术概念的规范，前者是一般性问题，后者需要关注汉语言文学相关专业和语文课程与教学论的相关概念。

二、概念界定

一般来说，开题报告需要在课题申报书文献综述的基础上拓展文献检索的视野，补充文献资料，在具体分析研究现状的基础上明确研究方向，厘清研究问题，界定核心概念。语文教育研究课题中的概念可以分为基础概念、核心概念和关联概念。“基础概念代表的是基本事实，标明的是研究课题所属的基本范畴，反映的是研究的逻辑起点。”① 具体到语文教育研究的课题，基础概念隐含在课题名称之中，课题名称能够反映研究的指向，如课程、教学、教师、学生，或者语文教育的某个内容领域等，大多不需要在课题名称或关键词中标识。例如《高中生语文学习中思辨能力的学习进阶》，研究的是教学过程中学生的学习行为变化，“教学”属于课题的基础概念，可以不在名称中显示，也不需要界定。研究核心概念揭示研究者在基础概念中选择的角度，反映出研究者对基础概念范畴中研究重点、难点的理解，体现着研究者对语文教育各个研究领域的独特认识和个性化思考，包含课题研究内容的关键性因素。“关联概念是为说明研究课题的新颖性、独特性而存在的，是为核心概念服务的，并表现为对核心概念的限制或限定。”② 从基础概念、核心概念和关联概念三者的关系来看，界定核心概念的前提是明确关联概念，以准确限定研究对象的内涵和外延。还以《高中生语文学习中思辨能力的学习进阶》为例，“思辨能力”和“学习进阶”是课题的核心概念，是研究的关键内容，务必厘定清晰。“高中生”和“语文学习”属于关联概念，限定了研究思辨能力学习进阶的学段和学科范围，缩小了研究对象，体现出研究的独特性与创新性。

“人们思考和研究某个对象，需要一定的视域支撑，需要把认识对象置于已知的基础之上，从已知探求未知。而当视域不同时，人们对同一对象往往看出不同的景观，使该事物呈现出不同的性质与意义，因此，在界定核心概念时，研究者需要明确自己的研究视域，清楚自己是从什么视角、为了什么界定核心概念的。”③ “定义总是某一个定义者的定义，定义不能脱离定义者而单独存在，……定义本身折射着定义者割舍不去的立

① 尧逢品．中小学教育科研中的基本概念辨析［J］．教学科学论坛，2010（06）：30-31.

② 尧逢品．中小学教育科研中的基本概念辨析［J］．教学科学论坛，2010（06）：30-31.

③ 李润洲．学位论文核心概念界定的偏差与矫正——一种教育学视角［J］．学位与研究生教育，2012（06）：6-9.

场、视角和意图。”① 语文课题研究中的概念界定，需要根据自身研究的视角、关注研究问题的关键内容，重新界定带有普遍性的公用概念，使之成为本课题研究的专属概念，即操作性定义。联系我个人的既有经验和收集的资料，界定核心概念有三种基本思路。

（一）列举他人概念，比较分析，厘定操作性定义

采用这一思路界定核心概念的前提是梳理学术界的既有界定，分析各种界定的出发点与角度，综合考量多种学术观点的异同，结合自身研究定位，确定操作性定义。下面以《高中生语文学习中思辨能力发展的学习进阶》为例，说明界定“思辨能力”这一核心概念的过程。

1. 列举文献中的概念界定

（1）“博学之，审问之，慎思之，明辨之，笃行之。有弗学，学之弗能弗措也；有弗问，问之弗知弗措也；有弗思，思之弗得弗措也；有弗辨，辨之弗明弗措也。有弗行，行之弗笃弗措也。”据此，思辨能力可理解为周密思考、明辨是非的能力。(《礼记·中庸》)

（2）根据《论语》对思辨的讨论，可以将“思辨”拆分为“思”和“辨”，“思”是内容，“辨”是方式，即经过长时间的思考，正确地辨别辨析事物或现象，两者相互依托。

（3）思辨是对支持或可能引发结论的任何信念或知识形式的积极、持续和细致的思考。思辨能力指的是依据标准，对事物或看法做出有目的、有理据的判断的能力。(［美］杜威)

（4）思辨指运用恰当的评价标准，进行有意识的思考，最终做出有理据的判断。(［美］理查德·保罗、琳达·埃尔德)

（5）思辨是一种基于阐释、分析、评价、推断、解释和自我调节等技能的、有目的的反思性判断；思辨能力包括认知技能和情感特质两个维

---

① 石中英. 教育学研究中的概念分析［J］. 北京师范大学学报（社会科学版），2009(03)：29-38.

度，认知技能包含若干分项技能。(1990 年《特尔斐报告》)

(6) 勤学好问，相信理性，尊重事实，谨慎判断，公正评价，敏于探究，持之以恒地追求真理；能对证据、概念、方法、标准、背景等要素进行阐述、分析、评价、推理与解释；能自觉反思和调节自己的思维过程。(2018 年中华人民共和国教育部《外国语言文学类教学质量国家标准》)

2. 分析不同文献界定概念的角度

以上对“思辨能力”的概念界定大致可以分为三个角度：思想方法、思维能力、思考过程。从思想方法的角度出发，思辨要以思考为基础进行辨别分析；从思维能力的角度，思辨包括思考能力和反思能力，是基于标准的理解力、分析力和综合力，是加工感性材料使之转化为理性认识的能力；从思考过程的角度，思辨能力关注背景、证据、概念、方法、标准等影响因素，采用阐述、分析、评价、推理与解释等基本方法，要做出有理据的判断或反思性的判断。综上，《外国语言文学类教学质量国家标准》对思辨能力的界定角度比较全面，涵盖了以上三个角度，且将作为思想方法的思辨拆分为若干种行为表现。值得关注的是，不同概念从不同角度列举的行为同中有异，表现出研究者对思辨能力核心问题的认识存在差异。

3. 分析本研究的意图和视角，确定操作性定义

本研究关注高中生思辨能力发展的学习进阶，需要关注思辨能力中有外在行为表现的，能够划分水平层级，并能用序列化概念描述的部分。能力表现层级通常需要关注情境、对象和程度三个基本要素：在什么条件下，能做什么事情，能做到什么程度。语文学习过程中的思辨能力主要表现在言语实践活动中，学生在阅读与鉴赏、梳理与探究、表达与交流三种活动类型中，能够集合背景、立足概念、选择方法、明确标准、寻找证据，通过阐释、分析、评价、推断、解释等思维活动，得出有理据的判断；在完成学习任务过程中、提交学习成果后，能够对照学习成果反思学习过程，对自己的认知行为做出合理的反思性判断。综合以上讨论，《高中生语文学习中思辨能力发展的学习进阶》将“思辨能力”界定如下。

在阅读与鉴赏、梳理与探究、表达与交流等基本言语实践过程中，能够以探求真理为立场，建立背景、概念、方法、标准和证据的内在关联，通过完整的思维过程做出合理的判断，得出有说服力的结论；在言语实践活动中具有反思性判断的意识，能够对自身的认知过程和认知方式做出合理的判断。

（二）面向事实本身，归纳概念的本质特点

概念是对事物本质属性的反映，从概念到概念，采用的是演绎思维，从现象、事实到概念，采用的是归纳思维。直面研究对象呈现的事实或现象，采用“本质直观”的方式，关注事实“多样性变更的创造性展开。在持续的覆合之中的统一联系”，进而“积极地以直观确认诸差别中的同一”① 是现象学研究的重要思想方法。《家庭阅读中的家长角色研究》，核心概念为“家庭阅读中的家长角色”，用现象学的思想方法界定这一概念的过程如下。

1. 描述基本表现

（1）关注书的信息，有买书的兴致、藏书的雅趣。经常跟孩子谈起各种书名，向孩子展示各类风格的装帧，带着孩子一起买书，帮助他们积累选书的体验。有藏书章，或者名章，通过跟孩子一起在书页上盖章等藏书活动让孩子感受到对书的尊重。家里的书架像一个微缩博览会，展示着世界的美好、思想的高贵。

（2）有自己的阅读习惯和方式，通常有相对固定的阅读时间、频次，读书已经成为生活的一部分。以自己的生活方式建设家庭成员的精神风貌，形成家庭的文化气质。

（3）乐于跟孩子聊书，聊自己读的书，也聊孩子读的书。彼此做

① 李鹏程. 胡塞尔传［M］. 石家庄：河北人民出版社，1998：114-115.

听众，分享自己读到的故事、人物、场景，读出的心得、体会、感悟。用自己丰厚的生活阅历、丰富的认知经验，为孩子提供深度思考的视角。聊书时乐于接受孩子的观点，与孩子双向互动，在彼此的付出与接受过程中实现家庭成员的文化共建。

（4）跟孩子一起制订家庭建设计划，共同开启阅读生活，如约定“家庭读书日”“家庭图书馆日”，讨论“家庭书架的书目”等，用共同的方式实现各自的成长。

2. 寻找理论依据，明确界定思路

社会心理学将角色分为理想角色、领悟角色和实践角色三类，理想角色是一种理想的规范和行为模式，领悟角色表现个体对同样的规范、模式的不同理解，实践角色是执行过程中表现出的实际行为。三种角色可视为“家庭阅读中的家长角色”的三个维度或三个阶段，可以作为界定概念的理论依据。

3. 表述界定过程与结果

参照社会心理学的角色分类方法，按照从构建到实践的过程，家庭阅读中的家长角色可以界定如下。

正确认识阅读对自身成长和家庭建设的积极影响，重视家长阅读者的作用，有良好的阅读行为并能够采用合理的方式对儿童和家庭阅读产生积极影响的父母形象。

（三）多角度分析，揭示概念的多重本质

运用分析思维“是要把核心概念所表征的事实本身的直观本质进行条

分缕析的梳理，以便获得核心概念所表征的事实本质的自明性。”① 如《语文整本书阅读教学理念探索与创新实践》②，研究者将整本书的概念界定如下。

> “整本书”作为教学材料，是篇章选文和教材单元的等位概念，其内涵可以从出版学、教育政策、阅读功能论和教学实践话语等不同维度加以界定，本研究所谓的整本书特指在人类思想史、文化史和文学史上为学界公认的经典名著，包括文学类、文化类、科普类等。从组织结构上可分为碎片结构、半系统性结构和系统性结构三种，不同结构方式影响阅读理解路径与教学组织形式。“整本书阅读”是以整本书为学习材料、以阅读理解为核心目标、以综合性语文实践活动为载体的课程与教学内容。整本书阅读的本质是以课程内容重构为中心，整合教学方式、学习方式、评价方式等课程要素的整体性改革。相比篇章教学、单元教学，整本书阅读的课程化实施为文本研究、学生研究、教学实践反思研究的积极互动和持续研究开辟了更为广阔的空间，为课程目标从三维目标到素养本位提供了重要支持。整本书阅读本着“理解与鉴赏”“经验与方法”“表达与交流”“熏陶与启迪”四位一体的教学目标，旨在使学生知识习得的过程成为能力发展的过程，同时也成为情感、态度、价值观的形成过程，使学生知识、能力、情感和学习方法等呈现共生的、并进的、交融的状态。这一目标定位决定整本书阅读的课程实施应秉持“学—评—教”一体的系统思考，遵循整体取向、典型取向、活动取向和个性取向。

上述界定分为“整本书”和“整本书阅读”两部分，先将“整本书”

---

① 李润洲. 学位论文核心概念界定的偏差与矫正——一种教育学视角［J］. 学位与研究生教育，2012（06）：6-9.

② 课题组成员：郑国民、李煜晖、李倩、吴欣歆、王彤彦、李怀源。

置于广阔的学科领域中，在其中选择教学实践话语系统作为界定的学科范畴，分别从文本类型、组织结构、教学组织形式限定课题研究的对象“整本书”的概念内涵。再从本质特点、课程价值、教学理念三个方面限定“整本书阅读”的价值取向，用分析思维从多个角度揭示核心概念的内涵。

从撰写的角度来看，概念界定需要立足本研究的独特之处重新界定既有概念，准确描述概念的内涵和外延，阐释界定的思考过程，说明如何界定以及因何如此界定。

三、研究意义

选题意义不是重复研究背景或研究目的，确定了课题研究的核心问题，选题意义要围绕核心问题阐释。选题意义通常关涉学术、理论、实践三个方面，其中语文课题的实践意义可以从语文教学变革、学生学业水平提高、教师专业发展等方面展开讨论。阐释意义的落点一般放在建构了新知识，发现了新的原因或影响因素，呈现出新的现象，解决了具体的教育教学问题或者验证了指向问题解决的某个假设。

撰写研究意义首先要分析研究问题的来源和演化进程，了解研究成果的理论认识和实践探索，把握研究问题的未来发展方向，预测课题成果在学术发展和深化实践等方面的意义。

下面以《高中时文报刊阅读教学实践研究》为例讨论研究意义的撰写。

示例 1

指导高中生阅读时文报刊，具有重要的实践意义。其一，能够丰富学生获得知识的途径，开阔学生的阅读视野；其二，能够帮助学生从多个途径获得人生智慧，陶冶情操、完善人格，获得多元的审美体验；其三，能够帮助学生积累写作素材，从社会生活的角度拓展写作内容。

示例 2

开展高中时文报刊阅读教学实践研究，对学生语文学业水平的提高，学校教学质量的提升，语文课程教学变革具有重要意义。其一，服务于学生在社会生活中真实的阅读实践，通过引领学生学习方式的变革实现学业水平的提升；其二，实现学校课程的创新性发展，促进跨学科课程体系的建设；其三，影响语文课程与教学论的研究领域，拓展了语文课程的内容领域，推动高中语文教学变革。

示例 1 从单一角度展开，立足学生发展阐释研究意义，在某种程度上可以理解为学生阅读时文报刊的意义，不能涵盖课题研究的整体意义。示例 2 从学生、学校、课程三个角度揭示研究意义，前两个角度侧重实践意义，后一个角度侧重对语文课程与教学论学科建设与发展的意义。示例 2 更符合研究意义的撰写要求。

2018 年，教育部印发了《中小学图书馆（室）规程（修订）》，引起学校对图书馆阅读、图书馆课程建设的关注。《图书馆阅读活动课程的开发与实施》① 可以从以下方面阐释研究意义。

1. 落实《中小学图书馆（室）规程（修订）》对学校图书馆主要任务的规定。贯彻党的教育方针，培育社会主义核心价值观，弘扬中华优秀传统文化，促进学生德智体美全面发展；建立健全学校文献信息和服务体系，协助教师开展教学教研活动，指导学生掌握检索与利用文献信息的知识与技能；组织学生阅读活动，培养学生的阅读兴趣和阅读习惯。

2. 落实《中小学综合实践活动课程指导纲要》开设综合实践课程的基本理念：课程目标以培养学生综合素质为导向；课程开发面向学生的个体生活和社会生活；课程实施注重学生主动实践和开放生

① 课题负责人为北京市通州区贡院小学赵海凤。

成；课程评价主张多元评价和综合考察。

3. 探索图书馆阅读与学习的基本规律：关注学生图书馆阅读行为的表现、规律，探究其与教室、家庭阅读的不同；探索由图书馆阅读向综合实践活动延伸的基本方向、课程内容与实施方式。

上述三方面的研究意义从落实文件要求和探索学习规律两个方面展开，值得关注的是图书馆是整合两份文件要求的合理学习空间，图书馆课程既能发挥图书馆的作用又能实现综合实践活动的校本化设计。图书馆作为阅读和学习的空间，与其他空间有哪些差异，如何实现不同阅读空间的功能互补，这是图书馆建设关注的现实问题。

开题报告是论证课题实施可行性的书面材料，应充分显示研究团队的学术素养、管理能力和工作态度。开题报告会不是形式主义的走过场，是真正的学术对话，应多角度吸纳意见和建议，在此基础上修改、完善开题报告，使之成为推进课题实施的有效方案与管理工具。

第三节　中期报告与结题报告

要点提示

● 中期报告和结题报告都要以开题报告为对照标准，呈现课题的进展情况与研究成果。

● 课题研究工作简报是课题工作的书面记录，反映课题组研究的工作情况与发展动态，具有阶段工作总结、课题工作备忘等的作用。

● 课题研究成果概要需要真实、确切，简约呈现能代表课题研究进程的典型成果。可以对照开题报告列出的预期成果，已经完成的成果，概述成果内容；未完成的成果，概述完成进度，呈现阶段成果概貌。

● 课题研究报告包括前置、正文、引文注释与参考文献三部分。需要全面回应开题报告提出的研究问题与研究假设，具体呈现课题研究做了什么、怎么做的，做出了什么，达到了什么目标。

● 课题工作总结的目的是总结课题研究的经验，探索课题成果的推广应用，既是课题研究的完成，也是课题研究的总结、反思。

“课题研究是当前开展教育科学研究的主要方式，是课题负责人与课题管理部门共同约定的一种特殊研究活动，不同于个人按自己意愿随意开展的研究。”① 科研管理部门需要采用正式的方式检查课题研究的进展、取得的成果，确保共同约定的研究任务顺利达成。课题研究过程中管理部门通常会组织中期检查，结题后要有结题报告会，两项工作均要求提交书面

① 李政. 教育科研课题的结题及实际操作［J］. 教育科学研究，2001（05）：73-76.

材料。中期检查是科研管理的重要环节，对已立项的研究课题，起指导和协调作用，针对研究进展情况的不同，分析课题是否能继续进行，明确课题研究需要的指导、帮助和咨询。中期检查和结题报告经常采用专家论证会的形式，调研研究过程、研究成果、经费使用等情况，判断课题是否按照立项的目标和计划开展，是否能够（已经）完成预期研究成果。

中期报告和结题报告都要以开题报告为对照标准，呈现课题的进展情况与研究成果。中期报告的核心内容是工作简报、成果概要和未来研究计划，结题报告的核心内容是研究报告和工作总结，其中未来研究计划如果没有在开题报告的基础上做出调整，就不需要文本汇报材料。

科研管理部门一般要根据课题的类型、级别，要求课题组提供不同类型的附件，附件是对课题研究过程和研究成果的补充说明或具体展现，内容一般包括：能够具体展示研究成果的论文论著、实验报告、调查报告、咨询报告、课题组成员的获奖证书等；研究过程中使用的工具，如调研问卷、访谈提纲、测试题目、观察记录表等；支持研究成果的原始材料，如田野记录、数据及统计分析等；体现研究成果发挥作用的证明材料，如实验学校的工作总结或成果应用证明、实践案例等；如果有视频音频材料，需要呈现链接。附件最好分类呈现，每类附件分别编号，如附件 1-1、附件 3-2 等。

下面分别讨论课题研究工作简报、成果概要、研究报告和工作总结的内容要素与撰写规范。

一、课题研究工作简报

“工作简报：各办、外交、计委、建委、体委、民委、侨委，每两周向总理写一次工作简报，明白、扼要地报告所掌管的范围内重大问题处理、工作中的重要情况和经验。”① 课题研究工作简报记录、报告的是课题研究进程中的具有代表性、指导性和典型性的工作内容，如课题组例会、

① 摘自 1955 年 6 月 9 日国务院发布的《关于所属各部门工作报告制度的规定》。

专题讨论会、阶段成果专家论证会、课题成果发布会、课题调研情况通报、课题组成员发表论文与获奖情况等，工作简报是课题工作的书面记录，反映课题组研究的工作情况与发展动态，具有阶段工作总结、课题工作备忘等的作用。按时序排列的课题研究工作简报像一份“研究地图”，完整记录工作过程，具体呈现课题研究过程中遇到的问题、问题解决的过程、方法与成效。

课题工作简报的频次与课题研究的时长相关，大多一个季度或一个月整理一次，报送部门包括但不限于科研管理部门、同类或同级课题组、本课题组成员，起到汇报工作、交流经验、推动进程等作用。固定周期的课题研究工作简报有助于中期检查的工作汇报和结题工作总结，能够及时表扬先进、指出问题，有利于课题组成员了解课题进展、预判未来发展，凝心聚力，提高研究工作的效率。

课题研究工作简报可以分为综合简报和专题简报两类，前者多方面报告工作动态，如会议信息、成果摘要、调研结果通报等；后者针对研究工作的核心问题做专题梳理，也被称为阶段中心工作简报。例如《小学语文单元整体教学实践》，在确定基本设计思路后开展了入校实践，可以在一期工作简报中就实践单位的选择、实践进程中的问题解决、实践成果的梳理等方面的工作做专题整理与汇报。综合简报、专题简报可以根据研究工作的实际情况选择使用。

课题研究工作简报的格式与其他工作简报相同，包括报头、报身和报尾三部分。报头通常是居中的三行，分别呈现“工作简报”“课题名称（专题名称）”、编发单位与日期（编发号）。综合简报的报身需要按照工作性质的类别呈现工作简讯或情况报告；专题简报的主体内容类似研究综述，围绕该专题选择不同角度呈现研究进展。报尾部分写明报送、抄送单位与印发数量。工作简报的语言表述要尽量精炼、准确，突出基本信息。

二、课题研究成果概要

课题研究成果概要需要对照开题报告列出的预期成果，已经完成的成果，概述成果内容（类似于论文摘要）；未完成的成果，概述完成进度，呈现阶段成果概貌。

《语文学科传承中华优秀传统文化的现实问题与解决对策》① 课题组已经完成的成果，如《中华优秀传统文化进语文课程的认知误区及其澄清》②，成果概要就可以用论文摘要呈现。

“中华优秀传统文化进语文课程”的提法包含多个概念。厘清核心概念的内涵，澄清认识误区，有利于落实国家教育政策，提高语文课程实施质量。第一，“传统”强调文化贯通古今的特征，“古代”则是时间维度的分类结果，把传统文化等同于古代文化，有可能造成育人目标的偏颇并使教学材料和教学内容的选择受到局限。第二，“优秀”是传统文化的成分而非标签，传统文化教育要关注文化的整体性和复杂性，提高学生独立自主做出正确价值判断的能力。第三，“进语文课程”兼具增量、提质两种意涵，当务之急是找准语文课程与传统文化的重要交集，切实提高汉字教育和阅读教学质量，推进中高考相关命题的改革。

课题组在完成调查研究后，计划撰写研究报告，研究报告的阶段成果概要可以用提纲的形式呈现。

2018 年 12 月至 2019 年 5 月，语文学科项目组就传统文化进语文课堂的现状展开调查研究，调查选取北京、山东、广东、吉林、宁夏、云南、河北七个省市，按照“3：4：3”的比例分别选择优质校、普通校和薄弱校。共计 1868 位教师参与问卷调查，140 余位教师参与

① 课题组成员为吴欣歆、白如、李煜晖。

② 李煜晖，白如. 中华优秀传统文化进语文课程的认知误区及其澄清［J］. 课程. 教材. 教法，2022，42（01）：78-84.

访谈。结合调查数据、访谈结果以及文献梳理与案例研究的结论，提炼出目前语文学科弘扬传统文化面临的现实问题。

十八大以来，国家层面大力推进中华优秀传统文化进校园、进课堂、进教材。实践调研显示，中小学语文学科的教师和学生对于传承中华优秀传统文化的主动性和积极性较高，但在目标定位、内容选择、考试评价方面，还存在定位偏差、内容片面、考评错位等问题。这些问题的存在，很大程度上妨碍了语文学科传统文化教育的深度推进，不利于强化学生对于中华优秀传统文化的深度认同。

1. 目标定位重知识灌输，轻价值引领。师生普遍将知识层面的简单扩容增量视为传统文化教育的主要目的，传统文化教育在思想价值引领层面的重要地位尚未引起足够重视，对于从“知识灌输”到“价值引领”的发展路径缺乏自觉探讨和系统构架。过分增加知识层面的内容，会挤压教师和学生理解、感悟、体察传统文化思想内蕴的空间，使学生“只见树木不见森林”，限制语文学科传统文化教育的品质提升。

2. 内容选择存在泥古复古倾向，忽视学生精神成长的真实需求。语文学科教师普遍对于“优秀传统文化”的界定不够明晰、认识不够深刻，内容选择尚未充分关注当代社会发展需求，尚未充分关注传统文化精神内核对当代学生精神成长的真实价值，教学内容未能很好贴近学生的实际生活，导致创造性转化力度不足。传统文化教学内容的安排未能充分重视不同年龄段、不同地区学生的认知水平差异，学段之间传统文化教学内容的梯度化差异不够明显，缺乏前后衔接、协同配合的统筹布局。

3. 考试评价重记忆背诵，轻生活化运用。传统文化相关内容在语文考试中以知识点的考查为主，未能充分发挥考试的正向促进作用，学生用应试思维记诵传统文化概念的现象、为考试而学习的倾向较为普遍，导致学生对传统文化精神内核的理解浅表化、标签化，缺乏真实可感的体验和经历，以及在此基础上的真切触动和深度认同，不利于践行知行合一的教育理念。传统文化真正融入学生的思维方式、价值理念之中，还任重道远。

课题研究成果概要需要真实、确切，简约呈现能代表课题研究进程的典型成果。

三、课题研究报告（结题报告）

课题研究报告是课题结题的书面材料，是课题组成员梳理研究过程、总结研究成果的主要载体，需要全面回应开题报告提出的研究问题与研究假设，具体呈现课题研究做了什么、怎么做的，做出了什么，达到了什么目标。根据课题特点的不同，课题研究报告可以选择不同的结构类型，如理论阐述、实证报告、经验报告、个案报告等，采用哪种类型都要做到结构完整、重点突出、语言规范。

课题研究报告包括前置（含标题、署名、内容摘要、关键词）、正文、引文注释与参考文献三部分。正文包括研究背景、研究内容、研究意义、研究过程、研究成果和研究反思等主要内容，其他部分可以在开题报告的基础上微调，研究成果需要基于研究资料提炼概括，研究反思需要基于研究过程与研究成果明确本研究存在的问题及未来发展建议。

（一）研究成果的提炼

撰写研究成果，首先需要区别研究成果和研究成效。研究成果回应研究问题与研究内容，立足课题的整体设计和系统推进，有针对性地回应研究问题，如课题探索出的具有理论价值的性质、原则、原理、规律，或者有实践指导意义的方法、技术、路径、策略等，具有抽象概括的特点，对语文课程与教学的发展起到推动作用或积极影响。研究成效回应研究背景，描述课题研究给学生、教师、学校、区域带来的真实变化，如学业水平提升、专业素养发展、教育质量改进等。研究成效可以证明研究成果的真实、有效。需要补充说明的是，在研究成果部分通常不罗列课题组成员发表的论文论著、获奖情况、参编教材等，这些是研究成果的载体，并非研究成果本身。

在研究过程中，围绕研究内容收集了完整、丰富的研究资料，整理资料、去粗取精，逐渐在分类、比较的过程中生成观点，建构理论，形成研究成果的内容框架。聚焦内容框架，需要重新梳理研究资料，抽取支撑观点最有力的材料，将概括加工后的材料作为观点的论据。研究资料的分析处理可以采用逻辑分析法或统计分析法。前者更适用于教学设计、教学实录、教学案例、教学叙事等质性研究资料，这些资料的描述性强，适合运用抽象、概括、归纳、分析的方式抽取主要特点，立足主要特点生成理论观点。统计分析法更适用于教育评价研究，将测量过程汇总收集的数据资料做统计分析，从数据中发现特点、找到变化，探究原因，揭示研究问题的本质特点。两种资料分析的方法还可以综合使用，在抽取质性材料特点的基础上对各个特点做频次统计，确定突出特点；在数据分析之后利用质性材料抽取出的特点进行解释分析。采用资料分析方法的核心目的是挑选、整理、归纳研究资料，筛选其中关键的、核心的部分，以此为基础思考探究，将注意力首先集中在最有价值的研究资料上，形成事实和观点的有效互动，提炼出简洁有力的研究成果：观点正确、材料可靠、逻辑严密。需要补充说明的是，研究成果部分使用的研究资料，一般不原文引用，支持研究结论的材料原文可以用附件的形式呈现。如此，课题研究成果被准确、完整地表述出来，增加课题组成员的获得感和成就感，便于学术同行进行专业交流，便于各个级别的教育部门推广应用。

（二）研究成果的表述

对应开题报告的各个部分，研究成果需要逐一落实。研究内容若是教学策略，研究成果就要总结课题凝练出的策略；研究内容若是教学模式，研究成果就要完整呈现课题建构的模式；研究内容若是具体的教学问题，研究成果就要列出解决的具体过程或者多种方法。研究方法中若涉及测试，研究成果就要针对测试工具的设计开发、测试方案的制定、测试数据的分析过程与结果做出回应，呈现测试的结论；研究方法若涉及课例研究，研究成果就要体现课例研究主题的确定、资料的收集与分析、课例研究的结果与结论。研究成果要一一对应预期成果，说明实现了什么，未能实现什么，未能实现的原因是什么。除了文字描述与阐释，还要充分利用数据的优势，采用直方图、曲线图、折线图、柱状图、饼图等直观呈现研究成果。

研究成果部分一般不描述研究成果的形成过程，对研究成果形成过程的科学性、合理性的说明是研究过程的主体内容。

（三）研究反思的撰写

研究反思部分首先要呈现研究结论，研究结论是课题组反复研究后的总体论点，是研究报告的“金字塔尖”，需要明确课题研究解决了哪些问题，哪些问题有待进一步解决，以及在研究过程中生发出了哪些新问题。

研究反思的主要内容是讨论研究成果的可靠性，与他人的研究成果进行比较，诠释研究成果的贡献与局限；讨论研究方法的科学性，研究方法与研究问题的一致性；根据研究结果对未来研究提出建设性的意见。研究反思的作用不仅仅是增加研究的“仪式感”和“尊重感”，更重要的是为课题组成员及研究同行提供有价值的信息，因此，对研究成果的概括与推论，对未来研究的思考与建议要客观真实，简明集中，有启发意义。

四、课题研究工作总结

课题结题既是课题研究的完成，也是课题研究的总结、反思，课题组成员总结研究成果的过程也是生成新的研究问题的过程，课题工作总结的目的是总结课题研究的经验，探索课题成果的推广应用。

课题研究工作总结首先要描述课题研究的完整过程，包括申报、开题、中期检查，以及研究过程中的关键节点，为推进研究组织的学习、培训活动等。在此基础上总结研究团队的组建、研究工作的机制、研究计划执行的情况、研究经费的使用情况等，重点关注课题研究进程中的事务性工作，与研究成果部分的学术工作总结联动。课题研究是各类学术工作中行政色彩比较浓的一类，课题负责人既要有学术实力还要有组织能力，有良好的沟通协调能力。课题工作总结的意义在于回顾研究过程，梳理上述几个方面的优劣得失，积累学术研究中的行政工作经验。

研究团队可以从年龄梯队、学术背景搭配、性格特点组合、工作状态的相互影响等方面总结经验，修订团队建设的既有标准。

研究工作的机制需要先总结本课题研究采用的工作机制，理性分析该工作机制的合理性，反思该机制给研究进程带来的正面与负面影响，探索完善工作机制的思路与方法。

研究计划的执行情况，需要对照计划和实际工作，列出未能按照既定计划完成的工作事项，分析未能完成的主客观原因，确定可以改善的内容，为工作机制的完善提供参考。

研究经费的使用情况，首先要对照文件分析是否合规，经费使用的分配是否合理，思考经费执行的进程是否有助于研究进程的发展，列出需要调整的具体内容。

第五章 教学论文

学术论文是研究某领域学术问题，表述研究成果的理论文章。作为学术论文，教学论文研究的是教育教学领域的学术问题，形成关于教育教学的理论观点，是指导未来教育教学实践的理论文章，撰写教学论文是教师建构专业知识、发展专业思维、提高专业表达能力的有效途径。教学工作围绕教学实践中的实际问题展开，教师掌握实践过程的第一手资料，这是教师开展教育教学研究的优势所在。教学实践要求教师在多种方法中选出最适切的方法，因而“适切”成为教师实践反思的重要标准，在真实的教育教学情境中探寻并判断适切的实践方式，这种能力需要在系统的研究历程中发展与提升。系统研究转化为系统的研究成果，实现自我反思，便于同行评议，以更为充分地发挥研究的作用。与教学设计、教学案例不同，教学论文是教师研究的理论成果，不能只描述教学经历或经验，必须要提出教育教学的理论观点。这里所说的理论观点既包括社会倡导的理论，也包括教师的个人理论，“教师个人理论是指教师以自己的学科性质特点为基础，在长期的教学实践过程中通过研究、反思、感悟和内化形成的自己独特的教学思想或教学理论，并在此基础上形成自己独特的实践操作体系和教学风格。”① 下面分别从教学论文的特点、撰写教学论文的过程和修改教学论文的要点三个方面展开讨论。

① 杜芳芳. 教师个人理论形成阶段透析［J］. 中国教师，2009（23）：44-46.

第一节　正确认识教学论文

要点提示

● 语文教学论文的选题涉及多个内容领域，教学论文的选题范围集中在语文教育学的研究范畴内，研究可以分层级、成系列地展开，形成系统的研究成果。

● 教学论文一定要有自己的观点，教师对教学实践展开批判性反思，在基础理论的指引下实现旧问题的创新性解决，形成对语文教育教学的新认识。

● 教学论文论据的使用和论证的结构跟普通的论说类文本没有大的区别，体现着语文教师的逻辑思维和论证能力。

● 教学论文的结构体式和论据使用没有固定的程式，但不同的研究方法确实有其呈现研究成果的典型范式。

正确认识教学论文，可以从论题的范围、论点的陈述、论证结构和论据使用三方面展开讨论。下面以程翔老师1999年—2021年发表的46篇教学论文为支撑材料，分别讨论上述三个方面，总结教学论文的基本特点。选择程翔老师的教学论文作为研究资料，有四个主要原因：其一，程老师在当代语文教育的影响力，从20世纪90年代至今，逐渐扩大；其二，程老师研究的内容领域广泛，研究成果丰富，样本量大，更有说服力；其三，程老师有长久关注、持续研究的主要领域，易于分析其对语文教育认识的发展变化；其四，程老师教学论文的话语系统与一线教师最为贴近，是优质的学习范本，用实例讨论教学论文的特点更容易被一线教师接受。

一、论题的范围

语文教学论文的选题涉及多个内容领域，大致可以分为语文教育教学基本理论研究、语文教育变革关键问题研究、语文教学主要内容领域研究、语文名家教育思想研究、语文教师专业发展研究、学生发展研究、语文学科专业研究。

（一）语文教育教学基础理论研究

基础理论指一门学科的基本概念、范畴、判断与推理，除了专门讨论基础理论的教学论文，在语文教学主要领域的研究成果，也可能包含对基础理论的研究。为了便于分析讨论，本部分只讨论专门性的教学论文。程老师《论学理观照下的语文教学》[①] 和《试论语文学科内容的结构性缺失》[②] 是基础理论研究的典型代表。

“学理是学术之理，是说得出来的道理，说白了就是规律性认识，或者是规律性认识的理论语言和体系。学理包括对事物本质的揭示，对事物现状的客观评估，对事物内在演进路径的描述，当然还包括认识事物的科学方法等。关于学理支撑，简单地说就是对新实践、新思路、新判断、新结论，进行科学性证明。”[③] 学理包括已有的和新生的原理和法则，程老师从规律性认识的角度，在《论学理观照下的语文教学》一文中重新界定了语文教学的学理，将语文教学的学理分为基础学理与学科学理，阐释了两者的内涵、内容，可以解决问题的范畴，在此基础上分别讨论阅读教学和写作教学的学理，指出教师成熟的标志是自觉运用基础学理与学科学理来

---

① 程翔. 论学理观照下的语文教学［J］. 课程. 教材. 教法，2015，35（11）：56-62.

② 程翔. 试论语文学科内容的结构性缺失［J］. 中学语文教学参考，2019（26）：20-23.

③ 尹汉宁. 谈谈学理和学理支撑［N］. 学习时报，2017-06-28.

观照语文教学行为。

语文学习内容的结构性缺失，其讨论背景是重读吕叔湘先生的《当前语文教学中两个迫切问题》，重提汉语言文字规范化应该成为语文学科内容的一部分，从“缺失什么”和“为什么缺失”两个方面展开讨论，提出解决方案：中小学语文课程中增加现代化的内容。

两篇教学论文讨论的是语文教育教学的本质问题，与基本学理、课程内容的结构体系处于同一层级的论题还包括：语文课程的性质、语文教学变革的方向、语文学科核心素养背景下的评价理念、语文课程资源的开发原则、新时代语文教科书的编写理念等等。

（二）语文教学变革关键问题研究

在教育教学变革过程中，会出现一些新导向、新现象、新概念，语文教师应该关注语文教育教学变革的动态发展，参与讨论不同发展阶段的关键问题。程老师的教学论文如《试论阅读教学与多媒体的整合》①《对高中语文新课程教、学、考一致性的思考》②《亲身体验与内化生成——谈语文活动课的本质特征》③《从“整本书阅读”的学科定位谈起》④《传统文化教育融入学科教学的原则和途径》⑤《对“学习任务群”的几点思考》⑥ 等，既是回应语文教育教学变革中的关键问题，也对教育教学变革起到了巨大的推动和引领作用。

---

① 程翔. 试论阅读教学与多媒体的整合［J］. 教育研究，2004（08）：47-51.

② 程翔. 对高中语文新课程教、学、考一致性的思考［J］. 教育科学论坛，2011（07）：14-17.

③ 程翔. 亲身体验与内化生成——谈语文活动课的本质特征［J］. 中学语文教学，2016（07）：12-14.

④ 程翔. 从“整本书阅读”的学科定位谈起［J］. 中学语文教学，2017（01）：8-11.

⑤ 程翔. 传统文化教育融入学科教学的原则和途径［J］. 北京教育（普教版），2019（01）：84-87.

⑥ 程翔. 对“学习任务群”的几点思考［J］. 语文建设，2021（11）：72-74+80.

在信息技术迅猛发展，信息技术和学科整合受到空前关注的背景下，程老师已经从实践研究走向了问题的阐释与反思，提出多媒体教学是一种教学模式，相比传统阅读教学具有优势，在整合过程中必须立足阅读教学自身的特点，重点解决两个核心问题：如何借助多媒体促进学生对语言的学习和感悟，促进学生思维能力的发展；如何使多媒体服务于学生的阅读体验。从研究发展阶段来看，程老师的教学论文具有前瞻性。

2014 年，教育部印发《完善中华优秀传统文化教育指导纲要》；2017 年，中共中央办公厅、国务院办公厅颁布了《关于实施中华优秀传统文化传承发展工程的意见》；2021 年，教育部印发《中华优秀传统文化进中小学课程教材指南》，三份文件标识了中华优秀传统文化教育的推进过程，程老师讨论传统文化融入学科教学的论文发表在 2019 年，为推动中华优秀传统文化的学科教学实践做出了理论贡献，提出“传统文化融入学校教育中，要根据学校教育的实际，依据现有学科中传统文化因素的情况，把握好传统文化内容与学科性质、教学规律的关系。”“具体来说，义务教育阶段语文教材中的中华优秀传统文化主要通过专题、识字课、课文阅读、单元练习、综合性学习等形式得以体现。”“在语文学科常规教学以及其他学科的常规教学中融入传统文化的内容，关键要做好两个方面，一是强化传统文化的意识，二是结合教材适当补充、丰富。”这些观点，有力引领了下一阶段的文件撰写和教学探索。

除了多媒体教学整合、中华优秀传统文化教育、语文活动课、整本书阅读、学习任务群，从语文教学变革关键问题出发，还可以关注革命文化、社会主义先进文化、当代文化参与、学业质量、表现性评价、作业设计、综合实践活动、研究性学习、校本课程、项目化学习、跨媒介阅读与交流、跨学科学习等。

（三）语文教学主要内容领域基本问题研究

语文教学的主要内容领域包括识字与写字、阅读、写作、口语交际、综合性学习、整本书阅读等多个方面，如果研究者有自己长期关注的内容领域，教学论文会体现出系列化、连续性的特点。从选作研究样本的 46 篇教学论文来看，程老师主要关注的内容领域是阅读和写作，在两个内容领域教学的基本问题上均提出了自己的观点和主张，持续关注某些关键问题，能够凝练出特色鲜明的教学思想。

对于阅读教学基本问题的讨论包括《对阅读教学的几点认识》① 《试论阅读教学中的“理解”》②《简述中学语文课堂阅读教学内容的三个层级（上）》③《中学语文课堂阅读教学内容的三个层级（下）》④《论“基本理解”》⑤ 《一种基本的章法训练模式——脉络句训练法》⑥ 《点在要害处，方能拨千斤——例谈小说教学》⑦《“目录句”与“对应段”》⑧《论“专业阅读”——以统编〈语文〉九年级教材为例》⑨《“类文本”与“单元教学”》⑩。上述按照发表时序排列的文章，在讨论话题上呈现出由大到小的发展历程，其中几篇文章在内容上可以形成相对完整的序列，如表 5-1 所示。

---

① 程翔. 对阅读教学的几点认识［J］. 天津师范大学学报（基础教育版），2002（03）：30-33.

② 程翔. 试论阅读教学中的“理解”［J］. 中小学教材教学，2003（26）：2-7.

③ 程翔. 简述中学语文课堂阅读教学内容的三个层级（上）［J］. 现代语文，2004（01）：40-42.

④ 程翔. 中学语文课堂阅读教学内容的三个层级（下）［J］. 现代语文，2004（02）：17-19.

⑤ 程翔. 论“基本理解”［J］. 中学语文教学，2006（05）：18-20.

⑥ 程翔. 一种基本的章法训练模式——脉络句训练法［J］. 中学语文教学，2008（11）：25-28.

⑦ 程翔. 点在要害处，方能拨千斤——例谈小说教学［J］. 语文建设，2016（01）：24-27.

⑧ 程翔.“目录句”与“对应段”［J］. 中学语文教学，2019（01）：39-43.

⑨ 程翔. 论“专业阅读”——以统编《语文》九年级教材为例［J］. 语文教学通讯，2019（26）：8-12.

⑩ 程翔.“类文本”与“单元教学”［J］. 中学语文教学，2021（07）：18-21.

表 5-1　程翔阅读教学论文的内容关联

<table>
<tr><td rowspan="6">《对阅读教学的几点认识》</td><td>阅读：课内与课外的关系</td><td></td><td></td></tr>
<tr><td rowspan="2">理解：学生、教师与文本的关系</td><td>《试论阅读教学中的“理解”》</td><td rowspan="2">《一种基本的章法训练模式——脉络句训练法》
《点在要害处，方能拨千斤——例谈小说教学》
《“目录句”与“对应段”》</td></tr>
<tr><td>《论“基本理解”》</td></tr>
<tr><td rowspan="2">教学：目的与方法</td><td>《简述中学语文课堂阅读教学内容的三个层级（上）》</td><td rowspan="2">习惯、积累和了解（基本的教学内容）
体验、感悟和揣摩（完成阅读理解的必由之路）
评价、鉴赏和探究（侧重能力的培养和提高）</td></tr>
<tr><td>《中学语文课堂阅读教学内容的三个层级（下）》</td></tr>
<tr><td></td><td>《论“专业阅读”——以统编〈语文〉九年级教材为例》</td><td>阅读教学的任务是提供给学生一套相对科学合理的阅读理论和阅读方法，使学生从非专业读者成长为专业读者。专业阅读需要在单篇教学的基础上加强“类文体”的教学。</td></tr>
</table>

《论“专业阅读”——以统编〈语文〉九年级教材为例》的主体内容，从另一个视角补充了阅读教学内容的三个层级，可以提炼为“基于文本类型的专业阅读思维与专门阅读技能”，虽然难以形成同一层级的并列关系，但其内在关联比较紧密。其中程老师对于“理解”的关注源自课程标准的相关要求：理解主要内容，理解文言文基本内容，理解课文中的语言难点（初中）；理解文本所表达的思想、观点和情感，理解结构复杂、含义丰富的语句，理解文言文词语含义，读懂文章内容（高中）。借鉴解释学的“重构说”和“效果历史”，提出语文课堂阅读教学中需要重构式

和个性化的理解，进而界定了阅读教学中原始理解、后续理解和创新理解的概念并例举了教与学的行为表现。如何在教学中落实基本原理？程老师提出了自己的实践理论概念，如脉络句、目录句、对应段，要害处、关键处，以及类文本等，实现了从基础理论到实践理论的转化。表 5-1 显现出的发展序列极好地示范了教学研究成果的延续性：通过研究问题的细化和相关问题的拓展形成系列化的研究成果。

对于写作教学基本问题的讨论包括《作文个性化与作文教学个性化》① 《呼唤写作教学有新的突破》② 《三维写作教程编写构想（上）》③ 《三维写作教程编写构想（下）》④ 《章熊写作教育思想研究》⑤ 《创意写作谈略》⑥ 《浅谈小小说写作教学》⑦，七篇文章集中关注写作教学观念与写作教材建设，核心观点涉及突破“写真实”“有意义”的束缚，加强写作程序性知识的教学，在记叙文、议论文、说明文三大文体写作过程中关注文学创作，探索实现写作教学突破的制度保障，倡导写作独立设课。

从语文教学主要内容领域基本问题的角度出发，除了程老师研究的问题外，还可以关注识字与写字教学、口语交际教学、综合性学习；可以按照学习任务群的设置，分别讨论各个学习任务群的教学实践策略。从某一内容领域出发可以研究教学目标、教学内容、教学过程、教学方法、教学评价等具体问题。继续细化，还可以关注教学目标的取向、定位和水平层级，教学内容的独立性与综合性，教学过程中学习活动的设计思路及学习活动之间的逻辑关系，学习策略在教学中的体现等。从基本问题的层级出

---

① 程翔. 作文个性化与作文教学个性化［J］. 中学语文教学，2003（05）：44-45.
② 程翔. 呼唤写作教学有新的突破［J］. 中学语文教学，2007（05）：33-35.
③ 程翔. 三维写作教程编写构想（上）［J］. 中学语文教学，2015（04）：33-37.
④ 程翔. 三维写作教程编写构想（下）［J］. 中学语文教学，2015（05）：35-37.
⑤ 程翔. 章熊写作教育思想研究［J］. 语文教学通讯，2019（13）：9-14.
⑥ 程翔，张新村. 创意写作谈略［J］. 山东教育，2020（08）：23-24.
⑦ 程翔. 浅谈小小说写作教学［J］. 中学语文教学，2021（03）：39-43.

发，可以将基础理论转化为教学实践，可以在教学实践过程中建构个人理论，提出实践理论观点。

（四）语文教材研究

教材研究是语文教育教学研究的重要领域，从课程层级的角度，可以分为建构理想的教材格局或体例，研究教材编写的思路，对教材选文提出自己的见解和主张，对教材使用和修订提出方向，解决教材使用中出现的具体问题，对不同版本的教材做比较研究等。

程老师参与过多套教材的编写工作，相关教学论文包括《突破教材编写的旧有格局，构建语文教材、教学的科学体系》① 《传统文化视野下的语文教材古文选编》② 《论教、学、考一致性对语文统编教材的意义》③。程老师提出了自己对语文教材体系的认识，认为语文教材、教学的科学体系包含语文知识和语文能力两大部分，即“四大知识、五大能力”，语文知识包括汉语知识、文学知识、文体知识和文化知识，文化知识中包括文献知识；语文能力包括听、说、读、写和网络信息处理的能力，后者应该包括目录信息检索的能力。对于中华优秀传统文化教育的教材选文问题，提出可以选纯文学散文，建构完备的“古代文学作品选”，要从中国古代文化体系中选择典型的代表性选文，根据自己的观点，程老师提供了相对完备的选本，提供了推荐篇目和理由。针对教材编写和使用等问题，程老师从最大化实现统编教材功能的角度，分析了教、学、考的一致性的现实状况及其形成原因。

教材研究除了体系建构和选文建议之外，还可以关注不同体裁、题材选文的发展变化，借此提出教材编写的应然理念；探析教材编写者（或某

① 程翔. 突破教材编写的旧有格局，构建语文教材、教学的科学体系［J］. 山东教育，2009（11）：47-48.

② 程翔. 传统文化视野下的语文教材古文选编［J］. 语文建设，2015（07）：14-17.

③ 程翔. 论教、学、考一致性对语文统编教材的意义［J］. 课程. 教材. 教法，2021，41（03）：45-49.

个时代）的教材观、教学观、知识观、学生观等；中外教材编写思路的比较，域外教材对我国教材编写的启示；不同时期教材编写的创新与突破等。需要说明的是，关于教材使用建议的文章不在教学论文讨论的范围内，对现行教材编写理念的阐释也不在此列，这类文章需要遵循教材编写者的基本观点和理念讨论问题，难以提出自己的观点或主张。

（五）教师和学生研究

教师专业发展、学生学业水平与思想情感发展是语文教育研究的重要领域之一。针对学生研究，程老师发表了《品格教育亟待加强》[①]《让学生体魄强起来》[②]等文章，从学生精神成长、健康发展的角度提出了自己的主张。语文教师的学生研究在选题上要关注学科学习，更要关注学生的情意发展，学生研究的选题范围极为宽泛。

针对教师专业发展，程老师的教学论文包括《试论语文教师课堂教学能力》[③]《语文教师要善于积累自己的课堂作品》[④]《语文教师的专业价值在哪里》[⑤]《试论中学教师的根本角色》[⑥]《感性·知性·理性——以于漪为例浅析语文教师素养构成》[⑦]《与青年教师谈备课》[⑧]《我国博士学历教师在中学任教情况分析及建议——以北京市第一〇一中学为例》[⑨]《应对

---

① 程翔. 品格教育亟待加强［J］. 中国教育学刊，2008（02）：74.

② 程翔. 让学生体魄强起来［J］. 北京教育（普教版），2019（12）：1.

③ 程翔. 试论语文教师课堂教学能力［J］. 课程. 教材. 教法，2005（05）：40-42.

④ 程翔. 语文教师要善于积累自己的课堂作品［J］. 语文建设，2012（07）：25-27.

⑤ 程翔. 语文教师的专业价值在哪里［J］. 中学语文教学，2015（02）：82-83.

⑥ 程翔. 试论中学教师的根本角色［J］. 中国教师，2015（21）：13-16.

⑦ 程翔. 感性·知性·理性——以于漪为例浅析语文教师素养构成［J］. 中小学教材教学，2018（06）：4-9.

⑧ 程翔. 与青年教师谈备课［J］. 语文学习，2019（07）：77-80.

⑨ 程翔，万锡茂. 我国博士学历教师在中学任教情况分析及建议——以北京市第一〇一中学为例［J］. 中国教师，2019（07）：80-83.

信息时代挑战，语文教师准备好了吗》[①]《教师阅读的“三层空间”》[②]。上述按照时序排列的论文，讨论问题集中在语文教师课堂教学能力上，程老师厘定了语文课堂教学能力的8个要素，明确其因素与发展方式；认为中学教师的根本角色是教好课、引导学生发展与提高，有专长的老师可以参与课程开发；教师的专业价值主要体现在课堂教学作品中，认真备课、积累自己的课堂教学作品；阅读积累和应对时代挑战，是教师提升课堂教学能力的基础。值得关注的是对语文教师素养和博士学历教师任教情况的研究，前者采用质性研究方法分析了于漪老师成为杰出教育家的人性素养，后者采用量化和质性结合的方法讨论了博士学历教师在中学任教的利和弊，探讨了未来需要解决的关键问题。其中，“课堂教学作品”“三层空间”“感性素养、理性素养、知性素养”可视为程老师提出的实践理论层面的概念，具有良好的解释力，对后来的研究具有启发意义。

针对语文教师的研究涉及教育教学研究的各个方面，除了课堂教学能力，还可以关注教学设计能力、课堂教学语言、课堂教学活动的设计；影响语文教师专业发展的各种因素，如学科素养提升策略，文本解读能力的提升途径，职业认同感等；语文教师的教学研究能力，学术表达能力等。

（六）语文学科专业研究

语文学科专业研究在一线教师的论文中极为少见，比如《红楼梦》研究、训诂学研究、文献学研究、民俗学研究等。语文教师更习惯做语文学科研究成果的应用者，整合不同领域的研究成果，使之在语文教学中发挥作用。一线教师长期研究某个学科专业领域，形成稳定的研究思路与研究方法，用学科研究滋养教学研究，确实是更为理想的职业发展图景。

在语文学科专业研究上，程老师堪为榜样，他的《说苑》研究系列成

---

① 程翔. 应对信息时代挑战，语文教师准备好了吗［J］. 中小学数字化教学，2021（02）：94-95.

② 程翔. 教师阅读的“三层空间”［J］. 教育研究与评论，2021（04）：128.

果在文献学界产生了较大影响。程老师2005年开始研究《说苑》，旨在“把眼光和头脑深入到传统文化的核心区域”“系统完整地做一次相关研究资料的发掘、整理和验证的工作”①，研究进程中先后撰写《元大德七年云谦刻本〈校正刘向说苑〉考略》②《刘向与〈说苑〉》③《发现莫斯科国家图书馆藏宋版〈说苑〉》④ 等论文，这项研究表现出程老师做学者型教师的人生追求。

综上，教学论文的选题范围集中在语文教育学的研究范畴内，课程、教材、教学、教师、学生等大的研究领域下可以拆分为若干个小的领域，研究可以分层级、成系列地展开，形成系统的研究成果。

二、论点的陈述

教学论文一定要有自己的观点，观点要站得住、有创见。“创见”要求观点是第一次出现，例如提出新概念、新思想、新策略，对前人观点做出有意义的补充，对自己观点的发展性完善等。提出观点的前提是界定概念，确定讨论的内容领域与概念框架。下面抽取程翔老师教学论文的概念界定与论点表述，分析教学论文论点表述的具体要求。

例1《亲身体验与内化生成——谈语文活动课的本质特征》

概念界定：学生积极参与、体验，成为听、说、读、写、思等全部活动的主动者，并在学习活动过程中自始至终处于主体地位，这样的课就是语文活动课。

内涵辨析：1. 应试背景下教师讲、学生听的语文课基本上不属于

---

① 程翔. 人生是可以雕塑的［J］. 中学生阅读（高中版），2009（10）：4-6+2.

② 程翔. 元大德七年云谦刻本《校正刘向说苑》考略［J］. 文学遗产，2009（05）：136-139.

③ 程翔. 刘向与《说苑》［J］. 文史知识，2009（09）：73-78.

④ 程翔. 发现莫斯科国家图书馆藏宋版《说苑》［J］. 中国典籍与文化，2014（04）：42-47.

语文活动课；2. 体现学生全部参与和主体地位特征的语文常态课属于语文活动课（广义）；3. 专项的语文活动课肯定是语文活动课，它包括社会实践和在校内开展的语文专题活动两大类（狭义）。

阐述观点：语文活动课，一定要体现语文特色；语文活动课给学生拓展了更加广阔的时间、空间，活跃了学生思维，拓宽了学生视野，提升了学生交流探究的能力，提升了教师设计活动、组织活动的能力；语文活动课要准确定位学习内容，让学生经历由浅到深、从错误到正确的亲身体验过程，帮助学生发生真实的变化，有切实的收获，实现内化生成。

界定论题的核心概念之后，不一定要跟其他概念比较辨析，但一定要提出自己的创见，《亲身体验与内化生成——谈语文活动课的本质特征》的创见体现在"语文活动课"的意义阐释上，程老师认为首先是语文课，在确定语文课学科内容的基础上凸显活动课的特点，其活动的本质属性为亲身体验和内化生成。这一观点有力回应了活动课提出的背景——应试背景下教师讲学生听的传统课堂教学方式，教学方式单一，效果有限。

例 2《试论语文教师课堂教学能力》

概念界定：语文教师课堂教学能力的外部特征表现为"有我之境"和"无我之境"，相机诱导和全盘授予，预设式教学和生成式教学；包括 8 个构成要素——课堂预测能力、课堂讲解能力、课堂示范能力、课堂检测能力、课堂诊断能力、课堂矫正能力、课堂控制能力、教材把握能力。

阐述观点：8 种能力分属不同的层级，1 至 4 属于初级能力，5 和 6 属于中级能力，7 和 8 属于高级能力；教师未必按照由低到高的顺序获得 8 种能力，但合格的教师必须具备这 8 种能力；教师本身的素质、实践探索、事业心等是能力形成的内部因素，工作环境、课程设置以及教材质量等是能力形成的外部因素；教学能力的形成与教师的经验、理念、学识和人格有密切关系，要这在四个方面做研究；语文教师课堂教学能力的发展是螺旋式前进的。

从外部表现和核心要素两个角度界定语文教师教学能力的概念，质性描述和拆解分析相结合，体现出研究的扎实与严谨。以概念内涵的确定为基础分析内部和外部影响因素，确定了提高语文教师课堂教学能力的有效路径，描述了现实情境中语文教师课堂教学能力螺旋式前进的发展过程。整篇文章的概念与论点形成严密的逻辑关系。

语文教师撰写的教学论文大多带有改进或解释的特点，即在已有研究成果的基础上，变化研究情境、调整研究方法，为既有理论观点补充新的视角，或对既有理论的某个方面进行细化拆分。评估自己阐释的观点是否有价值，需要利用教育教学理论观照自己的实践理论，前提是熟悉教育教学的基本原理，已经形成了稳固的理论体系，能够在适宜的概念框架中揭示自身教育教学实践蕴含的普遍道理。如此，才能对照既有理论，发现自身实践的理论意义和理论价值，提炼出教学论文的观点。掌握基本原理，了解教育政策的导向，关注语文教育研究的学术动态，这是理性分析自己，形成教学论文观点的基础。教学论文写作中“任何一个‘名词’都不能只是一个指称对象的‘名称’，而必须是一个关于对象的规定性的‘概念’；任何一个概念都不能只是孤立的观念，而必须在特定的概念框架中获得相互的规定和自我的规定、相互的理解和自我的理解；任何一个概念都不能只是抽象的规定，而是在由抽象到具体的概念运动中获得越来越丰富的规定。”① 因此，撰写教学论文应反复思考、精准界定概念的内涵，为自己教学论文中的概念找到合理的框架体系，借助框架体系的内在逻辑探寻自身研究的价值，进而形成自洽的、有意义的教学观点或个人理论。

从这个角度来看，教学论文是扎扎实实“做”出来的，用强烈的责任

① 孙正聿. 做学问［J］. 哲学动态，2009（08）：90-94.

感和使命感，用坚实的语文学科知识和教育教学知识，用教育工作者的人文情怀，回归教学现场，在真实的教学情境中捕捉问题，追问原因，探寻解决方法，辩证分析问题……用理论的方式叙写自己的语文教学实践，借助他人的理论分析自己，借助自己的思考生成自己的实践理论。在这样的视域下，教师对教学实践展开批判性反思，在基础理论的指引下实现旧问题的创新性解决，形成对语文教育教学的新认识。

三、论证结构和论据使用

在我看来，能够发现有价值的论题，能够界定观点，对照基本原理提炼出自己的实践理论观点，教学论文已经完成了五分之四。教学论文论据的使用和论证的结构跟普通的论说类文本没有大的区别，体现着语文教师的逻辑思维和论证能力。

教学论文首先要建立一个“宏观结构”，围绕论题、论点呈现连贯的文字信息，这些文字信息共同服务于观点的呈现与阐释。教学论文宏观结构的外在表现是运用论据阐发或证实论点的论证过程，具体的结构方式跟研究方法的选用、作者的思维特点、论点的表述方式等多种因素相关。采用量化研究的教学论文，基本框架为：研究缘起，说明收集数据的目标指向；文献回顾，概要梳理文献观点，确定数据分析的角度；研究过程，重点说明研究对象的选择（数据样本），研究工具的设计（收集数据样本的方式）；研究结果，针对收集数据的目标定位逐一做出回应；研究讨论，基于数据对教育教学的发展提出建议；研究结论，提炼数据分析的结果，做出总结性判断。以上述框架为参照，作者可以适当表现自己的个性化特点，如《阅读对写作意味着什么——语文阅读水平、阅读投入对写作成绩影响的实证研究》① 是采用量化研究方法的论文，但其语言表述带有质化研究的特点，表现出作者学术表达的个性化倾向。

---

① 杨继利，郑国民，任明满. 阅读对写作意味着什么——语文阅读水平、阅读投入对写作成绩影响的实证研究［J］. 中国教育学刊，2020（02）：65-71.

一、阅读对写作的影响研究：从经验思辨到实证分析

（一）研究背景概述：读写之间是一种动态变化的非线性关系

（二）研究过程与方法：工具开发、信效度检验与分析内容划定

二、阅读对写作影响的内在机理分析：基于测评数据的挖掘与解释

（一）阅读能力水平对写作成绩有显著的相关与影响，不同能力层次对不同群体写作成绩的影响存在差异性。

（二）阅读投入对写作成绩的影响机制多元，呈现正负交错以及群体差异的复杂性。

三、读写关系实证研究给予的启示：走向理论自觉反思与教学策略优化

（一）重视学生阅读能力进阶，促进较高层次阅读能力发展，实现读写有机整合。

（二）关注学生内在阅读兴趣，重视阅读策略与习惯的分层培养，让阅读时间、数量与阅读质量同行。

（三）重视阅读内容与方式的选择，在“多样性”与“复杂性”并存的阅读文化语境中培养学生健康的、有品位的阅读审美取向。

采用质性研究方法的教学论文，在结构上也有其特殊性。质性研究以研究者本人作为研究工具，通常是在自然条件（或情境）下，指向研究现象多角度收集研究材料，立足研究材料整体梳理、分析、挖掘研究现象，从原始资料中抽取概念、形成结论、建构理论，对研究对象的行为表现和意义价值做出解释性理解。从质性研究的特点来看，论文的基本结构应该包括研究对象的选择，研究资料的收集和处理，概念的提炼与研究结论。如《借助教学作品反思　寻找能量增长要素——基于某优

秀教师 30 年间的五节课的分析与思考》① 采用了典型的质化研究成果的呈现方式。

【核心事实：30 年 · 5 节课】
第一课：无知无畏的尝试
第二课：博采众长的实践
第三课：渊博学识的展示
第四课：循序渐进的探索
第五课：平心静气的回归
【主题讨论：教师能量增长轨迹】
1. 自我认知的改变：从萌动的专业意识发展为笃定的专业信念
2. 文化形象的塑造：注重反思和研究，勇于打破与重建
3. 接受专业支援的方式：主动投入、审辨接受和承认不足
【结论呈现：发现促进教师能量增长的关键要素】
1. 追求专业认知的持续发展
2. 塑造反思性实践者的形象
3. 自觉记录教学特色的形成过程

除了上述两种对应不同研究方法的结构体式，其他教学论文的论证结构大体上可以分为实证检验和思辨分析两类，两种结构体式都重视事实和逻辑的力量，前者更关注事实有力，后者更关注逻辑合理。下面对比两篇讨论整本书阅读的教学论文，呈现并分析其论述结构的不同，如表 5-2 所示。

① 吴欣歆. 借助教学作品反思　寻找能量增长要素——基于某优秀教师 30 年间的五节课的分析与思考［J］. 中小学教学管理，2017（03）：40-42.

表 5-2 教学论文结构方式的对比

《从“整本书阅读”的学科定位谈起》①	《语文课程视野下的整本书阅读》②
第一，整本书阅读的学科定位是核心问题。 以母语为载体的优秀书面语言作品的学习。 第二，整本书阅读应不应该占据整体地位？它与单篇阅读又是什么关系？ 各有优长，不能互相替代。 第三，语文教学中的“整本书”当指推荐书籍和必读书籍两部分。 推荐书籍包括语文课本以外的优秀读物，必读书籍应当侧重文学、文化类著作。 第四，整本书阅读教学应该如何操作？ 需要计划和设计，具有可操作性。 第五，中、高考对整本书的考查应当缓行。 既无系统的理论研究成果，也无可资借鉴的成熟的实践经验，目前不宜纳入考试范围。	一、整本书阅读的价值探寻 （一）作为规定的教学内容：增加数量，拓宽领域 （二）作为独特的阅读样态：养成习惯，建构策略 （三）作为合宜的发展载体：突出综合，彰显实践 二、整本书阅读的课程建设 （一）课程目标定位 （二）课程内容选择 （三）实施过程设计 （四）评价方案构想 三、整本书阅读的远景探析 （一）1+N 的内容开发模式 （二）阶段清晰的目标体系 （三）常规化的阅读活动 （四）全科阅读形成合力

讨论问题的基本思路影响着教学论文的结构体式和论据的选择，《从“整本书阅读”的学科定位谈起》选择推进整本书阅读教学的关键问题，就关键问题表达自己的见解（个人理论），文献资料和教学事实成为支撑论点的两个方面。《语文课程视野下的整本书阅读》采用课程论的基本概念框架讨论问题，各个课程要素都有成熟的理论参照，阐释过程中也需要教学事实做支撑，但要重点关注课程要素之间的关系。

教学论文的逻辑结构决定了在绝大多数情况不宜直接采用原始资料作

① 程翔. 从“整本书阅读”的学科定位谈起［J］. 中学语文教学，2017（01）：8-11.

② 吴欣歆. 语文课程视野下的整本书阅读［J］. 课程. 教材. 教法，2017，37（05）：22-26.

为论据，应根据论证过程的需要，对原始材料进行合理的抽象概括，使之成为逻辑结构中的有机组成部分。教学设计、教学叙事、教学实录是语文教师撰写教学论文常用的原始材料，下面选择其中最为原生态的教学实录，讨论如何将原始材料转化为论据。

下面的教学实录《暂得一笑，已不复乐》①，作为不同教学论文的论据，需要从不同的角度进行概括。

师：《小石潭记》是《永州八记》的第四篇，前三篇分别记述了西山、钴鉧潭、潭西小丘的清幽景色，以及作者由此产生的流连忘返、乐不思蜀、渴望占为己有的情感。但《小石潭记》却不同，文章结尾柳宗元没有流露任何留恋或占有欲，反而觉得……

生："凄神寒骨，悄怆幽邃"，认为这里不能多待，于是"记之而去"。

师：小石潭为什么会让柳宗元突然产生如此强烈的情感不适，以至于记下几笔后匆匆离开？请大家试着在本段寻找答案。

生：因为"寂寥无人"，没人同伴，所以寂寞，觉得待不下去。

生：不对，他有同伴。结尾提到他带了五个人，能一起出游一般是熟人。

师：了解一下这五个人。吴武陵和柳宗元一样获罪遭贬，两人意气相投，常同游永州山水；龚古是永州当地隐士；宗玄是柳宗元从弟，特地到永州陪他；恕己和奉一是托他照顾的两个外甥。这五个人几乎把"志同道合""亲朋好友"两个词占全了。《永州八记》随处可见同游者的身影，因此柳宗元身边是有熟人陪伴的。

生：有人陪也不一定不寂寞，有人陪的孤独比没人陪的寂寞更可怕，因为内心的孤寂是说不出的。

师：你领悟得非常深刻，确实如此。柳宗元创作于同一时期的

---

① 张悦. 暂得一笑，已不复乐［J］. 语文学习，2019（08）：63-64.

《中夜起望西园值月上》末句就是“寂寞将何言”，内心深处的寂寞不足为外人道。但这说明他从小石潭匆匆离开不是因为没有人陪，再考虑下其他原因。

生：因为环境太清静了，“以其境过清”，“过”强调程度，过分的清静让人恐惧。

师：柳宗元怕清静吗？给大家补一段《始得西山宴游记》。从中能看出柳宗元倾向于游览什么样的景？

生：偏远奇异的，柳宗元想赏的就是清幽之景，小石潭的景色非常符合，因此不会把他吓跑。

生：那就是因为“竹树环合”，四周被竹子树木包围着，环境太封闭，会让人觉得压抑、阴暗、不透气，因此想逃走。

师：那你找找看，前文有没有类似于“竹树环合”的描写？让他感到不适了吗？

生：“青树翠蔓，蒙络摇缀”就是，但他并没有感到不适，他享受其中，而且是特意伐竹取道寻来的。

师：没错，大家要学会在文本内部找照应。《钴鉧潭西小丘记》也描写过类似的环境：“其清而平者且十亩余，有树环焉。”柳宗元正是因为这里四面树木环绕，远离喧嚣才决定买下小丘的。这说明造成柳宗元突然忧伤难耐、记之而去的原因也不是环境。他在《与李翰林建书》中对自己的这种反常举动做过这样的描述：“时到幽树好石，暂得一笑，已复不乐。何者？譬如囚拘圜土，一遇和景，负墙搔摩，伸展肢体，当此之时，亦以为适。然顾地窥天，不过寻丈，终不得出，岂复能久为舒畅哉？”请对照小注理解一下这段话。

生：有时看到一些好树好石，心情暂缓，但好心情转瞬即逝。就好像关在监牢的罪犯，遇到和煦的好天气，就靠着墙挠挠痒，舒展筋骨，觉得非常舒服。但看看周围，突然意识到自己仍在监牢，刚才的喜悦瞬间被浇灭。

师：翻译得很好，大家有没有类似的体验？

生：有。比如考试没考好，垂头丧气地回家。路上遇到一只可爱的小猫，就和它玩起来，玩着玩着突然意识到还要面对考砸的成绩和虎视眈眈的爸妈，叹一口气继续往家走。

师：非常贴切的解读，就是这个感觉！对于柳宗元来说，他就是那个囚徒，小石潭就是和煦的天气，将它从长期愁苦中拯救出来，让他享受了片刻欢愉。但小石潭无法治愈柳宗元，现实的苦闷终究无法排解。请大家从补充讲义的大事年表和正史资料中找到柳宗元内心苦闷的原因。

生：政治失意。大事年表中提到805年永贞革新失败，二王八司马被贬，柳宗元在被贬邵州途中收到再贬永州的敕令，这等于是雪上加霜，让他心情抑郁。

生：《旧唐书·宪宗本纪》中提到八司马“纵逢恩赦，不在量移之限”，就是说即使大赦天下他们也不在宽宥范围之内，永世不得返生。这意味着柳宗元在政治上将永无出头之日，没有任何回旋余地，所以苦闷难耐。

生：除了仕途之路被判死刑还有生活方面。到达永州后柳宗元一家生活窘迫，只得暂居寺庙。大事年表也提到第二年他母亲就去世了，他自己身体也非常不好。

师：同学们提取信息和分析归纳的能力很强。事业、生活的双低谷涂抹出了柳宗元永州十年生活清幽凄寒的底色。他四处游历、搜奇揽胜企图冲淡心中的忧愁，但终究只是“暂得一笑，已不复乐”，嘴角才微微上扬又蹙起双眉，惊觉自己仍困在狭窄幽寂的牢笼中。

这节课可以从多个角度展开讨论，支撑不同的论点。作为不同论点的论据，需要选择适切的角度加工原始实录。

论点1：教师自觉引领学生运用策略解决问题，是阅读策略建构的有效途径。

教师自觉使用联结策略帮助学生合理解释作者的情感，其中“寂寥无人”“其境过清”强调文本内部信息的联结，政治失意、生活窘迫指向作品与作者生活世界的联结。启发学生用自己的生活经历解释作者的情感体验，是作者的情感与自身体验的联结，学生以读者的身份与作者互动，从文本、世界和读者三个角度解释作者情感变化的原因。联结策略提供了清晰的思维路径，成为学生形成解释的有力支撑。学生在教师的指导下，逐步建构阅读策略：在教师引导下运用阅读策略解决问题，理性认识阅读策略的价值，自觉应用阅读策略解决问题。

论点 2：学习活动的设计应立足语文学习的基本思想方法。

语文教学要关注学生的学科学习思想方法，语文学习的基本思想方法，有助于促进学生有效积累语言经验，将吸纳的新经验与原始经验整合，逐步形成稳固的知识框架，自觉调派原有知识、学习新知识以探索解决新情境中的复杂问题。学习活动既是学习内容的重要载体，也是学科思想方法的实践载体。围绕“小石潭为什么会让柳宗元突然产生如此强烈的情感不适，以至于记下几笔后匆匆离开?”展开讨论的过程，凸显了学科学习思想方法的作用。

没有同伴?同游五人均为亲朋好友且志同道合，《永州八记》随处可见同游者。

内心孤寂。《中夜起望西园值月上》末句“寂寞将何言”，同时期的作品可以佐证。

害怕冷清?《始得西山宴游记》《钴鉧潭西小丘记》有类似描写，清幽之景为柳氏所爱。

已复不乐。《与李翰林建书》表达心迹，大事年表和正史资料体现原因。

文本解读首先来自文本，解读结果要有证据支持，史料和相关文本是可信度比较高的证据，解读从原典中来，用史料解释，立足文字对照分析，得出可靠的结论。学生经历这样的教学过程，初步形成解读文本的思想方法，对未来语文学习的积极影响显而易见。

论点 3　关注逻辑思维和形象思维，整体提升学生的思维品质。

思维发展与提升强调学生思维品质的提高，初中语文课堂要关注逻辑思维和形象思维的同步发展。解释柳宗元情感变化的原因，学习过程包括辨识、分析、比较等思维活动，教师要求学生有理有据地表达自己的观点、阐述自己的发现，关注学生思维过程的合理性，思考结果的准确性、深刻性和独创性；学习过程还包括学生对自身直觉体验的描述，学生用自己的生活经历还原了柳宗元的情感变化过程，丰富了感受文学形象和现实生活的视角，借助文学活动反思自己原有的情感体验，形成了更为深刻的感悟。需要补充的是，学生的逻辑思维发展还需要关注对其学习过程的反思，学生梳理课堂思考探究的过程，尽早认识联结策略的关键要素，能够促进未来的自觉应用。

将教学实录《暂得一笑，已不复乐》作为不同论点的论据，需要从不同的角度整理加工，原始材料也能说明问题，但因其信息不够集中，可能会削弱说服力。

教学论文的结构体式和论据使用没有固定的程式，但不同的研究方法确实有其呈现研究成果的典型范式。建议语文教师在了解基本规范的基础上实践探索，逐渐形成与自己气质相合的研究领域、研究方法与教学论文的呈现方式。

综上，可以厘清教学论文的基本特点：就教学研究和实践中的问题厘清概念内涵，提出理论观点，目的在于补充公共理论或者提出个人理论；根据研究方法选择结构体式，论证过程逻辑严密、令人信服；论据源自研究过程中的数据和资料收集，根据阐释论点的需要加工原始材料，使之有力支撑论点；语言表达体现语文课程与教学论的学术特点，尽量使用学术概念，规避工作语言和生活概念带来的歧义与模糊。以上四点可以用来区别教学论文与教学设计、教学案例等学术成果，作为检视教学论文写作的基本标准。

第二节　教学论文撰写过程示例

要点提示

● 一篇教学论文的写作经历，呈现了“发现问题——实践探究——探寻理论——理性实践——提炼观点——行文表达”的完整过程。

● 从做出实践成果到写出教学论文的关键在于厘定研究问题，搭建理论框架；界定核心概念，提出有创见的观点；运用事实或理论，展开分析论证。

规范的工作过程更可能带来高质量的工作成果，教学论文的撰写过程没有一定之规，本节采用个人叙事的方式描述《依托学习任务群实现写作的学习功能》① 的撰写过程，旨在帮助读者对比参照，认识自己写作教学论文过程中的优势和问题。

一、选题缘起：感知课程层面的困惑

2018 年 1 月，《普通高中语文课程标准(2017 年版)》正式颁布，2020 年修订后颁布了《普通高中语文课程标准(2017 年版 2020 年修订)》，首次以“学习任务群”的形式规定了高中语文课程的基本内容。学习任务群“在真实情境下，确定与语文核心素养生成、发展、提升相关的人文主题，组织学习资源，设计多样的学习任务，让学生通过阅读与鉴赏、表达与交

① 吴欣歆. 依托学习任务群实现写作的学习功能［J］. 中学语文教学，2021（08）：4-7.

流、梳理与探究的自主活动，自己去体验环境，完成任务，发展个性，增长思维能力，形成理解、应用系统。这种有人文主题的任务群，是在学校课程总体设计和实施的环境下由学校和教师组织、并有计划地引导完成的。它与过去的教学模式有内在的区别——课程有文本，但不以文本为纲；有知识，但不求知识的系统与完备；有训练，但不把训练当作纯技巧进行分解训练。”① 学习任务群既包括具体的学习内容，也包括言语实践活动，以及与之适切的学习方式，整合学习情境、学习内容、学习方法和学习资源，重新建构了语文课程的内容系统。

18 个学习任务群没有设置独立的写作任务群，但不同的任务群中均涉及写作的相关要求。换言之，学习任务群中的阅读与鉴赏、表达与交流、梳理与探究有效互动，合理统整，力求建构科学的语文学习内容。写作完全“融化”在学习过程中，为阅读而进行的写作，为写作而进行的阅读，各有侧重，浑然一体，学生在学习过程中产生表达需求，需要写什么就写什么，在语文学习的整体系统中开展写作能力训练，突破了“知识为先，范文引路”的模仿式写作教学的窠臼。《普通高中语文课程标准（2017 年版 2020 年修订）》在不同的学习任务群中提出了不同的写作要求，如表5-3所示。

表 5-3　高中语文学习任务群写作要求

学习任务群	写作要求
整本书阅读与研讨	写梗概或提要、读书笔记或作品评介
当代文化参与	用“写作分享”的形式组织活动
跨媒介阅读与交流	综合运用多种媒介有效表达交流
语言积累、梳理与探究	试写短文，整合和解释有关现象

① 《基础教育课程》编辑部. 走进新时代的语文课程改革——访普通高中语文课程标准修订组负责人王宁［J］. 基础教育课程，2018（Z1）：21-26.

续　表

学习任务群	写作要求
文学阅读与写作	捕捉创作灵感，用自己喜欢的文学样式和表达方式写作，与同学交流写作体会，尝试续写或改写文学作品
实用性阅读与交流	选择一个媒体分析其栏目设置、文体构成、内容的价值取向，撰写文字分析报告
中华传统文化经典研习	选择一部作品，从一个或多个角度讨论分析，撰写评论
中国革命传统作品研习	撰写读书笔记，整理采访记录，撰写学习体会和感想
汉字汉语专题研讨	以撰写读书报告、语言专题调查报告、小论文等形式呈现学习成果
学术论著专题研讨	借鉴专业学术论文的形式写成学术性小论文

表 5-3 所列学习任务群中的写作，彻底改变了以复杂记叙文、说明文、议论文为训练主体的写作导向，以真实的社会生活、个人体验和学科认知情境为载体，引导高中生在真实的情境中完成真实的写作任务，尝试丰富的文体样式。

为落实课程文件的基本理念，形成研究问题：学习任务群的设置旨在更好实现写作的多种功能，促进学生语文学科核心素养的全面发展，多种功能具体包括哪些功能；如何在教学实践中实现写作的多种功能。

二、教学实践：探索学习任务群中的写作功能①

学习任务群的设计思路体现了高中语文课程变革的基本理念“语文课程作为一门实践性课程，应着力在语文实践中培养学生的语言文字运用能力”②，语文实践涉及课程内容的方方面面，写作教学在各方面都应受到充分重视，且呈现出完整的教与学的过程。针对学习任务群的设计理念，有

---

①　本部分内容参见吴欣歆《高中写作教学的融入、析出与建构》。

②　中华人民共和国教育部. 普通高中语文课程标准：2017 年版 2020 年修订［S］. 北京：人民教育出版社，2020：3.

学者提出了“全写作课程”[1] 的概念，倡导全学科的学习方式、全样态的语篇表达、全过程的思维认知、全媒介的传播交流、全情境的语用考查。经过学理分析，我认为这个概念应该能够落实学习任务群背景下的写作教学要求。

从感知课程的层面来看，“全写作课程”的落实首先要在语文课程层面树立一体化的统整观念：语文学科核心素养是一个整体，阅读与鉴赏、梳理与探究、表达与交流三类语文学习活动也是一个整体，高中写作教学是语文学习的一部分，需要融入整体，通盘设计。

全写作课程提出全样态的语篇表达，语篇类型包括学习性语篇、研究性语篇、实用性语篇、思辨性语篇、文学性语篇，各类语篇在不同学习任务群、不同学习阶段出现，写作教学需要根据真实的学习情境，从学习进程和写作能力发展两个维度确定写作教学的内容与方式，做好横向联系和纵向进阶，以实现内容系统、方法具体的写作过程指导。

从横向联系的角度来看，学习性语篇属于过程性写作，后四种语篇类型属于产品性或成果性写作，过程性写作和产品性、成果性写作存在线性关联，前者为后者做好思想、材料及呈现方式上的准备。例如“文学阅读与写作”学习任务群要求学生“根据需要，可选用杂感、随笔、评论、研究论文等方式，写出自己的阅读感受和见解，与他人分享，积累、丰富、提升文学鉴赏经验”[2]。我以统编版高中语文必修（下）《桂枝香·金陵怀古》为内容载体开展教学实践，横向联系不同语篇类型设计写作任务，探索依托写作推动阅读深入的设计思路。

---

① 李卫东. 论“全写作”课程的构建［J］. 课程. 教材. 教法，2020，40（08）：66–71.

② 中华人民共和国教育部. 普通高中语文课程标准：2017 年版 2020 年修订［S］. 北京：人民教育出版社，2020：18.

（一）学习性语篇

1.《桂枝香·金陵怀古》注释卡片。通读全诗，在教材提供的注释之外，选择自己不理解的词语，查找资料，制作注释卡片。

2.《桂枝香·金陵怀古》典故摘抄卡片。查阅资料，找出诗中化用的典故，摘录原典：谢朓《晚登三山还望京邑》、李白《登金陵凤凰台》、杜牧《台城曲》《泊秦淮》。

3.《桂枝香·金陵怀古》章法结构图。请学生根据对古诗词章法的理解，用图式呈现本诗的章法特点。

（二）文学性语篇

1. 请写一段文字分析并概括《桂枝香·金陵怀古》描写景物的特点。

2. 查阅资料，还原诗人的写作情境，用散文化的语言解读诗意。

（三）思辨性语篇

重读下面的古诗词，检索其他同主题的古诗词，以《古诗词中的家国情怀》为题作文。

1. 杜牧《泊秦淮》

2. 陆游《示儿》《十一月四日风雨大作》

3. 岳飞《满江红》（怒发冲冠）

4. 杜甫《春望》

5. 李贺《雁门太守行》

（四）研究性语篇

概括《桂枝香·金陵怀古》意象选择与情感表达方式的特点，回顾读过的古诗词，选出与本诗具有同样特点的诗句，以《__________，古诗意象的审美特征》为题作文。

上述学习过程以阅读与鉴赏活动为主线，以梳理与探究活动为支撑，以不同类型的表达与交流活动为阶段成果，三类活动相辅相成，共同推进阅读、思考与联结的深入。学习性语篇的写作为文学性语篇的生成奠定基础，文学性语篇创作为思辨性语篇写作准备条件，研究性语篇立足前面三类语篇的写作拓展延伸，引领学生在更丰富的语言材料中发现规律，探究本质。在实际教学过程中，表达与交流活动未必覆盖所有语篇类型，比较常见的方式是“学习性语篇+文学性语篇（或其他三类语篇类型中的一种）”。借助各类语篇的横向联系，语文学习的完整过程得以呈现。

在指导策略上，我认识到针对不同类型的语篇写作，要根据学生的实际需求“析出”相对独立的教学过程，采用了样例学习或思维过程分析两种基本策略。样例学习，需要在学生已有表达经验的基础上，提供能够补充新知识、新概念、新方法的写作样例，启发学生在观察样例的过程中形成自我解释，领会、理解样例蕴含的新知识、新概念和新方法，并在表达交流过程中尝试运用。写作教学中的样例学习，关键在于选择样例的典型性和对样例的精准分析。样例不必体现高中生写作的最高水平，最好是高于学生现有水平，能够促进学生在对比参照中自我反思，明确进阶发展的方向；对样例的分析无需面面俱到，重点是帮助学生明确自身写作经验和样例的差距，确定缩小差距的具体操作方法。分析学生写作的思维过程通常要设计可视化的思维工具，借助思维工具观察并判断学生思考过程中的阻滞点，提供材料辅助突破，或者提供方法帮助解决。如此，写作活动自然融入语文学习过程中，嵌入式的过程指导达成了阅读与写作之间的教学平衡，“析出”的写作指导为学生提供了真实有效的帮助。

从纵向进阶的角度来看，每种语篇都有纵向发展的脉络。在不同的学习任务群中，各类语篇以多种排列组合方式出现在学习进程中，在必修、选择性必修、选修等学习阶段，各类语篇的写作要求应体现出进阶发展的过程。学习性语篇的写作内容之一是呈现并分析文本体式，在必修阶段要求学生呈现出文本的结构思路；在选择性必修阶段要求学生能够比较两个文本在结构方式上的不同，并简要说明；在选修阶段要求学生能够比较多个文本结构方式上的异同，并采用合宜的方式呈现。思辨性语篇，在必修阶段关注比较、分析的能力；在选择性必修阶段关注在比较、分析基础上提出观点的过程；在选修阶段关注观点的深刻性与独特性，关注阐释观点的逻辑结构。需要说明的是，融入语文学习过程的各种语篇类型在写作教学中要“齐头并进”，18 个学习任务群均可以涉及各种语篇类型，进阶体现为表现的水平而不是语篇的类型。在执行课程层面，横向联系与纵向进阶搭建起写作过程指导的合理路径。

在经验课程层面，全写作课程更为关注个性化写作知识体系的建构与发展。写作知识的建构需要关注三个方面：积累本体性知识，丰富语篇样态；重视程序性知识，优化写作过程；发展反思性知识，形成个体经验。本体性、程序性和反思性知识的建构也是在统整性的学习过程中实现的。我以“思辨性阅读与表达”为内容载体开展了下面的教学实践。

统编版高中语文教材必修（下）第五单元选编了两组四篇课文，第一组为马克思的《在〈人民报〉创刊纪念会上的演说》和恩格斯的《在马克思墓前的讲话》，第二组为李斯的《谏逐客书》和林觉民的《与妻书》。第八单元也选编了两组四篇课文，分别是《谏太宗十思疏》《答司马谏议书》《阿房宫赋》《六国论》。这两个单元均属于“思辨性阅读与表达”学习任务群，指向该学习任务群的教材自然单元还包括必修（上）第六单元及必修（下）第一单元和第五单元。按照教材编写意图，四个自然单元应共同落实“思辨性阅读与表达”学习任务群的学习目标与内容。为帮助学生建构写作知识，设计下列螺旋式上升的学习项目，学习成果主要为思辨性语篇。

1. 阅读《在〈人民报〉创刊纪念会上的演说》和《在马克思墓前的讲话》，用思维导图的形式呈现文章结构，从演讲的目的、场合、对象三个角度分析其结构安排的合理性，选择一种你认为用得最恰当的论证方法分析其表达效果。

2. 阅读《谏逐客书》和《与妻书》，列出结构提纲，从作者的立足点和切入点两个角度分析其结构的合理性，列表呈现文中使用的论证方法及其表达效果。

3. 比较阅读第五单元的四篇课文，梳理表达和阐发观点的基本要求。

4. 阅读《谏太宗十思疏》和《答司马谏议书》，对比《谏逐客书》，从立论和反驳两个角度分析三篇文章论据使用的合理性，列表呈现文中使用的论证方法及其表达效果。

5. 阅读《阿房宫赋》和《六国论》，列出结构提纲，分析其论证方法使用的合理性。

6. 整合学习项目 1-5 梳理出的论证方法，绘制“论证方法”分类表，呈现方法名称、表达效果，课文应用示例及其他应用示例。

7. 重读第五单元和第八单元的八篇文章，补充表达和阐发观点的基本要求，以“表达和阐发观点”为中心词，从立论、语言、论据、逻辑四个方面绘制思维导图。

8. 重读第五单元和第八单元的八篇文章，以“跟着__________”学说理为题写一篇学习总结。

9. 选择一篇以前写的议论文，以“表达和阐发观点”思维导图为评价标准，确定修改方向并完成修改。

10. 选择一个社会上共同关注的议题，收集资料，形成观点，列出写作提纲，完成写作任务，再次对照“表达和阐发观点”思维导图修改完善。

学习项目 1—10 均关注说理结构与论证方法，引领学生提取思辨性文章的本体性知识；每个项目均指向说理结构的整体框架和论证方法的多种表现，体现出从阅读鉴赏到表达交流的学习、应用历程，程序性知识隐含其中。思辨性语篇的建构需要以学习性语篇为基础，如论证方法分类表，呈现表达和阐发观点标准的思维导图等。学习过程不是围绕知识点做“加法”，而是在完整梳理本体性知识的基础上不断提高学习要求，启发学生梳理、分类，借助自己整理的知识结构反思，丰富自己的说理经验，在学习过程中完成建构、生成、优化与提升，反思性知识得以发展。在经验课程层面，学生个性化的写作知识与教师的写作教学知识同步生成。

上述实践历程能够落实学习任务群要求的写作教学理念，全样态的语篇表达能够满足不同学习任务群对写作内容和形式的要求，可以作为分析写作功能的实践基础。

三、实践反思：建构写作功能的分析框架

面对高中语文课程变革带来的高中写作教学变革，语文教师需要重构课程观念，探索新的教学指导路径，更新知识观念，认识到写作知识经验的个性化特点与写作知识积累的个性化特征，用新的课程观、教学观和学习观开启高中写作教学的实践。“全过程写作”从严格意义上说属于实践理论，全样态的语篇表达可视为具体的操作办法，尚不能从宏观上解决教师对写作价值的认识问题。回到写作功能实现的原始问题上，是否能够找到合适的理论框架解释进而解决现有问题，使之成为教师更新写作教学观念的理论支撑？在检索文献的过程中，我关注到了“以写促学”观点的产生与发展。

十九世纪的德国大学教育已经认识到写作对学习的促进作用并设计出具体的教学活动，二十世纪“以写促学”的观点在世界范围内被广泛接受。作为重要的学习方式，写作对学习的促进作用包括实现高效阅读，推动读书、思考、研究的进程，帮助学习者整理材料、逻辑清晰地表达观点等。至此，写作具有表现、交际和学习三种功能成为学界普遍接受的观点。表现功能，即用文字表达个体独特的生活世界、情感经历、审美体验，倾向个人体验情境中的文学性表达；交际功能，即在具体情境中运用语言文字解决真实的问题，侧重社会生活情境中的实用性交流、思辨性表

达以及跨媒介表达；学习功能，主要表现在信息加工基础上的意义建构，强调学科认知情境中学习准备、学习过程、学习成果的多种呈现方式。

认识到写作的学习功能，有助于理解《普通高中语文课程标准（2017年版2020年修订）》和统编版普通高中语文教科书出现的一系列新的写作形式：记录学习过程的学习日志、读书笔记、研讨笔记，规范学习活动的内容提要、发言提纲、调查提纲、访谈记录，辅助研究性学习的语言札记、阅读批注、论文摘要、思维导图，展示学习成果的读后感、作品评介或推荐、专题调查报告、学术论文、作品集等。这些新的写作形式较为充分地体现出写作的学习功能：写作贯穿学习的全过程，包括语文学习和跨学科的学习；写作能够提高学习过程的质量，高质量的学习过程更可能带来高质量的学习成果。

明确基本方向后，需要探寻理论提出实践目的，建构实现写作学习功能的基本路径。充分检索文献后我决定以全视角学习理论为基础框架解构写作的学习功能。

全视角学习理论是克努兹·伊列雷斯深入研究学习的有效要素后提出的学习理论，认为学习是学习过程的结果，是学习者的心智发展过程，是学习者与学习材料及社会环境之间的互动过程，是发生在学习者身上所有导向持久性能力改变的过程。全视角学习的基本理论框架可以概括为“两个过程三个维度”。两个过程，指学习者与所处环境的互动过程以及心智获得与处理的过程；三个维度，指学习的内容、动机和互动，内容维度包括知识、理解与技能，指向“学习了什么”，动机维度涉及动力、情感和意志，指向“是什么推动了学习”，互动维度强调活动、对话与合作，解释“学习环境是怎样影响学习的”，三者共同构成了学习的生态要素，互动的结果主要表现为学习者的意义建构、心智协调以及知识整合能力的整体提高。① 全视角学习理论明晰了实现学习功能的基本途径。至此，初步

---

① 克努兹·伊列雷斯. 我们如何学习：全视角学习理论［M］. 孙玫璐，译. 北京：教育科学出版社，2014.

确定了解决问题的理论框架，拟定了研究假设：参照全视角学习理论，依托学习任务群，以统编版高中语文教科书为载体，实现写作的学习功能需要关注上述三个方面的互动，以实现多方面、多层次目标发展的综合效应，具体到写作，上述三个方面可以转化为——写作任务与写作知识的互动，建构知识框架；写作实践与情感认知的互动，实现认知升级；写作知识与写作实践的互动，发展自适应能力。

四、检验性实践：基于研究假设的教学探索

指向上述三个方面的互动，我有针对性地开展了教学实践，制定了收集过程性数据的方案。

（一）写作任务与写作知识的互动

统编版必修（上）第二单元选编了《喜看稻菽千重浪——记首届国家最高科技奖获得者袁隆平》《心有一团火，温暖众人心》《“探界者”钟扬》《以工匠精神雕琢时代品质》等四篇新闻作品，单元学习任务中的写作任务包括“阅读本单元的三篇人物通讯，以表格的形式梳理其中的具体事件、人物精神和作者立场”，“小组合作，从新闻价值、报道角度、结构层次、语言表达等方面草拟一份优秀新闻评选标准。每个小组按照标准评选出消息和通讯各一篇，合作撰写一份推荐书，阐述推荐理由”“写一个你熟悉的劳动者”，知识短文为《写人要关注事例和细节》。上述写作活动包含着新闻写作的基础知识，特别强调通讯写作过程中的角度、事例、细节。列表能够帮助学生形成初步认识，拟定标准帮助学生建构完整的概念，知识短文帮助学生梳理与清晰新闻写作的基础知识，生成写人文章的一般标准，然后再回到写作任务“写一个你熟悉的劳动者”。借助不同类型的写作任务，学生明确了人物通讯、写人记事的基本要求，掌握了一个“知识点”。

必修（上）第四单元“家乡文化生活”，主体活动涉及“记录家乡的

人和物”，要求“记述人物，要写清楚人物的生平、主要事迹，突出他对家乡的贡献或影响”，使用访谈记录表整理资料。第四单元写作任务是对第二单元写作知识的应用与检验，记录家乡的人依然需要关注角度、事例和细节。两个写作任务的互动，深化了学生对《写人要关注事例和细节》的思考与认识。

选择性必修（上）第一单元选编了《中国人民站起来了》《长征胜利万岁》《大战中的插曲》《别了，不列颠尼亚》《县委书记的榜样——焦裕禄》五篇课文，单元研习任务中的写作任务为“家乡的英雄”，要求“选择自己擅长的文体进行写作。可以写人物素描、事迹简介、人物通讯等，也可以根据基础材料创作小说、诗歌、散文、戏剧等”，写完后编辑文集。知识短文为《材料的积累与运用》，这个“知识点”是对《写人要关注事例和细节》的拓展，联结两个“知识点”，使学生从正确认识、使用事例到正确认识、使用材料，拓展了写作知识，形成了框架意识。

（二）写作实践与情感认知的互动

必修（上）第一单元选编了《百合花》，学习提示要求“重点把握小说对人物形象的刻画，体会革命战争年代特有的崇高情操”，单元学习任务要求“选择一两个感人的片段，揣摩人物的心理活动，分析典型的细节描写，并做简要点评”。第六单元选编了《反对党八股》，单元学习任务集中指向“议论要有针对性”。必修（下）第二单元选编了《在〈人民报〉创刊纪念会上的演说》《在马克思墓前的讲话》，单元学习任务设计了“以《我们的使命》为题写一篇不少于800字的演讲稿”。选择性必修（上）第一单元选编了突出体现革命传统精神的文章，要求学生记述“家乡的英雄”。选择性必修（中）第一单元选编了《社会历史的决定性基础》《改造我们的学习》《人的正确思想是从哪里来的》，单元研习任务指向“深化理性思考”；第二单元选编了《记念刘和珍君》《为了忘却的记念》《包身工》《荷花淀》《党费》，单元研习任务要求“分工协作，编辑一本红色作品集。为作品集拟一个恰当的书名，确定合理的分类标准，还应考虑编排方式和装帧设计等”。

上述选文和写作任务，勾勒出学生对革命传统的认知发展历程：感性的文学体验——联系自身的理性思考——拓展延伸的形象建构——理论学习基础上的深化认识。写作实践分别为：鉴赏一个形象（革命者），发表一个观点（革命思想），建构一个群像（革命精神），理解一种理论（马克思主义原理）。在写作实践过程中，学生对革命传统的认识逐步清晰、深入、深刻，选择性必修（中）第二单元的研习任务类似于系列学习成果的总结，这样的总结能够让学生看到自己的认知发展历程，促进学生元认知知识的形成。

一本红色作品集的分类，可以选用革命历程或革命精神两种划分角度，革命历程需要关注新民主主义革命、社会主义革命和建设、改革开放和社会主义现代化建设三个历史时期；革命精神可以从长征精神、焦裕禄精神、特区精神等方面展开讨论。完成红色作品集的编辑，需要学生认识并理解革命传统在不同历史时期的精神内涵，认识革命传统在当代社会生活中的意义和价值。写作推动读书、思考、研究的功能在统编版两个学段的写作任务安排中表现得比较充分。

（三）写作知识与写作实践的互动

统编版指向论说类文章写作的单元知识短文包括必修（上）第三单元《学写文学短评》、第六单元《议论要有针对性》，必修（下）第一单元《如何阐述自己的观点》、第五单元《写演讲稿》、第八单元《如何论证》，选择性必修（上）第二单元《审题与立意》，选择性必修（中）第一单元《深化理性思考》、第四单元《学写申论》。“有针对性”指出了论说类文章写作基本的价值观念，审题立意、阐述观点、论证过程、深化思考从论说类文章写作要点的角度建立了评价标准，文学短评、演讲稿、申论从文体特征的角度帮助学生明确真实情境下论说类文章的基本特征。写作任务与写作知识的互动帮助学生形成规范化的认识，生成个性化的评价标准；写作知识与写作实践的互动帮助学生将评价标准转化为写作成果。如此，标准与实践之间实现双向循环，在写作实践中发展自适应能力，自适应能力促进着写作与学习能力的提高。

在上述三个实践历程，我重点收集了教学设计、课堂实录、学生写作的过程性资料和最终成果，反复对照各类研究资料后，我确信写作任务与写作知识的互动、写作实践与情感认知的互动、写作知识与写作实践的互动能够实现写作的学习功能，可以作为实践理论推广。

五、提炼理论观点，搭建写作框架

指向研究假设的教学实践证实了三个层面的探索能够比较好地实现写作的学习功能，有效解决了研究问题。论文基本观点包括两个方面，第二方面可视为我的研究贡献，具体表述如下。

> 写作的表达功能和交际功能已经在教学中受到比较多的关注，置于各个学习任务群的写作活动力求在实现表达和交际功能的同时实现写作的学习功能。借助全视角学习理论，实现写作的学习功能需要关注三个方面的互动：写作任务与写作知识的互动；写作实践与情感认知的互动；写作知识与写作实践的互动。在互动过程中帮助学生建构写作的知识框架，实现认知升级，发展自适应能力。

总结实践过程，确定核心观点后，我将研究过程直接转化为论证框架。论文开头陈述研究问题的发现和确定，阐释借助全视角学习理论建构研究框架的合理性，将拆分的三个探究角度作为论文的主体内容，加工整理基于研究假设的教学实践案例，使之成为各个部分的实证论据。三个探究角度均从背景介绍或概念解读、主要观点及论据、补充说明与讨论三方面阐释分析，以呈现完整的论证结构。

论文中需要界定的概念除了全视角学习还有“自适应”，其他如写作知识、写作任务、写作实践、情感认知等可视为语文课程与教学论的常识性概念。“自适应”及写作中的“自适应”界定如下。

“自适应”是数据分析行业的概念，即在处理和分析数据的过程中，根据数据特征自动调整处理方法、处理顺序、处理参数、边界条件或约束条件，使其与所处理数据的统计分布特征、结构特征相适应，以取得最佳的处理效果，自适应过程是一个不断逼近目标的过程。借用自适应的概念，自适应能力指学习者根据情境变化，调整自身学习行为，使其不断接近学习目标的能力。学生在写作活动中建构写作知识，写作知识转化为后续写作实践的行为标准，在后续的写作实践活动中准确理解、合理参照标准，校正、调整自己的写作行为，循序渐进地形成和发展自适应能力。

“故君子名之必可言也，言之必可行也。君子于其言，无所苟而已矣。”《论语》阐释的名、言、行的关系类似教学论文撰写中的概念界定、观点提出和问题解决，三者形成了联系紧密的论证过程，除了“是什么”“为什么”“怎么做”之外，教学论文通常还要谈及“做得怎么样”，呈现教学研究和实践的真实效果。例如“写作任务和写作知识的互动”，需要在结尾部分具体说明学生建构知识框架的过程。

在任务与任务，任务与知识，知识与知识的互动过程中，学生获得了规范的学习行为，认识到写作在学习进程中的作用，逐渐建构起写作的概念性知识和程序性知识，逐步形成系统的写作知识框架。这样的知识框架是在写作任务完成过程中建立起来的，在未来语言实践活动中更可能被学生自觉运用。

以上用个人叙事的方式，描述一篇教学论文的写作经历，呈现“发现问题——实践探究——探寻理论——理性实践——提炼观点——行文表达”的完整过程。教学论文是实践研究的转化与提炼，语文教师作为理性实践者“直面问题，遵循教育教学规律预设解决方案，开展扎实的实践研究，在行动研究的过程中不断更新理念、修正行为，逐渐贴近理念的要求，稳步走向理想的语文教育。”① 从做出实践成果到写出教学论文的关键在于厘定研究问题，搭建理论框架；界定核心概念，提出有创见的观点；运用事实或理论，展开分析论证。

① 吴欣歆. 高中语文学习任务群教学笔记［M］. 北京：北京师范大学出版社，2020：前言.

第三节 教学论文的修改

要点提示

- 修改教学论文，分为“大改”“中改”“小改”三个层级，每个层级要求各不相同。
- 语文教学论文观点的科学性，首先要确保对理论的理解正确，其次要确保该理论与语文教学有联结的可能性和可行性。
- 论文的内在一致性，主要表现为研究背景与观点的一致性、论点与论证框架的一致性，论证框架内在逻辑的合理性，以及各个部分论点和论据的高度统一。
- 教学论文的结尾，要立足教学论文讨论的问题，呈现指向明确、内容具体的研究结论。
- 教学论文语言运用的规范，包括学术语言的规范使用和引证语言的规范呈现。

撰写教学论文需要语文教师有发现问题、界定问题的能力，有沿着问题思考探究、理性实践的能力，有表达观点、梳理问题解决过程的能力，还要有把上述过程转化为语言文字的能力。本节重点讨论确立观点、选定论据之后的表达过程。

修改教学论文首先要对文献的获取、分析、评价和归纳进行反思，对支持观点的理论基础，论文观点的确立和提炼过程进行反思，以回应教学论文是否有发表的价值，这是“大改”的内容；然后是各级标题的逻辑关系、不同层级论点和论据的一致性、论据材料的加工，核心概念和主要概念的界定，学术语言的准确运用等，这是“中改”的内容；最后是语言文字、标点符号、注释引文、数字图表的版式、参考文献的格式等论文写作的基本规范问题，这是“小改”的内容。

本节在不同修改层面选取几个突出问题展开讨论，前文谈及的问题不再重复。

一、论文观点的科学性

语文教学论文观点的科学性是指对教学事实、教学现象和教学规律的呈现超越原始经验本身，且具有科学依据。讨论某种理论、工具在语文教学中的应用，首先要确保对理论的理解正确，其次要确保该理论与语文教学有联结的可能性和可行性，如思维导图、交互理念、支架式教学、自主学习策略、逆向思维、信息技术在语文教学中的运用，论文的前置性观点是这些理论适用于语文教学，论点应侧重原则或策略的呈现，或者问题的发现与解决。讨论某种理论观照下的语文教学，正确理解该理论也是撰写教学论文的前提，立论的基础是该理论能够有效解决语文教学中的问题，能够促进语文教学质量的提高，如交际语境、语篇衔接理论、概念隐喻理论、读者意识、文本意识等。

在语文教学中有些概念的使用需要特别限定，如序列化、深入理解、高效学习等。下面以序列化为例，探究论点科学性的问题。

> 议论文写作的序列化，依据文章产生的过程来确定：审题→立意→选材→构思→行文→修改。①
>
> 结合课文内容组织序列化的写作，通过阅读与鉴赏的学习，从优秀作品中提取写作技法，并有效地按照难易程度排序。②

---

① 罗清华. 高三议论文序列化写作的基本构想［J］. 中学语文，2014（24）：28-29.

② 吕丽年. 序列化写作实践与反思［J］. 中国科教创新导刊，2011（26）：129.

> 以学生为本，以思维训练为纲，以写作知识为目，培养知识智能、行为能力的提高，构成作文教学的阶梯。①

上述三个论点对序列化基本内涵的理解是一致的，对作文教学序列的认识存在比较大的分歧，文章知识序列、作家创作序列、思想内容序列、读写结合序列、思维训练序列都是被学界广泛认同的“排序方式”，但学生的写作能力是动态发展的，单一角度的序列安排难以满足学生动态发展的需求，既需要一个大序列，也需要具体的小序列，核心问题在于写作教学内容的选择。论文观点的科学性，主要表现为概念内涵的准确使用，文件、概念、理念能够体现语文教与学的特点，即符合基本原理和基本规律。作文教学有序列，但不能是单一要素的序列，应综合学生语言发展和精神成长，以实用性和可操作性为出发点建立序列，而非线性发展的规定性程序。对照上述三个论点，下面的论点更符合科学性的要求。

> 作文教学应该有序，序列应该依据语言表达规律、学生心理智能发展特点，遵循循序渐进、由浅入深、由易到难的原则，从一线教师教学需要着眼，作文序列加强实用性、可操作性，选择最精要、切中肯綮的教学内容安排一个大体序列。②

教学论文观点的科学性还表现在其学术贡献上，要做到在既有研究成果的基础上有创见，在论文修改阶段，也可能因为看到类似观点的文献资料最终放弃整篇论文。尊重科学的发展与进程，实事求是地判断自己观点的学术价值，基于既有研究成果反思自己的论点，是修改的第一步。

---

① 徐娜.“写作思维序列化训练”校本教材的开发与探索［C］//国家教师科研基金十一五阶段性成果集(天津卷)，2010：70-71.

② 郑晓龙. 作文教学序列谈［J］. 中学语文教学，2008（01）：28-30.

二、论文的内在一致性

论文的内在一致性，主要表现为研究背景与观点的一致性、论点与论证框架的一致性，论证框架内在逻辑的合理性，以及各个部分论点和论据的高度统一。

教学论文的帽段通常要阐释研究背景，在此基础上明确提出研究问题，如下所示。

> 作业是为完成学习方面的既定任务而进行的活动，能够帮助学生巩固学习内容，掌握学习方法，养成学习习惯，提高思维品质，具有促进学生核心素养发展的功能。目前的语文作业设计突出体现为思想认识与实践操作发展的不平衡：教师普遍认识到应更新作业设计观念，但实践过程中依然存在重视重复练习、忽视过程性评价标准、简单提出完成要求等具体问题。实现作业的发展功能，需要在作业设计的基本导向、设计原则和关键要素三个方面探求本质性转变。①

本段文字包含三方面内容：界定概念、提出问题、表达观点。撰写帽段常出现的问题是讨论的起点过于宽泛，或游离论题。例如，论点为“多文本阅读的发展体现了语文教学从阅读理解向问题解决的变革方向”，帽段如下。

> 21 世纪以来，各国均开始了核心素养研究，核心素养背景下的教学变革要求关注学生未来发展需要的关键能力、必备品格和价值观念。多文本阅读在这一背景下受到越来越多的关注，教学探索、考试评价工具中越来越多地出现多文本的形式，从某种意义上说，多文本

① 吴欣歆. 核心素养背景下作业发展功能的实现［J］. 中学语文教学，2022（01）：4-8.

阅读体现教师对实现语文学习综合效应的探求，希望通过多文本组合的形式融合语言、知识、技能和思想情感、文化修养等多方面、多层次目标发展的教学内容，通过自主、合作、探究性学习凸显学生学习语文的根本途径。

这段文字从核心素养背景下的教学变革谈起，离题较远，文意指向多文本的教学内容和组织形式，游离对多文本阅读目标的讨论，修改建议如下。

多文本阅读是教师和学生围绕一个或多个议题，选择两篇以上带有一定特点和规律的文章或文章片段进行阅读并集体建构，最终达成共识的过程。多文本阅读经历了一篇带多篇、多篇文本聚集于同一问题解决、观点冲突文本的思考辨析等发展历程，已经转向建构以任务实施为基础的、评价关于同一主题的多重文本并提取合适信息的阅读模型。这一转向标志着多文本阅读教学目标的变化，从单纯实现理解，到基于理解解决现实问题；从单纯关注阅读，到综合语文学习多个内容，凸显语文学习的过程。

修改后的文段界定了多文本阅读的概念，梳理了多文本阅读的实践历程，描述了当前的研究重点，揭示出研究转向的深层意涵，为后文的论证阐释奠定了良好的基础。

论文的框架要有力支撑论点，主要表现为框架的内在逻辑合理，各个部分的观点与论据材料高度统一。论证部分是教学论文的主体，常见问题包括：论证框架的内在逻辑不合理，整体联系不紧密；各部分论据和观点之间缺少论证过程，论据未能有力证明论点；论证过程只体现自己的观点，没有呈现反例或反论，思辨过程不充分。下面选择几份优秀示例，确定写作的标准，帮助语文教师反思自身写作存在的问题。

示例 1　框架的内在逻辑周密

【题目】说理与思辨：议论性文章写作教学价值与内容新探①

【观点】站在语文教育究竟要培养什么人的高度，思考议论文写作对青少年成长的特殊意义，以“说理”和“思辨”重新定位议论性文章写作的价值与内容，在理论建设和实践策略上对新时期中学语文议论性文章写作教学具有重要参考价值和推动作用。

【框架】

一、议论性文章写作教学之困：聚焦体式特征，突出问题范式。

二、说理：议论性文章写作教学价值的定位。

三、思辨：议论性文章写作教学内容的探索。

作为聚焦说理能力培养的议论性文章写作教学内容，上述三方面（形式逻辑、辩证分析、批判思维）形成了交叉、递进的互动关系，开辟了多层次、多侧面、立体化的培养路径。

上述框架的三部分之间的逻辑关系严密，形成合力支撑论点的表述，明确“议论文写作教学价值是什么”，是讨论“议论文写作教学应该教什么”的前提，这两个问题的明确是解决当前议论文写作教学问题的关键。针对关键问题，提出具体的教学内容与培养路径，从分析问题到解决问题，理据充分，论证过程完整有力。

示例 2　充分论证，整合论点和论据

【题目】以结构化的教学内容促进阅读图式的建构②

【观点】如果说阅读是语文学习的牛鼻子，那么，要让学生学会阅读，即教师借助典型的阅读材料，通过有目标、有过程、有指导的

---

① 李煜晖. 说理与思辨：议论性文章写作教学价值与内容新探［J］. 课程. 教材. 教法，2021，41（06）：75-81.

② 郑桂华. 以结构化的教学内容促进阅读图式的建构［J］. 语文建设，2020（15）：26-27+80.

阅读教学过程，使学生经历一个典型的学习阅读的过程，学习一定的阅读策略，再与其他阅读活动产生关联，建构阅读图式，从而提高阅读效率，这可以算是牵动语文学习牛鼻子的绳子。

【论证】

教学内容的结构化是有效教学的前提，它需要回答三个问题，一是阅读教学材料是不是典型，二是学习内容是不是精要，三是教学线索是不是合理。只有这三者在教学实施过程中有机协调，才能促进学生对阅读策略的学习与运用。

典型的阅读材料，即某一篇具体的阅读材料是否能作为某一类阅读材料的代表，以便解剖一个，弄通一类。案例所涉及的《煮酒论英雄》是《三国演义》中的一个精彩片段，这个片段中的两位主要人物是曹操和刘备，故事所呈现的表面信息是两人斗法，一强一弱。其中曹操之言行是主动的、张扬的，刘备是被动的、隐忍的；曹操一直处于攻势地位，刘备一直处于守势地位；曹操顺利完成了对刘备的考问，得胜满意而去，刘备则狼狈应付才蒙混过关，勉强保住了性命。但这个片段真正的胜利者毫无疑问是刘备，即强弱的反转。这种人物关系和叙述构架，与整个《三国演义》里的蜀汉与曹魏的关系大体一致，曹魏赢了军事实力和一个朝代，却输了精神道义和千年口碑。导致角色双方的主次偏转、胜负转换的，不一定是胜败结局，而往往是隐藏在作者语言背后的情感态度。因此，该案例把《煮酒论英雄》作为典型小说故事来学习，借此使学生理解中国古典小说乃至世界传统小说的基本故事特征，以及作者所表达的褒贬态度，其学理逻辑是成立的。

加着重号的部分是整合论据和论点的文字，开头提出“典型的阅读材料”具有广泛的代表性，能够以一当十，描述教学案例后分析使用材料的典型性，涉及基本故事特征和作者的褒贬态度，反映出中国古典小说和世界传统小说的特点。首尾两句话的针对性强，有效联结了论点和论据，体现出论证过程的整体性，这是大多数教学论文中容易缺失的文字。

示例3　援引对立观点完善自己的论证

【题目】课文尚需“篇篇读”——对“大概念大单元教学”的认知与反思①

【观点】中国语文教学是以汉语言文字组成的各种文章为主要材料来实施教育教学的……实施语文教学的最重要的渠道，实现语文教学价值的最重要的途径，只能由文砖字瓦来砌成。

【对立观点的辨析】

有一种颇能为“大单元大情境教学”提供理论支撑的教育观：学习者只有作为“当事者”参与到真实社会实践时，也就是将知识置于真实情境中自在运用中，“学习”才得以实现。否则，就会像传统教学那样，学习者只能得到空中楼阁式的知识，一考试完毕，就会全忘干净。真的如此绝对吗？生活情境固然重要，社会实践固然必需，但是，“间接性学习”同样重要甚至更重要！众所周知，任何学习者所学知识至少有一部分甚至大部分都是通过课堂传授或书本阅读或笔算板书或口口相传或耳提面命或道听途说等“间接”的方式方法学得的；“生年不满百”，学习者是不可能也不应该“事必躬亲”，不可能也不应该时时“亲历其境”的。“秀才不出门，全知天下事”这句俗语所强调的，也正是一个人学知识、长见识所必需的“间接性”方式。

作者没有只就自己的观点展开讨论，行文过程中引入对立观点，思考辨析。就直接学习和间接学习的区别与联系展开讨论，从学习得以实现的

① 任海霞，管然荣. 课文尚需“篇篇读”——对“大概念大单元教学”的认知与反思［J］. 中学语文教学，2021（04）：8-12.

角度说明两种观点不能对立，需要融通。语文教学研究极少有“非黑即白”的观点，对照思辨是教学论文科学性的另一种体现。

三、研究结论的指向性

教学论文的结尾通常要提炼概括自己的研究结论或学术贡献，常见问题是结论的指向比较宽泛，从语文教育教学的角度甚至从教育的角度总结概括，解决的办法是，立足教学论文讨论的问题，呈现指向明确、内容具体的研究结论。

《小学语文课堂中的语言实践活动设计》① 提出语言实践活动设计要设置与课文学习内容一致的学习情境，体现结构化和多样化的特点，帮助学生在语言实践活动中实现知识建构。论文结尾部分提出实施建议：教师关注学生的学习方法，采用合适的评价方式。两点实施建议均为课程与教学的一般常识，不是以研究结论为基础提出的，宽泛到没有体现出学科特点。建议做如下修改。

> 归根结底，语言实践活动的载体是课文，核心是语文知识，设计的关键在活动过程中帮助学生掌握语文知识，反思学习过程，形成语文学习的合理方法；评价活动的设计也要指向知识的建构和方法的获得，借助过程性评价和诊断性评价收集学生学习过程的数据，根据数据配置诊断性评价，评价与学习活动有机联结、有效互动，达成语言实践活动的目标。

又如《语言生活中的习作教学》② 提出在学生的语言生活中设计习作，借助习作丰富学生的语言生活，实现语言生活和习作的良好互动，丰富学生的语言经验、提高学生的语言品质。结尾部分提出未来探索的方

---

① 论文作者为首都师范大学 2020 级硕士研究生王亚如。

② 论文作者为首都师范大学 2020 级硕士研究生史晓栊。

向：设计多样化的学习工具，采用多种方法增强学生的感性体验。问题跟上例相同，修改建议如下。

> 从大众的语言生活研究到小学生的语言生活研究，我们需要在语言生活的场域、类型，能够实现的功能等方面持续研究，探索语言生活概念在语文教学中的多角度应用。针对不同的语言生活类型和习作情境、习作教学内容设计针对性、体验感强的学习工具，促进语言生活研究与习作教学研究的结合。

结尾段是论文的有机组成部分，研究结论指向具体的研究问题，提出有意义的未来探索方向，能够提高论文结构的严谨性，增加论文的整体感。

四、语言运用的规范性

教学论文语言运用的规范包括学术语言的规范使用和引证语言的规范呈现。

在语言运用上，语文教师撰写教学论文是否要跟专家学者使用相同的规范和标准？我的回答是肯定的。在教学论文之外，语文教师还有很多成果表达形式，教学论文是教学研究和学术成果表达的高峰，在教学论文的撰写上，应该有统一的规范和发表标准。教学论文写作有其专门用语和表达方式，语文教学论文还要在此基础上运用语文学科的专门用语。语文教师大多习惯使用实践话语、工作语言，应借助教学论文写作努力建构精准的学术话语系统。实现有意义学习的一个表征就是学习者逐渐从使用生活概念、工作概念向使用科学概念过渡，从追求学术发展的角度，语文教师通常会以专家学者为参照标准，期待通过自身努力，胜任学术研究工作，取得学术研究成果，获得与之匹配的学术影响和社会地位。学术取向的话语系统，是教学论文撰写的普遍追求，也是语文教师撰写教学论文的发展方向。换个角度来看，根据教学论文的特点，其写作过程本质上是抽象、概括、分析、推理的思维活动，使用严谨的理论话语更能够满足教学论文撰写的需要。从这个角度来看，撰写教学论文的过程应该成为语文教师转换话语系统，巩固教育教学理论基础的过程。比如，“在师生对话中实现共同成长”，按照我国传统教育理论，可以表述为“教学相长”，按照建构主义的基本原理，可以表述为“过程取向”“建构生成”，从教师角色的角度，可以表述为“参与者”，从学生地位的角度，可以表述为“学习者主体”。有些教师在写作过程中逐渐形成质性特征鲜明的个体话语风格，用个性化的工作语言表现自己的实践智慧，完成了从工作语言到学术语言再到个性化工作语言的发展过程，能够更充分地表达单纯使用学术语言不能生动传达的实践感悟。

值得关注的是，语文教师的工作语言已经逐步受到专家学者的关注，部分工作语言逐步成为学术研究的公共话语，如“双基”“三维目标”“作业设计”“师生互动”“长程学习”“成功教育”“成长共同体”等，学术话语和工作话语的融合体现着两个研究主体的互相尊重。

教学论文的引证，主要出现在两种情境中，一是直接引用已经发表的文献支持或验证自己的观点，二是综述不同观点时需要使用引文支持归纳和分析的过程。引证的内容能够向读者提供范围广阔的参考文献，还能够通过引文向前期的研究者及其研究成果表示尊重，有致敬的意味。因此，引文务求精准，引文信息务求精准。另外，引证部分尽量要跟自己的论述成为有机整体，避免带来阅读上的阻滞感。例如下面的文段。

> 语言实践活动具有综合性、结构化的特点。郑桂华老师认为，语文学习应该完成综合性的学习任务，而不是零碎敲打浅表化的学习。“整个学习过程是连贯的，在任务的推进中层层深入。”李倩、谭霞等人提到有研究者认为阅读与鉴赏、梳理与探究、表达与交流等不同类型语言实践活动间有内在关联，这也体现了语文学科核心素养的综合

性特点。语言实践活动在内容上具有综合性的特点，整合听说读写多种活动，兼顾情感态度价值观的培养。各种类型的语言实践活动间存在一定关联，具有整合性、结构化的特点。

引文出现的作者名影响了表达的整体感和流畅感，作者信息在注释中呈现，在上述文段中没有重复出现的必要，修改建议如下。

语言实践活动具有综合性、结构化的特点。语文学习应该完成综合性的学习任务，而不是零碎敲打浅表化的学习，“整个学习过程是连贯的，在任务的推进中层层深入。”具体到阅读与鉴赏、梳理与探究、表达与交流三种语言实践活动，“其内在关联，也体现了语文学科核心素养的综合性特点，语言实践活动在内容上具有综合性的特点，整合听说读写多种活动，兼顾情感态度价值观的培养。”

修改后的文段，引证与阐释浑然一体，引文信息用注释呈现，增加了文字的流畅性。

期刊论文要求写摘要和关键词，论文摘要的语言要尽可能简约概括，一般包括写作背景、主要观点和学术贡献。关键词是读者检索本篇教学论文的索引，通常按照从大到小的顺序排列，如：高中语文、写作教学、创意写作。

除了上述语言规范之外，“小改”还包括图表格式、注释、参考文献的格式等方面。图表一般要有编号、表头、图标题。注释格式要符合期刊的基本格式要求，注明作者、篇名、来源、刊号或版次、页码等，以便读者检索。参考文献按照专著、硕博士论文、期刊论文分类呈现，通常按照在文中使用的顺序或发表（出版）的时间顺序排列。

后　记

2021年4月23日，余党绪老师的思辨课题研讨会在重庆按计划召开。彼时，我正在办理调动手续，琐事缠身，又不想错过与众多老友好友相聚，只好凌晨到达，发言结束匆匆离场。

长江文艺出版社的编辑梅若冰老师听了我的发言，想会后打个招呼，未能碰面。回京后收到梅老师约稿的邮件，那段时间实在顾不上其他，没能回复邮件。过几日梅老师又发来微信，我顿觉羞愧，多了好几分热情。梅老师最初的想法是约整本书阅读研究的书稿，或者教师成长的文集，两个选题我都有点积累，就请梅老师根据自己的想法列个提纲，以便讨论。两周后梅老师发来提纲，分为整本书阅读、教学现场、教学研究、教师成长四个板块，整理了我2002年以来发表的所有文章，有些甚至我自己都没留存。这份提纲打动了我，我明确表达了合作意愿，提出青年教师专业成长的组稿方向。一周后，梅老师根据我们的讨论再次发来拟定的书稿提纲，在电话里详细介绍了长江文艺出版社的“大教育书系”，我们陆续沟通了一些问题，初步确定了合作意向。2021年10月初，梅老师发消息说出版社即将申报选题，我拟定“语文教师的专业发展与专业表达”，梅老师就这个选题做了详尽的市场调查，阶段性地将调查结果发给我，为我调整选题提供参考。

2021年9月，间隔十年，我重新开启了本科生教学，第一个专题就是“语文教师的学术表达”，备课时整理了大量研究资料，上课时收集了真实的反馈信息，三周的课，我始终葆有兴奋的状态，完成教学任务后决定写作《语文教师的学术表达》。10月25日，梅老师再次催问选题信息，那段时间忙得不可开交，我只好把讲座课件发给她，请她根据自己的理解和出版社的要求填写选题申报表。11月24日，梅老师发来信息告知选题通过，书名定为《教育写作指南：语文教师的学术表达》。这之后，梅老师就出版合同等问题征求我的意见，我回复："其他问题您自己处理吧。跟长江文艺出版社合作完全因为从未见过面的您。"我做事一向谨慎有余，这样交出书稿，而且是从未合作过的出版社、没见过面的编辑，实在有违我的做事原则。梅老师的专业姿态、专业精神和专业水准让我踏实，我相信自己的判断，这是一位负责的编辑，这会是一次愉快的合作。

原始材料整理、文献资料收集、写作框架拟定等工作从2021年10月开始用零散时间陆续完成，同时完成了启动"大工程"的心理建设。2022年1月开始写作。清晨午后各一杯咖啡，手磨手冲，好像磨蹭着不想写作业的小孩，陶醉于咖啡豆的酒香和巧克力口感创造出的丰厚圆润，神清气爽地开始工作。傍晚慢跑5公里，禅修一般，把呼吸调整到匀称舒适的状态，缓解眼睛的疲劳。2月17日，到达珠海校区，周一周二两天课，其余几天除了备课和在线会议，大部分时间都用来写作。每天17：30出门，跑步30—40分钟，心情平和、气息均匀。足球场奔跑的大学生，场外练歌的乐队，远处的高山密树，南国氤氲的花草香……久违的校园生活叫我安稳愉悦。这是我15年来，节奏最慢的一段时光，走路、咀嚼、入睡都慢下来，不追不赶、不急不躁。周末，跟师弟们出去吃饭，菜品平常，聊天有味；偶尔，一起爬香山古驿道，出身透汗、神清气爽。3月13日中午，完成初稿最后一章最后一行，拿起手机，回复每条微信都顺带分享了喜悦。

除了天气、饮食和住宿，珠海的生活有诸多乐趣。校园里红硕的木棉花，树形花形美得惊人，路过每棵树我都要停下来欣赏一会儿，还要绕道去观赏其他人口中更美好的那一棵。励教楼对面有座小山丘，山脚、半山腰建了三条塑胶跑道，分别是红色、绿色和蓝色，跑道有会合点，每次跑步我都迷路，每次迷路的点位都不同，只好跑到山顶，找到熟悉的建筑，奔着一个方向下山。每周二晚上去听李山老师的课，开心愉快有收获，是珠海生活别样的美好。李老师讲《蒹葭》，说到“企慕之境”，关乎理想，我突然觉得写书稿的意义上了层次，这才是我和读者建立联系的重要原因，我们共同热爱语文教育，共同走在追求的路上。

这次写稿效率高，跟我调整了工作方式有关。每天结束工作的时候，想好第二天开始写的内容，列出重要的几条，第二天打开电脑可以立即动笔，像是提前发好面，上手就揉馒头开蒸。删除坐在电脑前找感觉的过程，减少思考过程中随手捞起手机回复微信甚至点开购物网站的时间，迅速写起来写下去，增加成就感，保持良好的精神状态。

书稿中的很多引文属于典型样例，像作文教学中的例文，其重要性无需赘言。特别向引文的作者致敬，感谢你们深刻的学术思想、规范的学术表达，感谢你们用自己的努力为后来者提供优质的学习资源。

每部稿子都值得纪念，每部稿子的故事都值得记录，后记，因为怕忘记。

2022 年 4 月 10 日于北师大珠海校区文华苑